复杂项目管理

Complex Project Management

符志民 等 著

人民出版社

责任编辑:孟 雪
封面设计:姚 菲
责任校对:张杰利

图书在版编目(CIP)数据

复杂项目管理/符志民 等著. —北京:人民出版社,2023.9
ISBN 978 - 7 - 01 - 025728 - 0

Ⅰ.①复… Ⅱ.①符… Ⅲ.①复杂性-项目管理 Ⅳ.①F224.5

中国国家版本馆 CIP 数据核字(2023)第 096397 号

复杂项目管理
FUZA XIANGMU GUANLI

符志民 等 著

人民出版社 出版发行
(100706 北京市东城区隆福寺街 99 号)

中煤(北京)印务有限公司印刷 新华书店经销

2023 年 9 月第 1 版 2023 年 9 月北京第 1 次印刷
开本:710 毫米×1000 毫米 1/16 印张:19.5
字数:320 千字

ISBN 978 - 7 - 01 - 025728 - 0 定价:95.00 元

邮购地址 100706 北京市东城区隆福寺街 99 号
人民东方图书销售中心 电话 (010)65250042 65289539

符志民 研究员，教授，博士生导师。俄罗斯工程院院士，国际宇航科学院院士。系统工程、系统总体设计、项目管理、风险评价与管理、质量保证和管理科学与工程专家。

符志民现任中央企业（中国兵器工业、中国商飞、新兴际华集团）专职外部董事。历任中国航天系统总体设计师、国家高技术研究发展计划（863 计划）技术领域专家委员会副主任委员（首席专家）、国家重大专项副总设计师，中国航天二院第二总体设计部主任、研发部主任、系统试验部主任、科研生产部部长、发展计划部部长，北京仿真中心主任，中国航天二院副院长、管理者代表，中国航天科工科技与质量部部长，中国航天二院院长、中国航天二院研究生院院长，中国航天科工总工艺师、安全生产总监。

符志民享受国务院政府特殊津贴。荣获全国五一劳动奖章、中国首届十佳杰出国际项目经理、科学中国人年度人物、全国先进生产力杰出人物、国家高技术特殊重大贡献先进个人、质量技术突出贡献奖、国家创新能力建设先进工作者、管理创新突出贡献者、优秀经营管理者等荣誉。获国家科学技术进步特等奖 2 项，国家科学技术进步二等奖 1 项，部级科学技术进步特等奖 1 项、一等奖 1 项、二等奖 4 项、三等奖 2 项，中国航天基金奖、国防科技重大突破专项奖特等奖 1 项、一等奖 1 项，管理科学奖 2 项，拉姆·查兰管理实践奖 1 项，国家企业管理创新成果一等奖 3 项、二等奖 2 项。出版专著 7 部。在各类学术刊物和学术会议上发表 70 余篇学术论文。

内 容 简 介

当今社会所有项目都正在、即将变得复杂或愈发复杂，呈现复杂化。本书是复杂项目管理领域独具创造和创新的一本新书，集复杂项目管理理论、评价、哲学、运用于一体，项目相关方在项目管理和项目治理中学习、研究并运用好本书会深受裨益，可以促进复杂项目成功。

目　　录

前　言

　　"在当今社会中,一切都是项目,一切也将成为项目。"随着项目形式的多样、内容的差异、过程的相关、领域的广泛、技术的高难、组织的复杂等存在和涌现,项目是一个复杂的系统,而且所有项目都正在、即将变得复杂或愈发复杂,呈现复杂化,项目复杂性业已成为当今项目管理中不可避免、首当其冲的重要因素。项目不成功、项目不达预期、项目失利、项目失败等很重要的原因包括:一是项目随其进展复杂性不断增加。二是项目组织、项目管理者、项目团队及项目相关方对项目复杂性低估,认知不到位。三是项目组织、项目管理者、项目团队及项目相关方对项目复杂性管理和治理的能力与水平不足。四是许多的组织、项目、人员(包括组织领导、组织人员,项目领导、项目团队、项目人员等)不仅缺乏对全要素、规范、完备、正确、先进的项目管理的准确的认知和系统实施,而且疏于对项目过程、项目管理、项目结果的及时、正确的评价,还对项目管理是否成功、项目是否成功没有及时、量化、精确的认知和评价。项目管理等诸多活动均会受到项目复杂性的不同影响。项目复杂性在一定程度上决定了对管理者、项目团队等的技能、经验和能力等的要求,不同的复杂性需要不同能力的管理者和项目团队。复杂性可以显著地影响项目团队的学习能力、项目相关方沟通力、管理者的领导能力、项目工期、项目成功。

　　按照钱学森系统科学、系统论观念,参照其系统新的分类方法,可把项目分为:简单项目、简单巨项目、复杂项目、复杂巨项目、特殊复杂巨项目。本书基于一般复杂项目研究、论述。关于复杂性问题,钱学森明确指出:"凡现在不能用还原论方法处理的,或不宜用还原论方法处理的问题,而要用或宜用新的科学方法处理的问题,都是复杂性问题,复杂巨系统就是这类问题。"系统整体性,特别是复杂系统和复杂巨系统(包括社会系统)等整体性问题,都是复杂性问题。国外科学家"采用了一个'复杂系统'的词,代表那些对组成部分的理解不能解释其全部性质的系统"。

复杂项目是具有复杂性、相对复杂的项目。项目复杂性早期定义为项目要素间的差异性、多样性和相关性,主要由组织复杂性和技术复杂性组成。

在复杂性研究中主要有两种视角:其一是基于本体论研究视角和观点,从复杂性产生的根源出发,项目复杂性是项目的内在客观属性,是描述性复杂性;其二是基于认识论研究视角和观点,从人们在思想、观念、知识、经验、能力、智慧等方面的不同背景和认知视角出发,项目复杂性是人等主体的一种主观感受,存在于人们的观察和理解当中,是感知复杂性。感知复杂性是管理者在解决问题时所作出选择的难易程度,是管理者制订项目战略和目标时的复杂性。描述性复杂性主要是指项目要素以及要素间的关系。感知复杂性导致了描述复杂性的出现,描述性复杂性的出现又会导致感知复杂性因管理者自身经验和能力的不同而出现分岔,两种复杂性在项目生命周期的不同阶段交替发挥作用。

复杂项目是指项目要素及项目要素间关系具有差异性、多样性、相关性、多变性、复杂性和不确定性等的项目。复杂项目是由相互作用的项目要素组成的系统。

复杂项目除具有一次性、生命周期性、目的性、独创性、约束性、系统性、风险性、冲突性、不确定性等特征,还具有易变性、复杂性、模糊性等特征,更多地体现在风险性、冲突性、易变性、不确定性上。

复杂项目管理应从差异性、相关性、依赖性、多样性、结构性、不确定性、动态性等本质属性去研究、分析。从复杂项目构成要素、复杂性产生根源、复杂项目管理知识体系、复杂项目管理对象等角度分析项目复杂性的不同类型,可分为组织复杂性、技术复杂性、主体复杂性、目标复杂性、环境复杂性、信息复杂性、管理复杂性(管理主体复杂性、管理客体复杂性、管理过程复杂性)、文化复杂性等。从复杂性可观察度来看,复杂性可分为显现层面的显现复杂性、系统层面的隐现复杂性。

复杂项目需要多样性管理,多样性是创新和增长的动力,多样性对项目团队的成功至关重要,它有助于提高团队成员的竞争优势、创造力和解决问题的能力。良好的、有效的管理会使跨文化多样性项目团队的绩效超过同质化项目团队。承认并欣赏团队多样性的领导力会使多样性团队比同质化团队更易产生创造性的想法。以价值为导向的企业治理，多样性管理能够带来明显的优势和可衡量的成功，多样性管理成功的关键在于包容性，其先决条件是开放的文化、尊重和欣赏个人差异的开放态度，以及所有成员的积极融入，但是项目领导者必须培养相关实践技能，需要与不同背景、出身、地位、观点、文化、宗教、才能、年龄、性别、教育、知识、经历、个性、种族、民族等的人合作，具有宽泛的技能组合、文化和经验的多样性项目团队能够支持适应性和韧性。成功建立包容性文化的关键是组织、团队、个人都意识到并克服无意识的偏见，需要通过战略、结构、流程、职能、培训、绩效测量等构建自上而下的、整体的、多样性实施模型。多样性并不能提高组织的效率，关键是利用好多样性，多样性有助于处理复杂性。创造包容多样性的文化、架构、规则、职能和机制等，在组织各个层面整合多样性，以确保团队成员摒弃个人偏见，并质疑自己的假设，挑战陈旧的、惯性的思维方式。

当今，面对项目复杂性程度的增加，须正确认知项目复杂性所具有的典型特征，以更好地管理项目复杂性。项目复杂性更多地体现为项目要素间的相互关系，不仅把项目规模看作是衡量项目复杂与否的重要因素；项目复杂性使得新事物的涌现呈现不可预见性，复杂项目管理就要抓住因复杂性而涌现的机会，避免或尽可能减少因复杂性而产生的负面因素；项目复杂性与项目周围环境的变化息息相关，须时刻注意保持项目的复杂性与周围环境的动态均衡；项目复杂性因不同认知主体所拥有的信息数量和信息质量而异，因此，人们应从多个视角去观察和理解项目复杂性，所作出的认知结果将会相对比较客观和准确，而这种认知能力可以通过个体对项目所掌握的信息量体现出来。

驾驭复杂性成为复杂项目管理必须坚持的重要原则。不断评估和驾驭项目复杂性，以使项目团队能够成功驾驭项目活动、过程及其变化。

复杂性是由于人类行为、系统行为和模糊性等而难以管理的项目或其环境的特性。项目要素交互的性质和数量决定了项目的复杂程度；复杂性源于项目要素、项目要素之间的交互以及与其他系统和项目环境的交互；虽然复杂性无法控制，但项目团队可以对其活动作出调整，以应对复杂性造成的不利影响。

复杂性可能会出现在项目期间的任何时候。影响项目价值、范围、沟通、项目相关方、风险和技术创新的事件或情况都可能会造成复杂性。在识别复杂性的要素时,项目团队应保持警惕,并通过各种方法来降低复杂性的数量或影响。

项目团队通常无法完全预见复杂性的出现,因为它是风险、依赖性、事件或相互关系等许多因素交互的结果。而且,一些原因可能交织在一起,产生单一的复杂作用,这使得很难分离出造成复杂性的特定原因。项目复杂性发生可能是由项目和整个项目系统中的单个要素造成的。

复杂性可能会出现在任何领域和项目生命周期的任何时点,并使项目受到影响。当有许多相互关联的影响以不同的方式表现出来并相互作用时,就会存在复杂性。在复杂的环境中,单个要素的累积最终导致无法预见或意外的结果,这种情况并不少见。复杂性的影响是使人们无法准确预测发生任何潜在结果的可能性,甚至无法知道可能会出现什么样的结果。

项目管理复杂性体现在管理主体的复杂性、管理客体的复杂性、管理过程的复杂性,管理复杂性源于管理主体的有限理性(受管理主体自身的思想、观念、知识、经验、能力、智慧等所限)、能力局限性和因项目复杂性、项目技术复杂性等而导致的对管理对象、项目技术认知的困难性。管理主体的复杂性体现在主体认知的复杂性、主体行为的复杂性、项目群体结构的复杂性,与项目主体素养能力与水平、项目组织复杂性、项目规模、项目利益相关方数量等相关;管理客体复杂性体现在管理目标的多样性、管理问题的非结构化和高关联性、项目环境的不确定性、信息不完备性等;管理过程的复杂性体现在管理问题识别与分析的复杂性、管理过程所需知识及其过程资产构建的复杂性、管理问题解决方案选择的复杂性、管理方案实施复杂性、管理协调控制复杂性等,产生于管理主体之间、管理客体之间、管理主体与管理客体之间的动态交互之中,与管理主体的认知能力、行为偏差度、自我博弈力等密切相关。应从管理技术、管理模式与组织架构、集成管理与综合管理等方面动态调整和建设,促进项目技术突破、产品实现并成功。

复杂项目是由相互影响、相互依赖、相互作用的复杂项目要素组成的复杂系统。复杂项目管理,既是科学,又是技术,也是艺术,还是科学、技术、艺术的融合。复杂项目管理是对变化的管理。项目管理哲学是认识和处理项目管理领域相关问题的世界观、思维方式和方法论的系统科学,是指导项目管理者在项目管理中从一般规律上、本质上,怎么看、怎么想和怎么办的专项实践哲学。

项目管理中的怎么看、怎么想、怎么办对应哲学中的认识观、思维方式和方法论的核心内容。复杂项目管理人员在项目管理实践中,应具备哲学素养,需时刻反思已完成的项目管理实践和已拥有的项目管理资产,需以批判的态度对项目利益相关方进行审视、评估和扬弃,需依据目标、范围随时预测、预估、预见项目变化、问题和风险,及时调整、变更和选择方案,并在项目实践中发展和提升。

有效地管理复杂项目对组织战略目标实现至关重要。如果一个组织能够持续地按照效益管理计划实现利益相关方的效益目标,那么这个组织就是成功的。项目组织面临着日益增加的项目复杂性,组织利益相关方不断增长的需求、期望和利益,组织可持续发展等挑战。项目组织要在支持性的治理和管理系统中,具有在项目中将项目团队与人员、项目资源、项目流程、组织结构和文化等整合起来的能力。组织项目管理能力与组织的使命、愿景和战略一致,旨在实现结果,确保组织的可持续发展。项目个人能力是指综合运用知识、技能和才能以达成预期的结果,体现在知识、技能及通过经历而获得的才能;团队的能力体现在个人参与到团队中,并为了一个目标而合作的集体表现;组织的能力体现的是一个由个人、团队组成的组织的战略实现能力。组织为项目、个人提供发展平台,个人通过项目经历得以成长、能力得到提升,项目作为一种手段以达成组织的目标和结果。项目个人应具有相应的行为能力、技术能力、环境能力以适应项目管理、项目集群管理、项目组合管理的不同需要,并不断提升管理成熟度,以助推、保障项目成功。

复杂项目治理是用于指导项目管理活动的框架、职能和流程,旨在创造独特的产品、服务或结果,以符合并支撑组织需求、战略实施、目标实现。项目治理是一种制度框架,包括项目价值体系、政策、职责和程序,表征了项目参与各方和其他项目相关方之间权、责、利关系的制度安排。主旨是恰当地处理项目相关方不同利益主体之间在价值体系、政策、项目目标确立、指导、决策、流程、程序、方法、资源分配、监督、风险控制、机制构建、评价、绩效管理、激励等方面的角色、职能、权限、责任。项目治理的责任是设定项目目标、提供项目管理制度环境、配置项目资源、界定项目目标实现方式、监控项目管理过程、管理项目绩效等,项目管理的责任是在上述制度环境下有效运用资源实现项目目标。

项目治理解决的是如何更好地进行管理的问题。项目治理为项目管理提供指导和监督,确保工作正确地执行。基于整体视角,项目治理与项目管理的最大不同,就是将项目视为一个整体,进行管理的管理;项目治理要构建项目管理模型,建立项目团队和项目成员共同认可、接受、适应、遵守的项目管理模式,确保项目制度有效执行,并建立多方遵守的契约机制;项目管理应以技术创新和管理创新克服项目要素间的约束和限制,形成项目管理要素间的共生关系;项目治理需要统筹谋划和多方参与,应优化思维模式,提升认知能力,要跳出项目看项目、跳出管理抓管理。

复杂项目治理所需的资源和流程与项目集群和项目的复杂性相关,随着项目复杂性的增加,治理所需的授权架构、资源和流程也会增加,为了平衡风险与效率,在应用治理架构、资源和流程时,必须关注复杂性、风险偏好、文化、项目管理的成熟度。治理资源和流程不足,少于项目复杂性的需求,就会引入、导致风险;治理资源和流程过多,大于项目复杂性的需求,就会消耗了宝贵的时间和精力且造成效率低下,导致低效治理。因此,在实施复杂项目治理时,应寻求最佳的资源和流程,尽可能简化授权架构,减少资源和流程的数量,控制治理决策和监督活动的时间和成本,需要根据项目集群和项目复杂性、风险等因素裁剪治理流程,减少不必要的冗繁程序,保证恰当的监督和领导水平,以期达到最佳效率和效果,实现组织可靠、团队与人员可靠、项目可靠。

历经多年的项目管理理论和实践,目前,业已取得许多进展,也存在不足:

(一)项目管理理论方面的进展

1. 较为深入地实施了一般项目管理的理论研究和实践;

2. 逐渐认识、应用和完善项目管理的技术、方法和工具;

3. 已从不同视角,对一般项目管理、项目集群管理和项目组合管理形成了许多研究成果。基于复杂性的项目管理,尚未系统、充分展开;

4. 对项目管理的宣贯不断加强,在项目管理推广应用上不断显见成效;

5. 国际项目管理协会(IPMA)和美国项目管理协会(PMI)等非政府机构、非盈利组织对项目管理创新和发展影响较大,从不同的角度、层次在完善、改进、更新、推进项目管理理论研究、实践。

（二）项目管理理论方面的不足

1.在项目管理理论研究上，存在碎片化、吸收化问题，缺乏系统性、充分性、完整性、创新性；缺乏对复杂项目管理的实证研究、规范研究；

2.缺乏科学的管理哲学指导，站位、视野、眼量不足；

3.技术、方法层面推进多，与文化、组织的有机融合不够，紧密耦合性不强、不足；

4.项目管理主体作用发挥不足。项目管理主体的整体素养、思想认知度、能力水平、经历充分性等不完全适应复杂项目管理需求，亟待提升；

5.对组织内外不同文化、跨文化影响、制约项目管理成功、项目成功的多因素研究、借鉴不够，没有"海纳百川"；应关注项目文化建设，要有机融合项目个体文化、项目文化、组织文化、社会文化，充分发挥文化的引领、凝聚、约束、激励、辐射作用；

6.项目管理体系、理论、模式、技术、方法等的研究、发展依赖、受制于国际上非政府组织（IPMA 和 PMI 等）的影响，缺乏战略性、前瞻性、前沿性、全局性、系统性、充分性、适宜性的中国项目管理资产、项目知识的创造、形成、运用、创承、更新、发展、创新和管理；

7.中国没有组织理论界与实践界的项目管理学者、专家和工作者客观总结和深入挖掘，创建出具有中国特色的项目管理思想、理论、模式和项目管理知识体系。

（三）项目管理实践方面的进展

1.总体上项目管理理论指导实践的水平在持续提升，但发展不平衡；

2.建设工程领域、IT 行业、部分高科技研发制造领域、部分大型公众活动领域等，重视以项目管理的理论、技术、方法和工具指导项目实践，注重普及项目管理知识和对项目管理者能力的培养；

3.从全球视野看，近年来中国项目管理的实践能力、水平在迈向世界的前列。应实施完备、全要素、规范化、先进的项目管理，应实现项目要素管理量化、精确化，并优化、追求卓越，向国内领先、世界一流水平看齐；

4.应加强项目基准（范围基准、技术基准、进度基准、费用基准、质量基

准、绩效测量基准等)的确认、变更请求、偏离管控和核实,做到全过程可追溯;

5. 发现变化、适应变化、拥抱变化、应对变化的心态不足、准备不足、实践盲从;

6. 对项目评价的认知、评价体系、评价标准、评价管理有较大的差距,缺乏项目结束后、项目过程中、项目立项前的项目综合评价和项目专项评价,更缺乏对项目成功(项目管理成功、项目结果成功)的评价;

7. 项目应关注项目效益、组织效益,组织应关注项目效益、项目团队成员效益,组织效益、项目效益、个人效益应相互协同,实现组织、项目、项目团队成员共同成长;

8. 创新项目、不确定性项目更离不开项目管理,在创新项目、不确定性项目实施中,要坚持原则:求是、求真、求新;要坚持底线:资源约束、目标约束;要尊重知识,尊重人才,尊重创造;要包容失败,担当风险;创新项目、不确定性项目应区别于严格定义目标、范围、预算、工期等的传统项目,别具 VUCA[易变性(Volatility)、不确定性(Uncertainty)、复杂性(Complexity)、模糊性(Ambiguity)]时代特征,提升创新、不确定性的可控程度是对项目管理的最大挑战。创新需要质疑、打破常规、鼓励个性、允许失败;管理需要执行、注重效率、协调有序、成功交付;不确定性给项目基准监控、项目目标实现带来风险,创新项目、不确定性项目应接受管理,更需敏捷性、柔性;

9. 选择、任命有能力的项目发起人是项目成功的基础,项目发起人应具备战略洞悉能力、资源整合能力、项目知识与技术、项目治理能力等,这是项目成功的关键。

撰著《复杂项目管理》一书,旨在对复杂项目管理理论和实践,进一步探索、研究,以指导、帮助、支持目前大量的复杂项目管理实施。本书专注、坚持:

一是应用、坚持项目及项目管理哲学思维、视野,充实复杂项目管理理论与实践;二是运用"系统论",重视"顶层设计",强调总体统筹整合;三是传承和融入中国优秀传统文化、中国先进文化,东方、西方文化交织、融合;四是注重"以人为本",注重项目管理主体作用发挥,丰富复杂项目管理中人的作用;五是充分认识和挖掘复杂项目的技术、管理特点,总结、提炼复杂项目管理模式、技术、方法和工具;六是汲取全球众多项目管理相关方有关项目管理理论研究和实践的成果,守正创新,与时俱进;七是推介中国典范的复杂项目管理最佳实践案例。

符志民是《复杂项目管理》全书总设计,负责全书总体谋划、整体策划、系统构思、架构设计,负责部分章节撰写,对本书全部内容实施系统设计、修改和审定。马旭晨负责全书策划、撰写协调和审核,负责部分章节撰写。本书共六章,第一章复杂项目管理概论,由符志民、马旭晨、陈信祥、符正、马尔航、曹蕾撰写;第二章复杂项目管理领域,由符志民、马旭晨、邱晓飞、林森、符正、王海林、马尔航、曹蕾、李伟、太萍、陈信祥撰写;第三章复杂项目评价,由符志民、符正撰写;第四章复杂项目管理人员的能力,由谭云刚、符志民、马旭晨、马尔航、符正撰写;第五章复杂项目管理哲学,由马旭晨、符志民、马尔航、韩学坤撰写;第六章复杂项目管理案例,由符志民、杨长风、邱晓飞、张哲、吕江涛、王令红、梁策、董长竹、王琳、范亚琼、徐晓蔚、史燕中、赖国才、王慧婷、曹蕾、杨进文、黄爱萍、成瑞群、宋崇、鞠爽、赵炜炜、肖斌等撰写。人民出版社经济与管理编辑部孟雪博士精心、周至编辑本书,感谢孟雪博士为本书付梓作出的努力和贡献!

本书可给下列读者提供帮助、支持和参考:一是从事复杂项目管理的组织、团队、成员;二是项目管理研究人员、学者、专家、教育者、从业人员;三是政府相关管理部门管理者;四是高等院校、研究机构等项目管理/管理科学与工程/管理等专业本科生、硕士研究生、博士研究生;五是社会智库、管理咨询组织/机构等研究者、培训师、咨询师、评估师、工作人员;六是项目管理爱好者。

全书参考、借鉴了国内外项目管理、项目治理等方面的相关著作、论文、报告等文献,已经尽量一一列示,在此,谨向文献的提供者表示衷心的感谢!

由于作者水平所限,本书会有不当之处,敬请批评指正!

2022 年 5 月 26 日

第一章　复杂项目管理概论

第一节　复杂项目

一、复杂项目定义

项目是为创造独特的产品、服务或成果而进行的临时性工作（《PMBOK指南》第7版）。项目是在特定的要求、一定的约束、确定的范围下，具有规定的目标的一次性任务。项目是具有特定目标、特定内容，受特定条件约束的一次性、创新性活动。

"在当今社会中，一切都是项目，一切也将成为项目。"随着项目形式的多样、内容的差异、过程的相关、领域的广泛、技术的高难、组织的复杂等存在和涌现，项目是一个复杂的系统，而且所有项目都正在、即将变得复杂或愈发复杂，项目复杂性业已成为当今项目管理中不可避免、首当其冲的重要因素。项目不成功、项目不达预期、项目失败等很重要的原因就是项目不断增加的复杂性，或者管理者、项目团队及项目相关方对项目复杂性的低估，或者管理者、项目团队及项目相关方对项目复杂性的认知与其管理、应对复杂性的能力与水平之间存在着巨大差距等。项目管理等诸多活动均会受到项目复杂性的不同影响。项目复杂性在一定程度上决定了对管理者、项目团队等的技能、经验和能力等的要求，不同的复杂性需要不同能力的管理者和项目团队。复杂性可以显著地影响项目团队的学习能力、项目相关方沟通力、管理者的领导能力、项目工期、项目成功。

按照钱学森系统科学、系统论观念，参照其系统新的分类方法，可把项目分为：简单项目、简单巨项目、复杂项目、复杂巨项目、特殊复杂巨项目。本书基于一般复杂项目研究、论述。关于复杂性问题，钱学森明确指出："凡现在不能用还原论方法处理的,或不宜用还原论方法处理的问题,而要用或宜用新的科学方法处理的问题,都是复杂性问题,复杂巨系统就是这类问题。"系统整体性,特别是复杂系统和复杂巨系统(包括社会系统)等整体性问题,都是复杂性问题。国外科学家采用了一个"复杂系统"的词,代表那些对组成部分的理解不能解释其全部性质的系统。

项目复杂性早期定义为项目要素间的差异性、多样性和相关性,主要由组织复杂性和技术复杂性组成。基于本体论研究视角和观点,从复杂性产生的根源出发,项目复杂性是项目的内在客观属性,是描述性复杂性;基于认识论研究视角和观点,从人们在思想、观念、知识、经验、能力、智慧等方面的不同背景和认知视角出发,项目复杂性是人等主体的一种主观感受,存在于人们的观察和理解当中,是感知复杂性。感知复杂性是管理者在解决问题时所做出选择的难易程度,是管理者制定项目战略和目标时的复杂性;描述性复杂性主要是指项目要素以及要素间的关系。感知复杂性导致了描述复杂性的出现,描述性复杂性的出现又会导致感知复杂性因管理者自身经验和能力的不同而出现分岔,两种复杂性在项目生命周期的不同阶段交替发挥作用。

复杂项目管理应从差异性、相关性、依赖性、多样性、结构性、不确定性、动态性等本质属性去研究、分析。从复杂项目构成要素、复杂性产生根源、复杂项目管理知识体系、复杂项目管理对象等角度分析项目复杂性的不同类型,可分为组织复杂性、技术复杂性、主体复杂性、目标复杂性、环境复杂性、信息复杂性、管理复杂性(管理主体复杂性、管理客体复杂性、管理过程复杂性)、文化复杂性等。从复杂性可观察度来看,复杂性可分为显现层面的显现复杂性、系统层面的隐现复杂性。

复杂项目是指项目要素及项目要素间关系具有差异性、多样性、相关性、多变性、复杂性和不确定性等特征的项目。

复杂项目在内容上含有关系繁杂的多要素,其中一部分要素具有因果关系、确定性,而另一部分要素则具有不确定性、异质性、非线性、未知性、易变性、模糊性,要素间相互影响、相互依赖、相互作用。

二、复杂项目特征

项目一般具有一次性、寿命周期性、目的性、独创性、约束性、系统性、风险性、冲突性、不确定性等特征。复杂项目除具有上述特征外,还具有易变性、复杂性、模糊性等特征,更多地体现在风险性、冲突性、易变性、不确定性上。

复杂项目同时具有自然属性和社会属性,其在社会上的地位如图1-1所示。

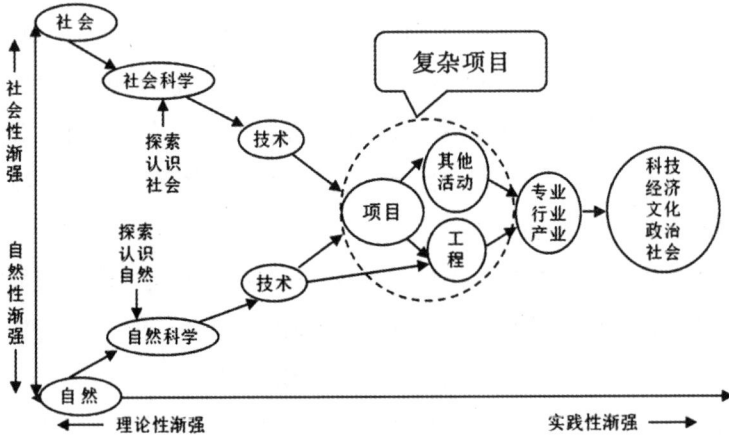

图1-1 项目社会地位示意

资料来源:马旭晨、马尔航:《项目管理哲学简论》,经济日报出版社2014年版,第16页。

当今,面对项目复杂性程度的增加,须正确认知项目复杂性所具有的典型特征,以更好地管理项目复杂性。项目复杂性更多地体现为项目要素间的相互关系,不仅把项目规模看作是衡量项目复杂与否的重要因素;项目复杂性使得新事物的涌现呈现不可预见性,复杂项目管理就要抓住因复杂性而涌现的机会,避免或尽可能减少因复杂性而产生的负面因素;项目复杂性与项目周围环境的变化息息相关,须时刻注意保持项目的复杂性与周围环境的动态均衡;项目复杂性因不同认知主体所拥有的信息数量和信息质量而异,因此,人们应从多个视角去观察和理解项目复杂性,所作出的认知结果将会相对比较客观和准确,而这种认知能力可以通过个体对项目所掌握的信息量体现出来。

三、项目复杂性生成与驾驭

驾驭复杂性成为现代项目管理必须坚持的原则。不断评估和驾驭项目复杂性,以使项目团队能够成功驾驭项目活动、过程及其变化。

（一）项目复杂性生成

复杂性是由人类行为、系统交互、不确定性和模糊性造成的。复杂性可能会出现在项目期间的任何时候。影响项目价值、范围、沟通、干系人、风险和技术创新的事件或情况都可能会造成复杂性。在识别复杂性的要素时，项目团队可以保持警惕，并通过各种方法来降低复杂性的数量或影响。

项目是由相互作用的要素组成的系统。复杂性是由于人类行为、系统行为和模糊性等而难以管理的项目或其环境的特性。复杂性源于项目要素、项目要素之间的交互以及与其他系统和项目环境的交互。交互的性质和数量决定了项目的复杂程度。虽然复杂性无法控制，但项目团队可以对其活动作出调整，以应对复杂性造成的影响。

项目团队通常无法预见复杂性的出现，因为它是风险、依赖性、事件或相互关系等许多因素交互的结果。另外，一些原因可能交汇在一起，产生单一的复杂影响，这使得很难分离出造成复杂性的特定原因。

项目复杂性是由项目和整个项目系统中的单个要素造成的。例如，项目的复杂性可能会随着更大数量和多样性的干系人（例如，监管机构、国际金融机构、多个供应商、多个专业分包商或当地社区）而加深。这些干系人可以单独或共同对项目的复杂性产生重大影响。

一些更常见的复杂性来源如下。

1. 人类行为

人类行为是人的行为、举止、态度和经验的相互作用。主观因素（例如，与项目目的和目标相冲突的个人议程）的引入也可能会使人类行为的复杂性增加。位于偏远地区的干系人可能地处不同的时区，讲不同的语言，遵守不同的文化规范。

2. 系统行为

系统行为是项目要素内部和项目要素之间动态相互依赖的结果。例如，不同技术系统的集成可能会导致威胁，从而影响项目的成果和成功。项目系统各组件之间的交互可能导致相互关联的风险，造成新出现或不可预见的问题，并产生不清晰和不相称的因果关系。

3. 不确定性和模糊性

不确定性是指缺乏对问题、事件、要遵循的路径或要追求的解决方案的理解和认识。它涉及替代行动、反应和成果的概率,其中包括未知的和黑天鹅事件,它们是完全超出了现有的知识或经验的新兴因素。

模糊性是一种不清晰、不知道会发生什么情况或如何理解某种情况的状态。选项众多或不清楚哪个是最佳选项可能会导致模糊性。不清晰或误导性事件、新出现的问题或主观情况也可能会导致模糊性。

在复杂的环境中,不确定性和模糊性可以混合在一起,使因果关系模糊,以至于概率和影响定义不清。不确定性和模糊性很难降低到使因果关系可以被很好定义并加以有效处理的程度。

4. 技术创新

技术创新可能导致产品、服务、工作方式、流程、工具、技术、程序等的颠覆。电脑和社交媒体的出现是技术创新的范例,它们从根本上改变了项目工作的执行方式。新技术及其使用方式存在的不确定性会增加复杂性。创新可能有助于项目产生解决方案,但若与其有关的不确定性未得到确定,则可能会导致项目混乱,从而使复杂性增加。

(二)项目复杂性驾驭

复杂性可能会出现在任何领域和项目生命周期的任何时点,并使项目受到影响。通过持续关注项目组件和整个项目,项目团队可以留意出现复杂性的迹象,从而识别贯穿整个项目的复杂性要素。如能了解系统思考、复杂的自适应系统、过往项目工作的经验,项目团队就能增强驾驭复杂性的能力。如能警惕出现复杂性的迹象,项目团队就能够调整自己的方法和计划,驾驭潜在的混乱,以有效地交付项目。图1-2为对驾驭项目复杂性理解的示意图。

复杂性是由于人类行为、系统行为和模糊性等而难以管理的项目集、项目或其环境的特性。当有许多相互关联的影响以不同的方式表现出来并相互作用时,就会存在复杂性。在复杂的环境中,单个要素的累积最终导致无法预见或意外的结果,这种情况并不少见。复杂性的影响是使人们无法准确预测发生任何潜在结果的可能性,甚至无法知道可能会出现什么样的结果。处理复杂性有许多方法,一些方法是基于系统,一些方法需要重新构建,而其他方法则是基于过程。

1. 基于系统

处理基于系统的复杂性的示例包括:(1)解耦(Decoupling)。解耦需要断

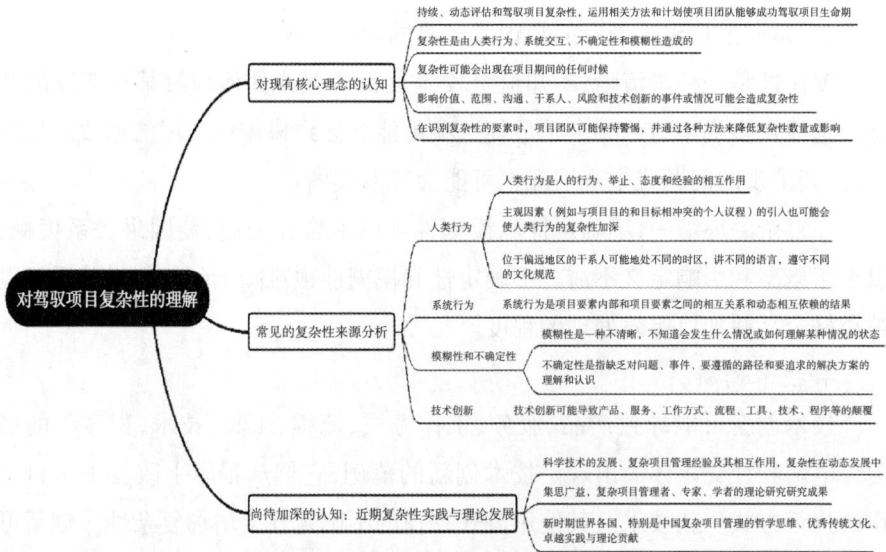

对驾驭项目复杂性的理解

对现有核心理念的认知
- 持续、动态评估和驾驭项目复杂性，运用相关方法和计划使项目团队能够成功驾驭项目生命期
- 复杂性是由人类行为、系统交互、不确定性和模糊性造成的
- 复杂性可能会出现在项目期间的任何时候
- 影响价值、范围、沟通、干系人、风险和技术创新的事件或情况可能会造成复杂性
- 在识别复杂性的要素时，项目团队可能保持警惕，并通过各种方法来降低复杂性数量或影响

常见的复杂性来源分析
- 人类行为
  - 人类行为是人的行为、举止、态度和经验的相互作用
  - 主观因素（例如与项目的和目标相冲突的个人议程）的引入也可能会使人类行为的复杂性加深
  - 位于偏远地区的干系人可能地处不同的时区，讲不同的语言，遵守不同的文化规范
- 系统行为
  - 系统行为是项目要素内部和项目要素之间的相互关系和动态相互依赖的结果
- 模糊性和不确定性
  - 模糊性是一种不清晰，不知道会发生什么情况或如何理解某种情况的状态
  - 不确定性是指缺乏对问题、事件、要遵循的路径和要追求的解决方案的理解和认识
- 技术创新
  - 技术创新可能导致产品、服务、工作方式、流程、工具、技术、程序等的颠覆

尚待加深的认知：近期复杂性实践与理论发展
- 科学技术的发展、复杂项目管理经验及其相互作用，复杂性在动态发展中
- 集思广益，复杂项目管理者、专家、学者的理论研究成果
- 新时期世界各国，特别是中国复杂项目管理的哲学思维、优秀传统文化、卓越实践与理论贡献

图1-2 对驾驭项目复杂性理解的示意

资料来源：PMI，Project Management Institute，1996，p.50.

开系统的各个部分，以简化系统并减少相互之间有关联的变量的数量。确定系统的一部分如何独立工作，可降低问题的总体规模。（2）模拟（Simulation）。可能有类似但不相关的情景可用于模拟某一系统的各个组件。一个包含购物区和多间餐厅的新机场建设项目，可以通过寻找关于商场和娱乐场所的类似信息来了解消费者的购买习惯。

2. 重新构建

处理需要重新构建的复杂性的示例包括：（1）多样性。需要从不同的角度看待复杂的系统。这可能包括与项目团队进行头脑风暴，以开启看待系统的不同方式。它还可以包括使用像德尔菲法类似的过程，即从发散思维转变为收敛思维。（2）平衡。平衡使用的数据类型，可提供更广阔的视角，而不仅仅使用预测数据或过去报告的数据或滞后指标。这可以包括使用其不同点可能抵消彼此潜在负面影响的要素。

3. 基于过程

处理基于过程的复杂性的示例包括：（1）迭代。以迭代或增量方式构建。一次增加一个特性。每个迭代后，确定哪些特性有效、哪些特性无效、客户反应以及项目团队学到了什么。（2）参与。创造机会争取干系人参与。这可以减少假设的数量，并将学习和参与融入过程之中。（3）故障保护。对系统中的关键要素，要增加冗余，或者增加在关键组件出现故障时能提供功能正常降级的要素。

（三）项目复杂性模型

项目处于模糊的状态，需要多个系统之间进行交互，成果往往不确定。复杂性是一项需要应对的挑战。以下两种模型提供了一个理解复杂性并确定如何在复杂环境中作出决策的框架。

1. Cynefin 框架

由达夫·史诺登（Dave Snowden）创建的 Cynefin（库尼文）框架是一个概念性框架，用于诊断因果关系，以此辅助决策。该框架提供了五个问题和决策背景：

（1）如果存在显而易见且较为直接的因果关系，则运用最佳实践来作出决策。

（2）如果存在一组已知的未知因素，或者存在多种正确答案，关系就会比较错综复杂。在这些情况下，最好的办法是评估事实、分析情况并应用良好实践。

（3）复杂的关系中包括未知的因素。没有明显的原因与结果，也没有明显的正确答案。在复杂的环境中，人们应该探测环境、感知情况并以行动予以响应。这种风格采用了新兴的实践；随着复杂环境针对多种刺激因素作出反应而发生变化，以及曾经有效的做法可能在下次不再奏效，这些新兴的实践允许反复进行"探测—感知—响应"这一循环。

（4）在混乱的环境中，原因与结果并不明确。对于情况过于迷惑，只是等待无法了解情况。在这些情况下，第一步是采取行动，尽力稳定局面，然后感知到某处存在稳定性，并采取措施使混乱局面过渡到复杂局面。

（5）无序的关系缺乏明确性，可能需要将其分解为较小的部分，而这些部分的背景与上述四个背景中的某个有联系。Cynefin 框架有助于识别行为，例如，探测、感知、响应、行动和分类，这些行为有助于影响变量之间的关系并提供行动指导。

2. Stacey 矩阵

拉尔夫·斯泰西(Ralph Stacey)开发的 Stacey(斯泰西)矩阵类似于 Cynefin 框架,但它从两个维度来确定项目的相对复杂性:(1)针对可交付物的需求的相对不确定性;(2)将用于创建可交付物的技术的相对不确定性。

基于这些维度的相对不确定性,项目被分为简单型、繁杂型、复杂型或混乱型。复杂程度是影响项目裁剪方法和实践的一个因素。

第二节　复杂项目管理

一、复杂项目管理定义

项目管理就是对项目进行的管理。

国际项目管理协会(IPMA)认为:项目管理就是以项目为对象的系统管理方法,通过一个临时性的、专门的柔性组织,对项目进行高效率的计划、组织、领导和控制,以实现项目全过程的动态管理和项目目标的综合协调与优化。

美国项目管理协会(PMI)认为:项目管理就是将知识、技能、工具与技术应用于项目活动,以满足项目的要求。项目管理指的是指导项目工作以交付预期成果。

国际标准化组织 ISO21500 的定义为:项目管理是将方法、工具、技术和能力应用于项目,项目管理包括项目生命周期的各个阶段的整合。

哈罗德·柯兹纳(Harold Kerzner)认为:项目管理是为了一个相对短期的目标(这个目标是为了完成一个特定的大目标和目的而建立的)去计划、组织、指导和控制公司的资源。进一步来说,项目管理就是利用系统的管理方法将职能人员(垂直体系)安排到特定的项目中(水平体系)去。

本书认为现代项目管理是通过论证、评估和决策确立项目,继而以项目为对象,通过临时性的项目组织,进行高效率的计划、组织、协调和控制,对资源实行全过程、系统、动态、优化运用,以最终实现项目的目标、获得项目利益相关方的认可与赞赏的系列活动。本定义包括了对项目全生命期的系统管理,体现了一条项目管理活动的时序、领域、功能和价值主线,即做正确的事,正确地做事,获取正确的结果。

复杂项目管理是对复杂项目进行计划、组织、人员配备、领导和控制,在约束条件内完成项目范围,实现项目预定的目标。复杂项目管理是将知识、技术、方法、工具和能力应用于复杂项目活动,以满足项目的要求,实现项目目标。

《PMI 道德与专业行为规范》确定了项目管理界最重要的四项价值观的基础:责任、尊重、公平、诚实。为有效地实施复杂项目管理,必须坚持以下原则:(1)成为勤勉、尊重和关心他人的管家;(2)营造协作的项目团队环境;(3)有效的干系人参与;(4)聚焦于价值;(5)识别、评估和响应系统交互;(6)展现领导力行为;(7)根据环境进行裁剪;(8)将质量融入过程和可交付物中;(9)驾驭复杂性;(10)优化风险应对;(11)拥抱适应性和韧性;(12)为实现预期的未来状态而驱动变革。

二、复杂项目管理特征

复杂项目管理须经过不完全确定的过程,在确定的期限、一定的资源约束条件下,完成不完全确定的产品、过程和服务的创造与实现。复杂项目管理具有以下特征:(1)综合性;(2)集成性;(3)系统性;(4)复杂性;(5)创造性;(6)创新性;(7)项目组织的临时性、柔性和特殊性;(8)项目管理理论、模式、技术、方法、工具和手段的开放性、共享性;(9)基于团队管理、责任连续、目标导向、结果导向的收敛性;(10)价值性;(11)项目文化的协同性、包容性、开放性。

项目复杂性是由于人类行为、系统行为和模糊性而难以管理的项目集、项目或其环境的特征。当有许多相互关联的影响以不同的方式表现出来并相互作用时,就会存在复杂性。项目管理复杂性体现在管理主体的复杂性、管理客体的复杂性、管理过程的复杂性,管理复杂性源于管理主体的有限理性(受管理主体自身的思想、观念、知识、经验、能力、智慧所限)、能力局限性和因项目复杂性、项目技术复杂性等导致的对管理对象、项目技术认知的困难性。管理主体的复杂性体现在主体认知的复杂性、主体行为的复杂性、项目群体结构的复杂性,与项目主体素养能力水平、项目组织复杂性、项目规模、项目利益相关方数量等相关;管理客体复杂性体现在管理目标的多样性、管理问题的非结构化和高关联性、项目环境的不确定性、信息不完备性等;管理过程的复杂性体现在管理问题识别的复杂性、管理问题解决方案选择的复杂性、管理方案实施复杂性等,产生于管理主体之间、管理客体之间、管理主体与管理客体之间的动态交互之中,与管理主体的认知能力、行为偏差、自我博弈力等密切相关。应从管理技术、管理模式与组织架构、集成管理与综合管理等方面动态调整和建设,促进项目技术突破、产品实现并成功。

项目技术复杂性是复杂项目管理面对的重要挑战,项目技术复杂性可以用技术的新颖性、异质性、关联性、依赖性、集成性等表征,技术复杂性可定义为利用现有全部资源[思想、知识、技能(无形资源),方法、工具、手段(有形资源)]完成项目范围、实现项目目标的难度。复杂项目管理特征如表1-1所示。

表1-1 复杂项目管理特征

复杂项目 关键要素	复杂项目特点和管理重点关注
范围	范围广,目标复杂,影响复杂项目目标实现的因素多。要关注总项目、子项目的范围基准、项目工作完成和范围变化
变更	变更多,应更多地关注因易变性、不确定性、复杂性和模糊性等可能引起的变化、变更,及时发现变更,要全局统筹整合决策,严格管控变更,重点纠正偏离
规划	复杂项目要制定指导复杂项目各层级的整体规划,做好规划实现策划和方案,统筹制定项目全生命期、各层级、各领域、各参与方的所有项目要素管理计划
管理	重点管理项目全局与整体、项目团队和子项目,关注影响复杂项目成败的关键要素,规划、管理好项目各利益相关方对复杂项目的需求、期望及其变化,并合理参与
监督	全面、系统监督项目工作进展和项目工作绩效,重点监控关键子项目、关键过程工作绩效和实施风险,监测项目范围变化、项目变更、项目偏离
成功	复杂项目总目标实现。项目范围工作完成,项目可交付成果完成并满足商定的交付质量;项目管理符合要求;完成项目效益管理计划;项目各利益相关方满意;完成组织从"当前状态"转到"将来状态";遵循项目治理规则

第三节 复杂项目生命周期

一、复杂项目生命周期定义

复杂项目生命周期是从启动到完成、从开始到结束所经历的一系列按顺序排列的时间过程。

复杂项目生命周期会受组织、行业、开发方法或所用技术的独特性质的影响。尽管每个项目都有起点和终点，但具体的可交付成果及项目工作会因项目的不同而有差异。项目生命周期为复杂项目管理提供了基本框架。虽然复杂项目的复杂程度及规模各异，但是典型复杂项目会呈现以下项目生命周期结构：一是开始项目（定义与启动项目工作）；二是规划项目（组织与准备项目工作）；三是执行项目（实施、监控项目工作）；四是结束项目（结束项目工作）等过程。根据复杂项目需要，可以过程重叠、交叉，也可以精简过程或过程组合。

复杂项目生命周期内通常有一个或多个阶段与产品、服务或成果的开发相关，一般由项目管理团队确定项目最适合的项目周期，项目生命周期需要足够灵活，能应对项目包含的各种因素。可遵循：确定需要在各个阶段实施的一个或多个过程；在合适的阶段实施确定的一个或多个过程；调整阶段的各种属性（例如，名称、持续时间、退出标准和准入标准）。

项目生命期与产品生命期相互独立，产品生命期在项目中产生。产品生命期是指一个产品从概念、交付、成长、成熟到衰退的整个演变过程的一系列阶段。

总体上看，复杂项目生命期结构具有以下特征：一是费用与人力投入，在项目开始时较低，在项目工作执行期间逐渐增加，在项目结束时迅速回落。二是项目开始时风险最大，在项目的整个生命周期中，随着决策的制定与可交付成果的验收，风险会逐渐降低。三是在不显著影响费用和进度的前提下，项目相关方改变项目产品最终特性的能力在项目开始时最大，并随着项目进展而减弱。同时，作出变更、纠正错误的费用通常会随着项目逐渐接近完成而显著提高。复杂项目风险、变更成本随时间变化的变量影响如图 1-3 所示。

因此，项目开始时的项目方案充分论证、多方案设计比对分析、慎重的优化方案确认、系统的项目实现策划与缜密的计划、有序与有力的项目执行和监控、认真且负责任的项目收尾对项目实现、项目成功至关重要。

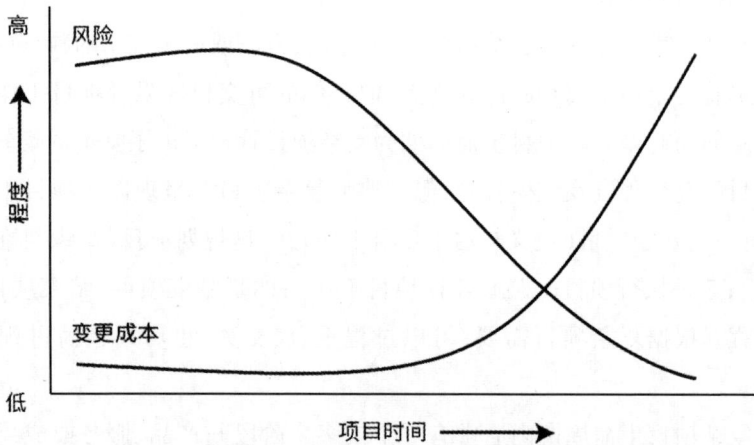

图1-3　复杂项目风险、变更成本随时间变化的变量影响

资料来源:[美]项目管理协会:《项目管理知识体系指南(PMBOK 指南)》第六版,电子工业出版社2018 年版,第549 页。

二、复杂项目阶段

复杂项目阶段是一组具有逻辑关系的项目活动的集合,通常以一个或多个可交付成果的完成为结束。复杂项目阶段之间可能是顺序、迭代或交叠的关系。复杂项目阶段的名称、数量和持续时间取决于参与项目的一个或多个组织的管理与控制需要、项目本身的特征及其所在的应用领域。

复杂项目阶段都有时限,有一个起始点、结束或控制点(也称为阶段审查、阶段关口、控制关口等)。在项目控制点,需要根据项目届时的环境、条件,重新审查项目的章程、商业文件,把项目绩效与项目管理计划进行比较,以确认项目是否应该变更、按计划继续执行或终止。项目生命周期的各个阶段可以通过各种不同的属性来描述。对于特定阶段,属性是可测量且独特的。属性可能包括(但不限于):阶段名称、阶段数量、阶段持续时间、阶段资源需求、项目进入某一阶段的准入标准、项目完成某一阶段的退出标准等。

项目可以分解为不同的阶段或子组件,这些阶段或子组件的名称通常说明了该阶段完成的工作类型。阶段名称的例子包括(但不限于):概念开发、可行性研究、客户需求、解决方案开发、设计、原型、建造、测试、移交、试运行、里程碑审查、经验教训总结,等等。

　　项目阶段可基于各种因素而建立,其中包括(但不限于):管理需求;项目性质;组织、行业或技术的独特性;项目的组成要素,包括但不限于技术、工程、业务、过程或法律;决策点(例如,资金、继续/终止项目、里程碑审查)。分为多个阶段的方式有助于更好地掌控项目管理,同时还提供了评估项目绩效并在后续阶段采取必要的纠正或预防措施的机会。项目阶段的其中一个关键组成部分是阶段审查。

　　复杂项目阶段的确立应根据复杂项目的行业与专业分类、复杂原因、特征等确定。复杂项目阶段审查在项目阶段结束时进行,将项目的绩效及进展与项目章程和业务文件、项目基准比较,这些文件包括(但不限于):项目商业论证、项目章程、项目管理计划、效益管理计划。根据比较结果作出决定(例如,继续/终止的决定),以便决策:进入下个阶段,或整改后进入下个阶段;结束项目,停留在当前阶段,重复阶段或某个要素。

　　基于复杂项目的多样性、复杂性,其生命周期不能简单、机械、呆板地分类,要根据项目的特点,立足有利于实施与管控,高效实现项目目标实事求是地划分。如军工项目研制的生命周期就有其自身的特点,如图 1-4 所示。

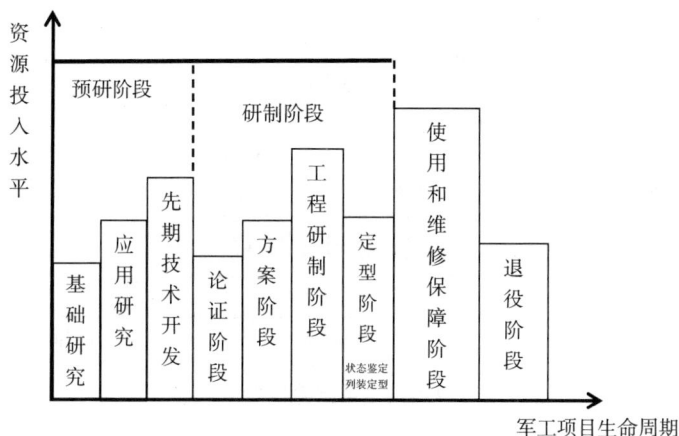

图 1-4　军工项目生命周期示意

资料来源:笔者自绘。

PMBOK 指南给出了项目生命周期的概念,早期的 PMBOK 中明确的是项目交付成果形成的过程——一条主线,如图 1-5 所示。

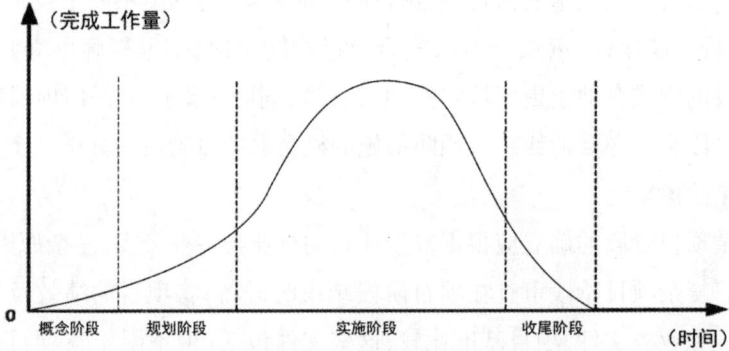

图 1-5 PMBOK 早期项目生命期示意

资料来源:PMI,Project Management Institute,1996,p.12.

中国的项目管理学者、专家和实际工作者在 2005 年前后就认识到项目生命周期中的两条主线,如图 1-6 所示。PMBOK 指南(第 4 版)中文版中有了对项目生命周期中包括两条活动主线的认识,标出了项目生命周期每一阶段应该交付的项目管理成果(图 1-6 中的斜体字内容)。

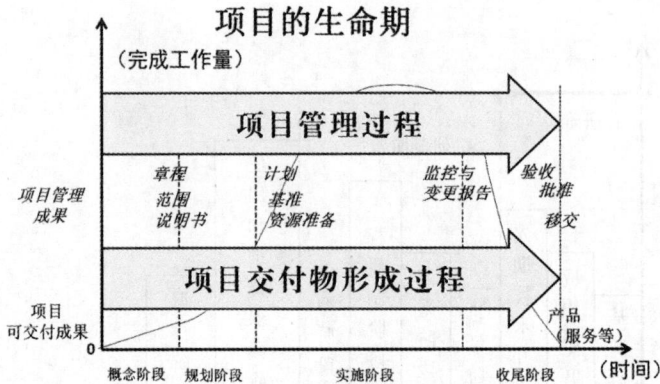

图 1-6 单项目生命期完整内容示意

资料来源:笔者自绘。

贯穿项目生命周期各阶段至少有两条线——一条是项目交付成果形成的基本过程主线,另一条是伴随和控制项目交付成果形成而必需的项目管理主线。

三、复杂项目生命周期特征

（一）宏观视角下复杂项目的时间维度

从宏观角度分析，复杂项目包含较多的领域，各领域的复杂项目生命周期关注的重点也不相同。如：工程项目更关注成果（特别是物化的构建物）的形成，构建专业技术过程，如图1-7所示。

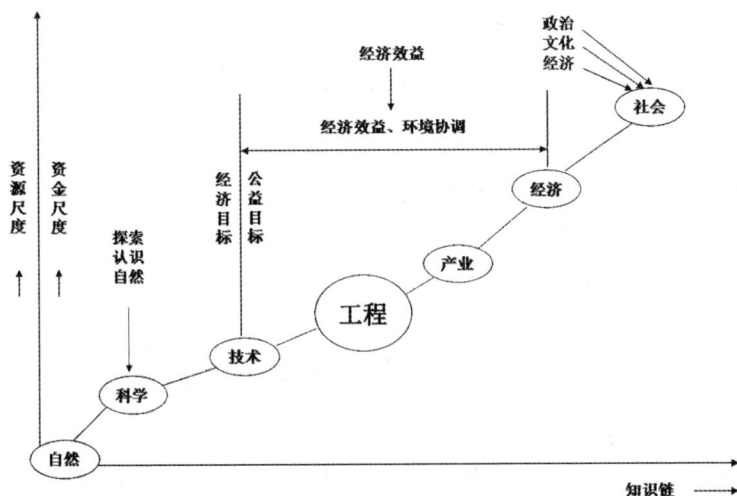

图1-7 宏观视角下工程类项目的时间维度示意

资料来源：殷瑞钰等：《工程哲学》，高等教育出版社2007年版，第7页。

在复杂项目管理中，着眼于复杂项目的多领域视角，一方面，要特别关注实现交付成果形成的过程与成果功能的科学技术层面；另一方面，也应该考虑复杂项目实现时间维度的社会人文层面。这可能可以更好地体现复杂项目与工程、自然科学和社会科学的关系。

（二）复杂项目视角下基于专业技术的交付成果形成的过程

在传统的项目管理中，特别是单项目管理，由于交付成果的形成过程较为简单，涉及实现交付成果形成的过程与成果功能的科学技术层面的内容较少，但是在复杂项目管理中这一方面由于涉及的技术领域较广、内容较复杂、各技术交叉对接关系复杂，管理好交付成果形成的过程与成果功能的实现，就显得十分重要。

四、复杂项目时序管理特征

(一)复杂项目管理过程

复杂项目管理过程旨在创造最终结果的系统化的系列活动,以便对一个或多个输入进行加工,生成一个或多个输出。复杂项目生命周期是通过一系列项目管理活动进行的,即项目管理过程。项目管理通过合理运用与整合按逻辑分组的项目管理过程而得以实现。

每个项目管理过程通过合适的项目管理工具和技术将一个或多个输入转化为一个或多个输出。输出可以是可交付成果或结果,结果是过程的最终成果。复杂项目管理过程适用于各个行业。

项目管理过程组指对项目管理过程进行逻辑分组,即项目管理输入、工具和技术以及输出的逻辑组合,以达成项目的特定目标。项目管理过程可分为以下五个项目管理过程组:

1. 启动过程组

定义一个新项目或现有项目的一个新阶段,授权开始该项目或阶段的一组过程。

启动过程组的目的是:协调相关方期望与项目目的,告知相关方项目范围和目标,并商讨他们对项目及相关阶段的参与将如何有助于实现其期望。在启动过程中,定义初步项目范围和落实初步财务资源,识别那些将相互作用并影响项目总体结果的相关方,指派项目经理(如果尚未安排)。这些信息应反映在项目章程和相关方登记册中。一旦项目章程获得批准,项目也就正式立项,同时,项目经理就有权将组织资源用于项目活动。

本过程组的主要作用是,确保只有符合组织战略目标的项目才能立项,以及在项目开始时就认真考虑商业论证、项目效益和相关方。在一些组织中,项目经理会参与制订商业论证和分析项目效益,帮助编写项目章程。在另一些组织中,项目的前期准备工作则由项目发起人、项目管理办公室(PMO)、项目组合指导委员会或其他相关方群体完成。

复杂项目划分为多个阶段,就需要在后续阶段复审从启动过程得到的信息,以确认是否有效。在每个阶段开始时重新开展启动过程,有助于保持项目符合其预定的商业要求,有助于核实项目章程、商业文件和成功标准,有助于复审项目相关方的影响、动机、期望和目标。项目发起人、客户和其他相关方参与项目启动,有助于促进他们对项目成功标准达成一致,也有助于提升项目完成时可交付成果通过验证的可能性,以及在整个项目期间相关方的满意程度。

2. 规划过程组

明确项目范围,定义和优化目标,为实现目标制订行动方案的一组过程。

规划过程组制订项目管理计划,以及用于执行项目的项目文件。取决于项目本身的性质,可能需要通过多轮反馈来做进一步分析。随着收集和掌握更多的项目信息或特性,项目很可能需要进一步规划。项目生命周期中发生的重大变更,可能引发重新开展一个或多个规划过程,甚至一个或多个启动过程。这种对项目管理计划的持续精细化叫作"渐进明细",表明项目规划和文件编制是迭代或持续开展的活动。本过程组的主要作用是,确定成功完成项目或阶段的行动方案。在规划项目、制定项目管理计划和项目文件时,项目管理团队应当征求适当相关方的意见,并鼓励相关方参与。初始规划工作完成时,经批准的项目管理计划就被视为基准。在整个项目期间,监控过程将把项目绩效与基准进行比较。

3. 执行过程组

完成项目管理计划中确定的工作,以满足项目要求的一组过程。

本过程组需要按照项目管理计划来协调资源、管理相关方参与,以及整合并实施项目活动。本过程组的主要作用是,根据计划执行为满足项目要求、实现项目目标所需的项目工作。相当多的项目预算、资源和时间将用于开展执行过程组的过程。开展执行过程组的过程,可能导致变更请求。一旦变更请求获得批准,则可能触发一个或多个规划过程,来修改管理计划、完善项目文件,甚至建立新的基准。

4. 监控过程组

跟踪、审查和调整项目进展与绩效,识别必要的计划变更并启动相应变更的一组过程。

监督是收集项目绩效数据、计算绩效指标,并报告和发布绩效信息。控制是比较实际绩效与计划绩效,分析偏差,评估趋势以改进过程,评价可选方案,并建议必要的纠正措施。本过程组的主要作用是,按既定时间间隔、在特定事件发生时或在异常情况出现时,对项目绩效进行测量和分析,以识别和纠正与项目管理计划的偏差。监控过程组还涉及:评价变更请求并制订恰当的响应行动计划；建议纠正措施，或者对可能出现的问题建议预防措施；对照项目管理计划和项目基准，监督正在进行中的项目活动；影响可能导致规避变更控制过程的因素，确保只有经批准的变更才能付诸执行。

持续的监督使项目团队和其他相关方得以洞察项目的健康状况，并识别需要格外注意的方面。在监控过程组，需要监督和控制在每个知识领域、每个过程组、每个生命周期阶段以及整个项目中正在进行的工作。

5. 收尾过程组

正式完成或结束项目、阶段或合同所执行的过程。

项目管理过程通过具体的输入和输出相互联系，即一个过程的成果或结果可能成为另一个过程（不一定在同一过程组）的输入。

本过程组旨在核实为完成项目或阶段所需的所有过程组的全部过程均已完成，并正式宣告项目或阶段关闭。本过程组的主要作用是，确保恰当地关闭阶段、项目和合同。虽然本过程组只有一个过程，但是组织可以自行为项目、阶段或合同添加相关过程。因此，仍把它称为"过程组"。

本过程组也适用于项目的提前关闭，例如，项目流产或取消。

各项目管理过程之间通过它们所产生的输出建立逻辑联系。过程可能包含了在整个项目期间相互重叠的活动。一个过程的输出通常是另一个过程的输入，或成为项目或项目阶段的可交付成果。比如，需要把规划过程组编制的项目管理计划、项目范围说明书、项目文件（如项目风险登记册、责任分配矩阵等）及其更新，提供给执行过程组作为输入。

并非所有的项目都需要所有的过程，管理过程间的所有相互作用也并非都在所有的项目或项目阶段中表现出来。

项目管理过程组通常不是孤立或只执行一次的事件，它们可能在整个项目生命期内自始至终都以不同的程度互相重叠。项目管理过程组不同于项目阶段，若将项目划分为若干阶段，则各过程组中的过程不仅在阶段内，而且也可能跨越阶段相互影响和相互作用。在一个阶段内，可能需要使用所有的过程组。当项目被分为不同的阶段（比如，概念开发阶段、可行性研究、设计、原型、构建或测试等）时，各过程组中的过程根据需要在每个阶段中重复，直到达到该阶段的完工标准。

项目管理过程迭代的次数和过程间的相互作用因具体项目的需求而不

同。过程通常分为三类：一是仅开展一次或仅在项目预定义点开展的过程。比如,制定项目章程以及结束项目或阶段。二是根据需要定期开展的过程。比如在需要资源时开始获取资源过程,在需要使用采购品之前开展实施采购过程。三是在整个项目期间持续开展的过程。比如,可能需要在整个项目生命周期中持续开展定义活动过程。从项目开始到项目结束需要持续开展许多监控过程。项目或阶段中的过程组相互作用示例如图1-8所示。

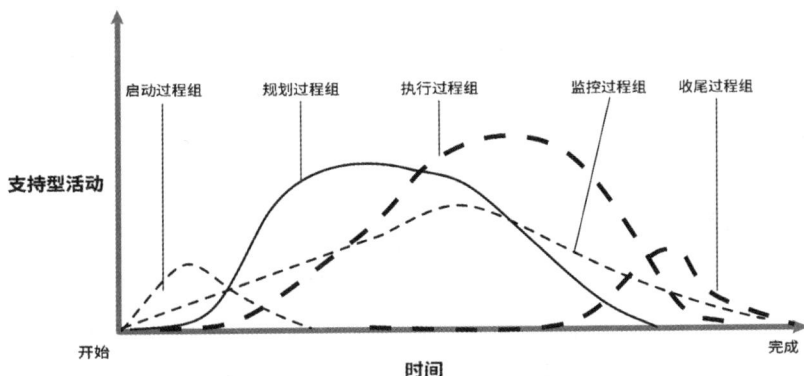

图1-8　项目或阶段中的过程组相互作用示例

资料来源：［美］项目管理协会：《项目管理知识体系指南（PMBOK 指南）》第六版,电子工业出版社 2018 年版,第 555 页。

（二）复杂项目管理过程组与复杂项目管理知识领域的关系

在项目管理过程中,基于对项目最终交付成果形成构成的运作,体现于项目生命期的各个阶段,也有的在伴随项目实施各阶段的管理过程组中。复杂项目管理过程组与复杂项目管理知识领域如表1-2所示。

表1-2　复杂项目管理过程组与复杂项目管理知识领域

项目管理 知识领域	项目管理过程组				
	启动过程组	规划过程组	执行过程组	监控过程组	收尾过程组
项目综合管理	制定项目章程和项目综合管理规章制度	编制项目范围说明 制订项目管理计划 项目产品实现策划	指导与管理项目	项目实施监控	项目收尾

项目管理 知识领域	项目管理过程组				
	启动过程组	规划过程组	执行过程组	监控过程组	收尾过程组
项目范围管理		范围管理策划 需求管理 定义范围 创建工作分解 结构		范围核实 范围变更控制	
项目时间管理		进度管理策划 制订进度计划 估算活动资源		进度控制	
项目费用管理		费用管理策划 估算费用 制定预算		控制费用	
项目质量管理		质量策划	质量保证	质量控制 质量改进	
项目资源管理		规划资源管理 估算活动资源	获取资源	控制资源	
项目团队建设 与管理		人力资源策划	队伍组建 队伍建设	队伍管理	
项目沟通管理		沟通管理策划	信息发布		项目绩效报告
项目风险管理		风险管理策划 风险识别 风险分析 风险评价 风险应对规划	风险应对	风险监控	
项目采购管理		采购策划 供方管理	外协管理 外购管理	控制采购	外包合同管理 合同收尾
项目相关方管理	相关方识别	规划相关方参与	相关方管理	监督相关方 参与	
项目资产管理		规划资产管理	管理可交付成 果和过程资产	监督资产	
项目技术管理		技术管理策划 技术分解	技术状态 管理	技术成熟度 管理	
项目文化管理		文化认知度	行为规范化 项目执行力		

资料来源:符志民:《航天项目评价》,中国宇航出版社2020年版,第61页。

五、复杂项目管理的时序认知

（一）复杂项目管理时序在系统中的地位

项目管理工作的重要内容之一就是正确认识和安排需要开展的活动及其时序。项目管理通常是按照项目和项目管理的时序展开的,项目和项目管理时序是项目重要的遵循维度。

复杂项目管理时序涉及复杂项目生命期、项目管理过程和项目管理领域。如图1-9所示,管理时序在复杂项目管理系统三维度的交点上。

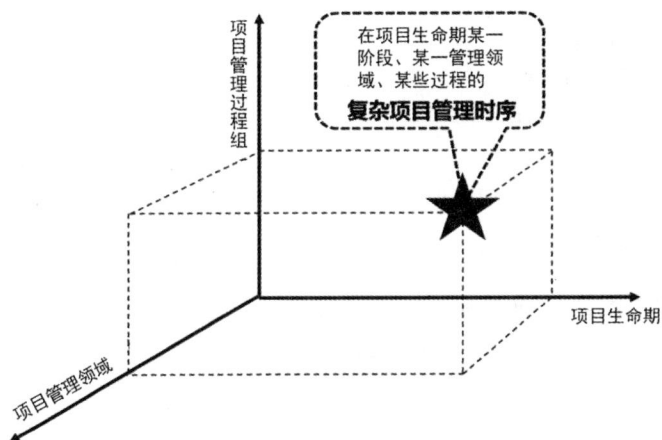

图1-9　复杂项目管理系统化时序地位示意

资料来源:笔者自绘。

（二）复杂项目时序管理需要回答的问题

至少要求回答:(1)What——做什么,目标,内容;(2)Why——为什么,需求、依据和条件;(3)Who——谁,谁来做,与谁有关系;(4)Where——在哪里做,位置、范围与环境;(5)When——什么时候做,用多少时间;(6)How to do——如何做,需经历哪些过程、用什么方法和工具;(7)How Much——多少,用多少资源。

六、复杂项目管理时序的整合价值链

（一）复杂项目管理时序价值链

复杂项目管理中与时间顺序相关的时序管理是其"时间、空间和人"系统中的重要维度之一。项目生命期、项目交付成果实现过程、项目管理过程、项目交付物构建流程、项目管理流程、项目时间进度计划这一切有时间相关的顺序，构成了由宏观渐序细化至微观的、最终实现项目目标的价值链，如图1-10所示。

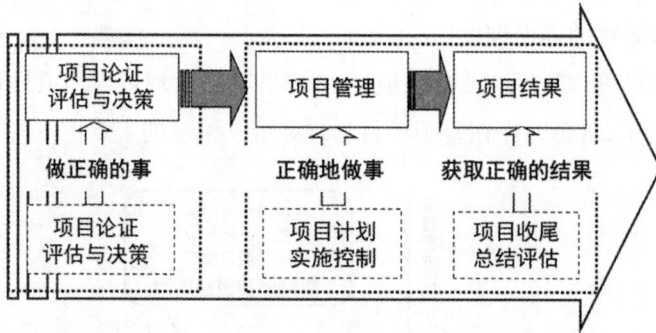

图 1-10　复杂项目管理时序价值链

资料来源：笔者自绘。

复杂项目时序管理形成的价值链就是："做正确的事，正确地做事，获取正确的结果。"其中"正确"包含自然和社会双重含义：一是要遵循客观的自然规律；二是要符合当时、当地的人文社会道德取向和法律规范。

复杂项目管理时序价值链也揭示了管理过程和管理结果的因果关系——项目的管理过程应该导出项目的结果，项目的结果应该体现项目管理过程。

（二）复杂项目管理流程

流程（Process）是一定时序的反映，体现了一定的环节（Phase），决定了具体的过程。流程是为了实现某项目标所需要进行的所有活动及其排序。流程是一系列有规律的行动，这些行动以确定的方式发生或执行，导致特定结果的出现。流程就是将一定的"输入"转化为需要的"输出"、有序排列的一系列活动。各种活动都必须遵循一定的时序——流程，流程是过程的时间主线和内容的重要体现。

复杂项目时序管理中至少有两种流程：

1. 业务流程

项目是为了实现特定的产品、服务和某种交付成果的一次性、临时的系列活动。这一系列活动在执行时必须要细化,才能得以实施和落实。这些细分了的、便于实施和控制的、操作层面的流程就是业务流程,如:生产某产品的设计流程、技术流程、工艺流程、操作流程、检验流程、验收流程等。

2. 管理流程

为了能够"多、快、好、省"的实现业务流程,需要设计有关如何进行策划、组织、计划、协调、指挥、控制等各项管理活动以及要遵循的程序,这就是管理流程,也称为辅助流程、保障流程、管控流程。

3. 两种流程的关系

业务流程是基础性流程,是其他各项流程的基础。业务流程是项目流程操作性的细化。

管理流程是依据业务流程和项目流程,且服务于项目流程的流程。"皮之不存,毛将焉附",说的正是这种关系。但管理流程又具有统领全局的保障性、管控性的作用,是流程中的高层次流程。

项目管理主要工作内容之一就是设计、执行和监控项目管理流程的落实。设计和执行项目管理流程就是项目管理在时间维度的具体化。不执行科学的管理流程,项目管理就是一句空话。从某种意义可说"管理就是设计和执行流程""没有科学、规范的管理流程,就谈不上管理,或者那只是随意、粗放、凌乱的管理"。

（三）复杂项目管理流程的特点和用途

1. 项目管理流程是项目管理的载体和项目范围完成的支撑

项目管理流程是由其所涉及的具体项目生命期阶段、项目管理过程组和项目管理领域的综合内容整合构成的。

2. 项目管理的效率和效果与项目管理流程关系密切

科学合理的管理流程是项目管理者管理智慧的体现,"项目管理流程导致项目结果,项目结果体现项目管理流程",项目管理流程是项目管理出效益的最直接体现。

3. 项目管理流程的图示表达方式——可视化

可以使管理主线和主要工作从"台后"走到"台前",从隐蔽走向公开,从"潜规则"变为"明规范",从少数人的"随意"变为多数人的"共识"。易于让项目团队成员、特别是管理团队成员和项目的利益相关方理解项目管理,易于沟通和凝聚团队智慧。项目管理流程是项目管理可视化的具体体现,科学、简洁的项目管理流程易于让相关的项目管理团队成员理解项目管理,自觉地配合项目管理,实现"上下同欲者胜"。项目管理流程化是项目可视化管理的重要体现。

4.项目管理实现透明、公开、公平、公正的准绳

科学合理、简捷易行的管理流程也是项目执行和管理过程中处理分歧、沟通协商的依据。

进一步归纳,可以认为项目管理流程是:(1)思维与行动的系统化过程和预演;(2)经验和规律的总结和规范;(3)行为规范和管理制度的体现;(4)实现目标的路线图;(5)沟通与协调的依据。

七、复杂项目生命周期的管理过程与流程

(一)启动过程管理流程

项目生命期的每一阶段中的活动的细化都可以通过项目管理流程体现出来。如启动过程的项目策划和立项工作,其通用、可参考的流程如图 1-11 所示。

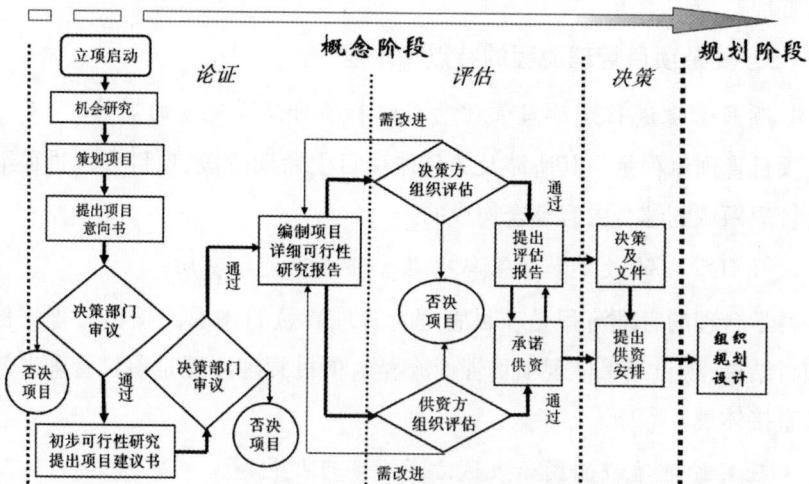

图 1-11　复杂项目规划阶段的参考管理流程

（二）规划过程管理流程

规划过程的管理流程主要体现于组织准备和计划编制诸方面,也是每个管理领域内容的主要时序安排。概略的通用参考管理流程如图 1-12 所示。

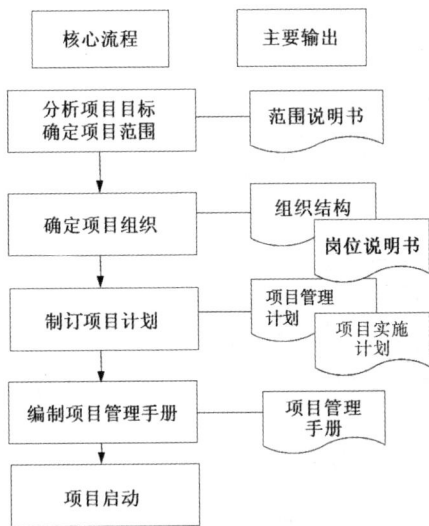

图 1-12　复杂项目规划阶段的参考管理流程

（三）执行过程管理流程

执行过程的管理流程主要体现于按计划执行各项项目工作,也是每个管理领域内容在执行与监控方面的主要时序安排。概略的参考管理流程如图 1-13所示。

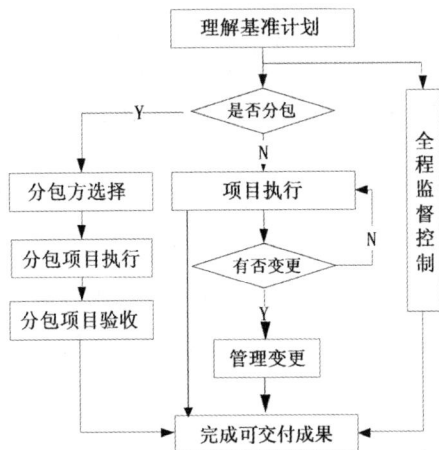

图 1-13　复杂项目实施阶段参考管理流程

(四)监控过程管理流程

复杂项目监控流程是对复杂监控过程内容的明确与细化,包括:备齐监控所需的信息资料,确定监控组织,跟踪、检测、审查、分析和调整项目的实际进展和绩效,识别确实需要的变更和指导制订变更方案,执行、监督和记录。参考流程如图 1-14 所示。

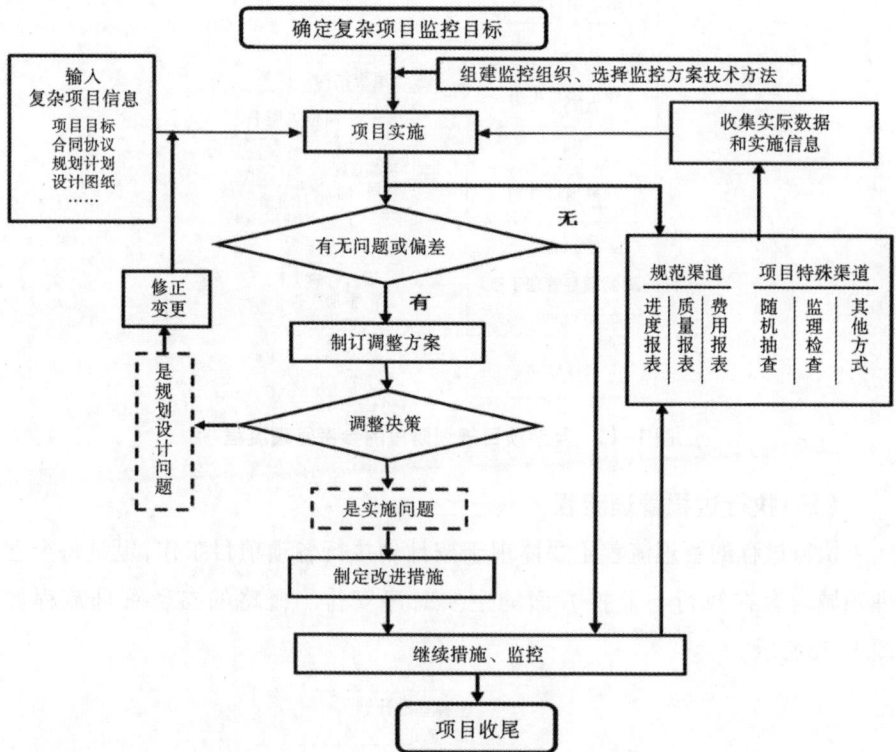

图 1-14　复杂项目监控阶段的参考管理流程

(五)收尾过程管理流程

收尾过程的管理流程主要体现于从各方面结束项目。按项目目标、合同、范围和计划结束项目的各项工作,也是每个管理领域内容在执行与监控方面的主要时序安排。概略的参考管理流程如图 1-15 所示。

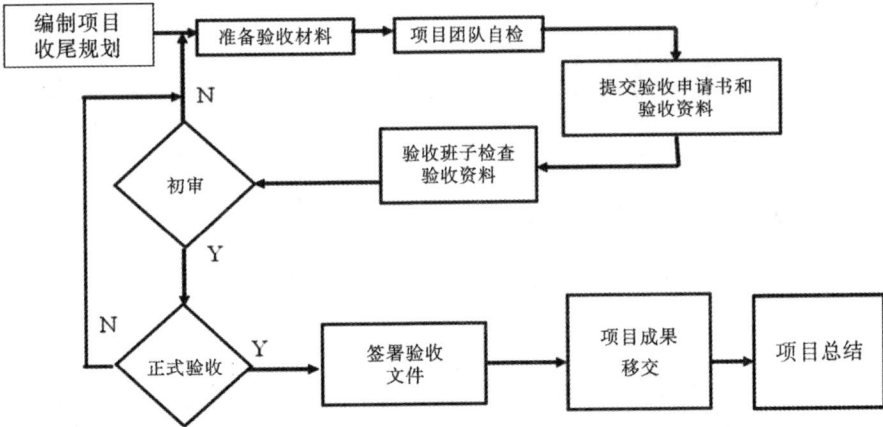

图1-15 复杂项目收尾阶段的参考管理流程

（六）复杂项目生命期各过程的工作

发展项目生命期中各过程都有其核心工作与主要工作，但由于复杂项目所处的领域不同，这些工作也会不尽相同，但有些是共性的内容，列于表1-3和图1-16，供参考。

表1-3 复杂项目生命周期各过程工作参考表

项目阶段	概念阶段	规划阶段	实施阶段	结束阶段
核心工作	组织好可行性论证，完成评估决策	组织好开工前的人、财、物等资源及一切软件准备	保证项目的质量、成本、进度的顺利完成	评审、鉴定及项目验收交付组织结束工作
主要工作	1.项目决策 2.进一步策划项目 3.完成项目章程	1.确立项目目标 2.明确相关方合作关系 3.项目范围确定 4.完成项目及工作分解结构（PBS）（WBS） 5.确定项目团队主要成员及分工 6.确定实施方案 7.项目的资源保证落实 8.组织编制各项计划 9.风险分析，确定风险管理方案	1.细化项目实施组织 2.建立项目信息管理系统 3.履行项目工作包的任务 4.动态监控、解决实施中的问题 5.单项与阶段验收 6.实施项目考核奖惩	1.评审、鉴定 2.项目成果完成 3.验收、交付 4.资源清理 5.结算最后账务 6.项目总结知识管理 7.项目评估 8.解散项目组团队

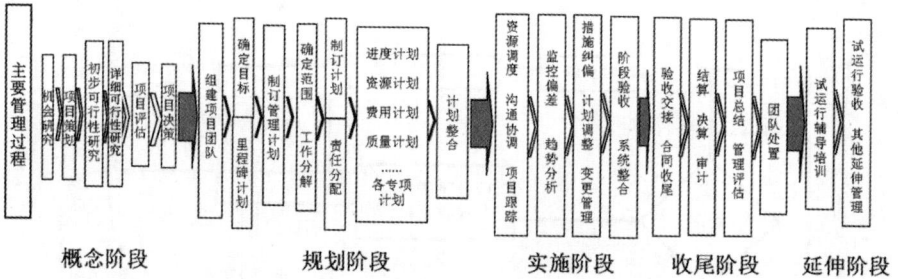

图1-16 复杂项目生命期各过程主要工作参考

对于复杂项目管理中的时序管理,本书认同如图1-17的时序体系,它体现了复杂项目基于项目生命期中项目及其管理的过程体系与时序主线,指明了复杂项目及其管理应该先做什么,接着做什么,再做什么。

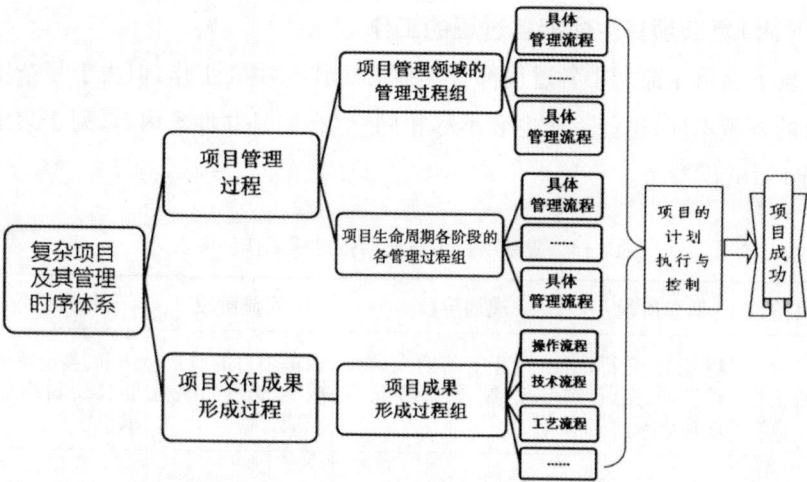

图1-17 复杂项目及其管理时序体系示意

第四节 复杂项目管理知识体系与技术、方法和工具

一、复杂项目管理知识体系

(一)中国项目管理知识体系构建现状

复杂项目管理知识体系定义为描述复杂项目管理专业范围内知识的术

语,包括已被验证并广泛应用的传统做法,以及为本专业新近涌现的创新做法,是为实现成功管理复杂项目相关知识的总集合,是从系统的层面总结复杂项目管理知识的总体框架。

前几章已经分别对复杂项目管理知识的相关内容做了分时段、分领域和基于人的行为等方面的具体阐述,复杂项目管理知识体系就是在此基础上的统筹整合,给出一个比较完整的框架。

项目管理知识体系是项目科学技术的重要组成部分。一个希望自立于世界民族之林的国家需要有自己相关领域的科学体系。建设新时代中国特色社会主义项目科学体系需要有自己的科学、独立、有效的体系架构,尽管这个过程可能是漫长的。

(二)中国亟须构建中国特色的项目管理知识体系

鉴于中国有多年来项目和项目管理理论研究与有效实践的总结,中国经济建设发展的实践,国际项目管理知识体系发展的启示和同行的期待,强大的中国项目和项目管理工作者的队伍基础,"百花齐放、百家争鸣"的良好氛围,中国有能力、也需要构建中国自己的项目管理知识体系。其中复杂项目管理知识体系就是新时代中国特色项目管理知识体系的主要构成内容。

二、构建中国复杂项目管理知识体系

(一)构建的原则

一是总结中国项目管理知识体系构建的经验、教训;二是"百花齐放,百家争鸣",群策群力,充分挖掘和总结中国已有相关方研究、实践的成果;三是学习借鉴国外现有项目管理知识体系实践、研究的成果;四是融合中国优秀传统文化,创建科学、正确、先进、有效的项目科学体系,博采众长,创新适用。

(二)复杂项目管理知识体系构建的框架建议

基于上述认识和近年来的复杂项目管理实践,本书提出一个初步的复杂项目管理知识体系纲要建议(见图1-18)。

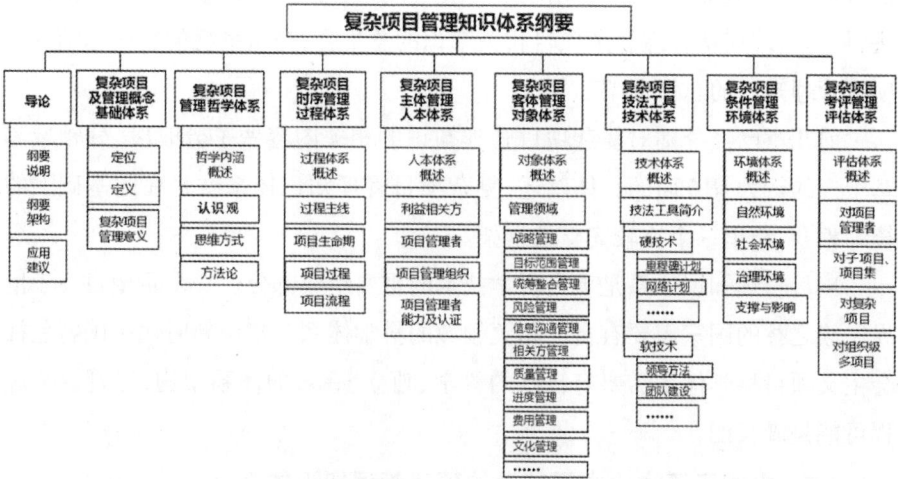

图1-18　复杂项目管理知识体系纲要

资料来源：笔者整理而成。

三、复杂项目管理特色技术、方法和工具

（一）复杂项目管理技术、方法和工具的定义

复杂项目管理技术、方法和工具就是基于科学原理，为了实现项目和项目管理的目标所采取的具体技术、路径、方式、手段和工具，可以简称技法工具。

复杂项目管理的技术、方法和工具是为成功管理复杂项目服务的，是复杂项目管理知识体系的重要组成部分。

（二）复杂项目管理方法的分类

一般对方法的分类有多种方式，各行各业、不同的领域都有不同的分类方式。本书对复杂项目管理方法按管理方法的特征，有两种分类法：一是分为复杂项目管理的"硬"方法和复杂项目管理的"软"方法两大类。二是按各种技法工具在各个项目管理过程中的应用分类。

四、复杂项目管理的"硬"技术、方法和工具

复杂项目管理的"硬"方法源于项目的"硬管理"。"硬管理"一般指体现客观规律、硬性约束、需要强制执行的管理内容。具体表现在两个方面：一是客观规律要求必须遵循的路径、方式、手段和工具；二是指从属于对劳动者有

较多的强制性、规定性要求的管理方法,如各种规章制度、定额指标、组织结构等,以实施严格的控制,"硬管理"要求配套成文制度和组织职权进行程式化管理的路径、方式、手段和工具。

项目管理的"硬"方法很多,本书不一一介绍,这里只列出其中一些方法:系统工程(Systems Engineering)、价值工程(Value Engineering,VE)、创新理论与方法(TRIZ Teoriya Resheniya Izobreatatelskikh Zadatch)、并行工程(Concurrent Engineering,CE)、头脑风暴法(Brainstorming Method)、德尔菲法(Delphi Method)、SWOT 分析(SWOT Analysis)、PEST 分析(Politics,Economy,Society,Technology Analysis)、层次分析法(Analytic Hierarchy Process,AHP)、思维导图(Mind Master)、要素分层法(Elements of the Layered Method)、方案比较法(Scenario Comparison Method)、不确定性分析(Uncertainty Analysis)、盈亏平衡分析(Break-even Analysis)、敏感性分析(Sensibility Analysis)、概率分析(Probabilistic Analysis)、项目财务评价(Project Financial Evaluation)、国民经济评价方法(The National Economic Evaluation Method)、资金的时间价值(Time Value of Money)、里程碑计划(Milestone Plan)、工作分解结构(Work Breakdown Structure,WBS)、项目分解结构(Project Breakdown Structure,PBS)、责任矩阵(Responsibility Matrix)、网络计划技术(Network Planning Technique)、甘特图(Gantt Chart)、费用分析(Cost Analysis)、资源费用曲线(Resource Cost Curve)、流程再造(Business Process Reengineering)、挣值法(Earned Value,EV)、质量控制的数理统计方法(Statistical Quality Control Method)、质量功能展开(Quality Function Deployment,QFD)、综合评价技术(Comprehensive Evaluation Technique)、有无比较法(There is No Comparison Method)、SMART 原则(Specific、Measurable、Attainable、Relevant、Time-bound)、风险评估方法(Risk Assessment Method)、项目管理软件(Project Management Software)、数字化技术与方法(Digitizes Technology and Methods)。

五、复杂项目管理的"软"技术、方法和工具

复杂项目管理的"软"技法是由复杂项目的"软管理"决定的。"软管理"常指处理项目管理中的人际关系、组织关系,包括具体问题具体分析、权变管理、艺术性管理和柔性管理的内容。

"软管理"是人本管理的重要体现,是着重考虑员工的社会需求和心理因素,对人的思想、心理和行为的科学管理。在"软管理"中,"人力"是一个综合概念,它包括劳力和智力两个方面的内容。而人力中最为宝贵、最具有价值的部分不是"劳力",而是"智力",是人的大脑中所隐藏着的无穷无尽的创新和创造能力。因此,管理的重点就是如何充分开发、发挥和利用人的智力。其实质是"以人为中心"的管理,对创造性的工作,更需采用"软管理"的方式、方法。

项目管理"软"方法的特点:第一,"软管理"及其方法是当代世界管理创新的新趋势。第二,"软管理"及其方法是一种内在的柔性约束力、驱动力。第三,"软管理"及其方法有双向作用。在这个作用过程中,需要依赖员工的自我管理、自我价值观的认同和心理调适,"软管理"是一种客观影响力。第四,"软管理"之软方法表明管理对人的行为的调节要受到个人知觉、价值认同等因素的缓冲和博弈。第五,"软管理"及其方法具有持久的影响力。员工个人目标与组织目标之间一旦协调一致,便具有相对的稳定性和独立性,对员工具有强大而持久的影响力。第六,注意在软硬兼施中发挥"软管理"及其方法的作用。

项目管理的"软"技法处于正在被认识、被重视的阶段,对项目管理的"软"方法的概念还有一些不同的认识,对某些项目管理的"软"方法的具体内容,也会因运用者本身的学识、经验和素质不一,很难准确统一界定。

本书只将其中一些方法列出:马斯洛需求分析法(Maslow Requirements Analysis Method)、团队建设(Team Building)、项目管理培训(Training in Project Management)、绩效考核(Performance Appraisal)、领导方法(leading Method)、整合管理法(Integration Management Method)、公共关系(Public Relations)、沟通艺术(Communication Arts)、协商(Consult)、谈判(Negotiation)、价值评判(Value Judgment)、自我控制(Self-command)、影响力方法(Influence the Way)、创造力方法(Creative Method)、优胜基准学习法(Benchmarking Learning)。

六、复杂项目管理过程应用的技法工具

按复杂项目管理过程划分,表1-4 给出了复杂项目管理各过程应用的技法工具。

表 1-4　复杂项目管理过程技术、方法和工具

管理过程	技术、方法和工具
复杂项目 启动过程	PEST;SWOT;战略分析;机会研究;层次分析;数学分析;货币时间价值;财务分析;盈亏平衡分析;敏感性分析;概率分析;可行性研究报告编制;卡诺模型;QFD;多目标决策;TRIZ…… 目标管理;相关方识别;团队组建;风险识别;项目基线;重大里程碑事件设定;项目章程;启动会……
复杂项目 规划过程	PBS/WBS;工作包;网络计划技术、PERT、CPM、甘特图;责任分配矩阵;资源计划;培训;OBS;责任矩阵……
复杂项目 执行过程	SMART;资源调度;作业会议;调度会议;协调会议;工作日志;信息沟通;5S;HSSE 管理法;敏捷管理法;团队建设;系统工程;价值工程;变更管理;流程再造;并行工程;PDCA;质量问题归零;可靠性;KPI 考核;闭环考评奖惩;优胜基准学习……
复杂项目 监控过程	检查控制表;因果分析;帕累托图;故障树分析;偏差分析;挣值分析法;对比分析法;座谈会;德尔菲法;手机、APP 应用;摄影、视频应用;互联网应用;专项评审……
复杂项目 收尾过程	验收技术;交付;合同收尾;审计;资料归档;知识产权保护;有无比较分析法;复盘;总结评价;解散团队……

第二章 复杂项目管理领域

复杂项目管理领域,或称复杂项目管理知识领域,是复杂项目管理知识体系的重要组成部分。符合复杂项目特征的都是复杂项目,复杂项目管理知识领域可沿袭传统的项目管理分类方法,有复杂单项目管理、复杂项目集群管理和复杂项目组合管理三个层面;也可能在一般的单项目管理、项目集群管理、项目组合管理中,单项目管理、项目集群管理、项目组合管理本身即是复杂项目管理,或者在项目集群中、项目组合中包含有复杂项目的,亦即复杂项目管理。

依据复杂项目管理的特征,复杂项目管理在传统项目管理知识领域基础上,增加了项目技术管理、项目资产管理、项目团队建设与管理、项目文化管理,归集为十四大项目管理知识领域,如表 2-1 所示。针对每一具体项目,可适当裁剪范围。本章关于复杂项目管理领域从三个方面来阐述:一是该管理领域的基本概念;二是该管理领域的主要内容;三是该管理领域的管理流程。

表 2-1 复杂项目管理知识领域

硬管理	软管理
综合管理	团队建设与管理
范围管理	沟通管理
进度管理	相关方管理
费用管理	资源管理
采购管理	风险管理
资产管理	技术管理
质量管理	文化管理

资料来源:笔者整理而成。

第一节 复杂项目综合管理

面对复杂项目日益增加的复杂性、复杂项目相关方不断增长的需求、期望和利益,复杂项目组织需要定期分析复杂项目面临的挑战、处境、变化趋势,完善、调整、优化组织的战略、流程、结构、文化和能力,有效管理复杂项目,勠力实现组织战略目标。复杂项目综合管理对保障复杂项目管理成功、实现复杂项目相关方的收益目标、实现组织的目标与达成结果至关重要。复杂项目综合管理包括复杂项目战略管理、目标管理、统筹整合管理等。

一、复杂项目战略管理

(一)基本概念

战略管理(Strategic Management)是指一个组织对在一定时期的、全局的、长远的定位、发展方向、目标、指导思想、原则、任务,以及目标实现和任务完成的举措等作出的决策和管理。

战略管理主要包括六个方面的内容:一是战略原则,战略原则是战略的最高层次,它是指导和规范战略选择与行为的哲学思想和行动指南;二是战略分析,对组织所处的环境、条件和竞争态势进行研究、分析;三是战略选择,对组织行为过程的模拟、抉择;四是战略实施,按战略、要求执行战略;五是战略监控,监视战略实施进程、及时发现、纠正偏差,确保战略有效实施;六是战略评估和总结,在战略实施前、实施过程中和实施结束后,都要对战略实施情况和结果进行评估,根据环境、形势、条件的变化,及时调整、完善战略,确保战略目标实现。

综上所述,复杂项目战略管理是指组织对复杂项目定位、发展方向、目标、指导思想、原则、工作,以及目标实现和工作完成等作出的系统化顶层决策和管理。

(二)复杂项目战略管理与传统项目管理比较

在传统单项目管理中通常不涉及战略管理。在项目集管理和项目组合管理中有少许涉及战略管理的内容,如:项目集群管理是对一个项目集采取集中式的协调管理,以实现这个项目集的战略目标和收益,它包括把多个项目进行整合,以实现项目集目标,并使得成本、进度与工作可以被优化或整合。项目集群管理是对多个项目进行的总体控制和协调,不直接参与对每个项目的日常管理,所做的工作侧重于在整体上进行规划、控制和协调,指导各个项目的管理,包含了一定的战略管理内容。

项目组合管理是为了实现特定的战略业务目标,对一个或多个组合进行的集中管理,包括对项目、项目集和其他相关工作的识别、优先排序、授权、管理和控制等活动,包含了一定的战略管理内容。

复杂项目战略管理是对包含复杂项目、复杂项目集和复杂项目组合管理等的复杂项目管理的一个重要管理领域,是在项目所在组织环境之下服从与落实组织战略的项目层面的战略管理,具有指导性、决策性、统筹整合性。

(三)主要内容

复杂项目战略制定和开发可采取"自上而下"和/或"自下而上"或"应急战略开发"的方法、方式,战略确定和完善是一个集约的过程,战略实现过程应让所有利益相关方清楚地知道组织、项目将如何实现它的愿景、完成其使命、体现其宗旨、实现怎样的目标。复杂项目是实现组织战略的载体、手段。复杂项目的战略应和组织的战略和战略目标相一致,组织、项目均应明确其战略目标、度量指标和关键绩效指标。

第一,确定复杂项目战略定位与发展方向。复杂项目战略管理的前提和依据是服从、服务于其所在组织的战略,所以首先必须充分理解其所在组织的战略,明确自身战略管理的定位与定向。复杂项目管理是一项跨部门、跨领域的系统工程,影响的因素多、关系复杂,既受国家战略、组织实力、技术水平等的影响,也受管理体制、人员素质等的制约。需要准确地分析复杂项目所面临的内外部环境,包括优势、劣势、机遇和挑战,在此基础上,确定复杂项目的战略定位,制定总体发展目标和发展思路。

第二,确定复杂项目战略管理的时间维度——复杂项目的全生命周期各个阶段的战略安排。

第三,做好战略选择、决策,搞好复杂项目战略管理的"顶层设计",包括:

(1)确定复杂项目战略管理的空间维度和层次——复杂项目的全局、长远方向、目标、原则等顶层设计内容,以及关键资源调配、活动管控方面的重点内容,组织制订复杂项目战略管理计划;

(2)决定复杂项目管理的时间维度的关键节点决策——管控节点计划的执行、重要变更,通过(审批)或中止项目进程,决定关键质量技术结果,项目

成果(含重要阶段性成果)验收交付;

(3)审定、决策复杂项目人、财、物等复杂项目资源,总体把控复杂项目团队建设、考评。

第四,明确对子项目管理团队的指导要求,审核子项目管理的全局性安排和与相关子项目的接口与系统协同关系。

第五,复杂项目的战略实施主要就是要做好组织设计,即从战略的功能定位出发,设计组织体制、组织架构、组织治理结构,以及责权体系、管理流程、业务流程、控制体系等。组织是实施战略的保证。应该做到:

(1)与战略管理理论融合,由业务流程管理提升为战略流程管理;

(2)与信息技术融合,打好系统建设信息化的基础;

(3)与供应链融合进行跨组织流程再造,整合组织间流程,打造超高效的组织;实现高度集成化、模块化、联盟化、一体化。

第六,审定复杂项目战略管理调整、总结、评价;决定复杂项目结束,解散复杂项目团队。

(四)管理流程

复杂项目战略管理流程如图 2-1 所示。

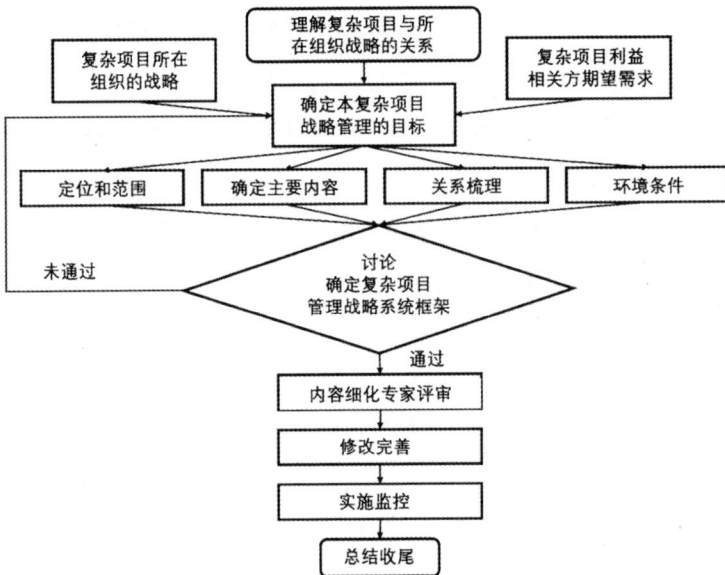

图 2-1　复杂项目战略管理流程

资料来源:笔者自绘。

二、复杂项目目标管理

（一）基本概念

复杂项目的目标是一个系统，不只是具体的每个子项目的目标，而是要实现所在组织的目标和复杂项目的总体目标。

复杂项目目标由项目的干系人决定。项目的干系人包括项目的委托人、项目的客户、项目的合作方、项目团队的成员和其他相关方等。因此，在确立复杂项目目标之前，首先要对干系人的情况、需求、期望、利益与关切有一个充分的了解和分析。

复杂项目目标设定遵循 SMART 原则，SMART 原则是指：第一，目标必须是具体的（Specific）：有交付成果，可见、可感受、可应用。第二，目标必须是可衡量的（Measurable）：有可以量化、考核的指标。第三，目标必须是可以达到的（Attainable）：是需要努力和奋斗可以达到的目标，无法达到的目标只会损害自信心和行动力。第四，目标必须和其他目标具有相关性（Relevant）：目标与所在组织的目标相关、可行，与为目标奋斗者有关系、可行，是其行为、过程的希望结果。第五，目标必须具有明确的截止期限（Time-bound）：有明确的实现期限，在此基础上，可以进一步地细分时间到具体的日程里，没有截止期限的目标最终会流于形式或形同虚设。

复杂项目管理的目标是全局性、全生命周期的目标，应将其分解为若干子目标，每一目标都应看得见、够得着、可实现，这是复杂项目管理成功的关键。

复杂项目目标管理是包括科学合理设定目标、有效管控目标实现、确保实现目标的所有过程。

复杂项目目标管理通过一定的过程，确定组织的整体目标并逐级分解，转换为各单位、各部门、各员工的分目标。在目标分解过程中，明确各级目标责任主体的权、责、利，所有的目标方向一致，环环相扣、相互配合，形成了协调统一的目标管理体系。

（二）复杂项目目标管理与传统项目目标管理的区别

复杂项目目标管理与传统项目目标管理有诸多的共性，但两者又有一些区别。

第一，在 VUCA 环境下，复杂项目目标是一个复杂系统，复杂项目的大目标中一些指标是易变的、模糊的、复杂的和不确定的，基于复杂项目管理的特征，其中一部分项目交付成果并不与管理过程有确定、常规的因果关系。第二，由于复杂项目涉及较多的干系人，更复杂的相互关系，充分识别干系人及其需求、作用，通过沟通协同，兼顾和达成一致的总体目标，尤为重要。第三，复杂项目目标管理需要"顶层设计"与"渐进明晰""逐项实现"相结合，需要进行目标分解、层层落实，更强调要遵循复杂项目目标制定和管理的 SMART 原则。第四，复杂项目的交付成果，通常具有较复杂的专业性。复杂项目管理通常都要面对和处理复杂的技术、业务过程；要想实现复杂项目的目标，复杂项目经理通常应该是某一专业领域的领军人员，具有一定专业水平的复合型人才。第五，复杂项目经理的领导艺术、团队成员主观能动性的发挥，具有更重要的作用，复杂项目管理的目标需要团队上下共同努力奋斗才能实现。第六，复杂项目目标管理是一个项目全生命周期持续动态管理的过程，重视及时信息把控，严肃变更控制，统筹整合，适时合理调整目标，守正创新。

（三）主要内容

第一，通过利益相关方分析及项目合同分析，具体确定复杂项目目标和管理目标。第二，梳理、整合复杂项目目标指标体系，尽量细化、量化。第三，复杂项目管理班子、团队与项目关键利益相关方协商，讨论审定复杂项目目标。第四，向团队相关层级负责人和团队成员说明、交底复杂项目目标。第五，在项目过程中，结合里程碑管理，定期与不定期监控相关阶段活动与复杂项目总体目标的偏差，及时分析纠偏。第六，抓重点、及时评审，关注复杂项目隶属的子项目目标实现情况对总目标的影响，及时调整、统筹整合。第七，对复杂项目目标(含阶段目标和分领域目标)组织自验收，组织好最终验收和交付。第八，做好目标完成情况的总结、评价与知识管理。

（四）管理流程

复杂项目目标管理的参考流程如图 2-2 所示。

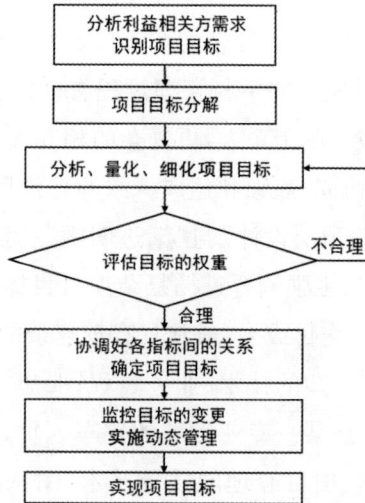

图2-2 复杂项目目标管理流程

资料来源:笔者自绘。

三、复杂项目统筹整合管理

(一)基本概念

"统筹""整合"与"系统"密切相关。"统筹"是指着眼整体、站位顶层、通盘考虑、全局筹划、有效协同,达到预期目标的思维与方法体系,是系统思维在复杂项目管理领域的具体应用。"整合"服务于"统筹",通过改善结构以优化功能。整合依赖于协调、协同,通过协调达到协同。协同的结果会使个体获益、整体加强、共同发展。统筹整合管理基于复杂项目目标的实现,立足"顶层设计"、全局掌控,是对项目的时间、空间和人所处的系统的综合管理。

(二)复杂项目统筹整合管理与传统项目整体管理的区别

一是比传统项目管理的视野更广阔,关注全局,协同各子项目及相关合作单位的相关管理;二是由于复杂项目涉及技术的多样性、复杂性,更关注技术方面和相关接口的协调管理;三是基于一些复杂项目通常历时较长的特点,对于时间、空间和人的统筹整合,相对更复杂。

(三)主要内容

包括但不限于以下内容:一是复杂项目总体策划,编制复杂项目管理计划;二是确定与掌控复杂项目组织与机制管理;三是统筹、协同各子项目与复杂项目总体管理的关系,及时整合,坚持"局部服从全局",掌握并统筹优先级、并行、交叉等动态优化管理;四是统筹监控与优化调动资源;五是组织相关的评审,控制变化,审批变更;六是决定复杂项目局部或全局的中止或再启动,负责复杂项目的最终交付。

(四)管理流程

复杂项目统筹整合管理需对复杂项目实施整体谋划、策划和计划,统筹项目资源配置和沟通,强化过程管控和动态优化。复杂项目统筹整合管理流程如图 2-3 所示。

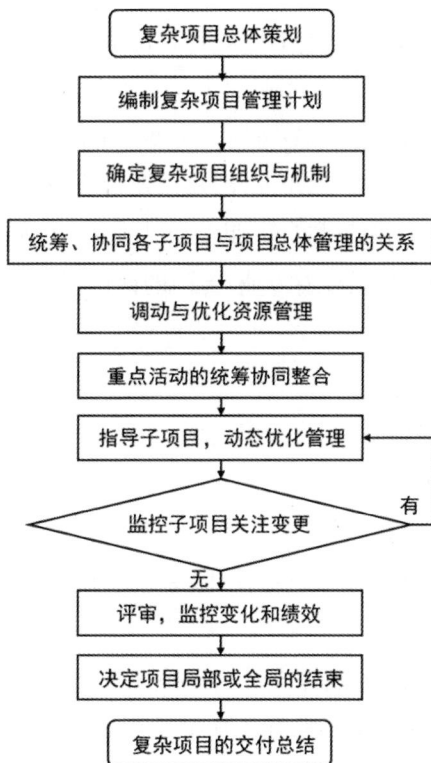

图 2-3 复杂项目统筹整合管理流程

资料来源:笔者自绘。

第二节　复杂项目范围管理

一、基本概念

在项目管理中，"范围"这一术语有两种含义：产品范围和项目范围。产品范围是指某项产品、服务或成果所具有的特征和功能。项目范围是指为交付具有规定特性和功能的产品、服务或成果而必须完成的工作。项目范围有时也包括产品范围。项目范围管理包括确保项目做且只做所需的全部工作，以成功完成项目的各个过程。管理项目范围主要在于定义和控制哪些工作应该包括在项目内，哪些不应该包括在项目内，包括规划范围管理、收集需求、定义范围、创建 WBS、确认范围和控制范围。

确定复杂项目范围的原则是不能漏项，也不能有多余的活动或工作。鉴于确定复杂项目范围的基础性、重要性，复杂项目管理者要站在复杂项目管理的层次和角度，组织自上而下与自下而上相结合进行，为慎重起见，确定复杂项目的范围的过程和结果需要有专业、专门的评审程序作为保证。

二、主要内容

复杂项目范围管理包括用户需求管理、定义研制交付物与验收标准、创建工作分解结构（WBS）、变更控制。

用户需求管理是指获取、分析并有效管理项目主管部门、研究机构、试验部门、使用顾客等用户需求，与系统设计（系统、分系统、整机）建立需求可追溯验证矩阵。

定义研制交付物与验收标准是指与用户确认研制交付物与验收标准。

确定复杂项目范围的重要思维是基于最终交付成果的系统思维；其主要技术与方法是层次分析，具体体现于思维导图、WBS、项目与工作列表等。

创建工作分解结构是指根据需求和交付物要求，创建项目工作分解结构。这些方法的原理和技术的主要内容与通常项目的基本相同。

变更控制是指因需求变化或技术攻关或资源保障等因素，增加或减少工作的变更控制。

三、管理流程

复杂项目范围管理基于复杂项目章程、目标、项目管理计划、事业环境因素、组织过程资产等,涉及利益相关方和项目职能组织,应充分关注范围管理计划、需求管理计划、项目范围说明、范围基准、可交付成果、项目文件更新等,其参考流程如图 2-4 所示。

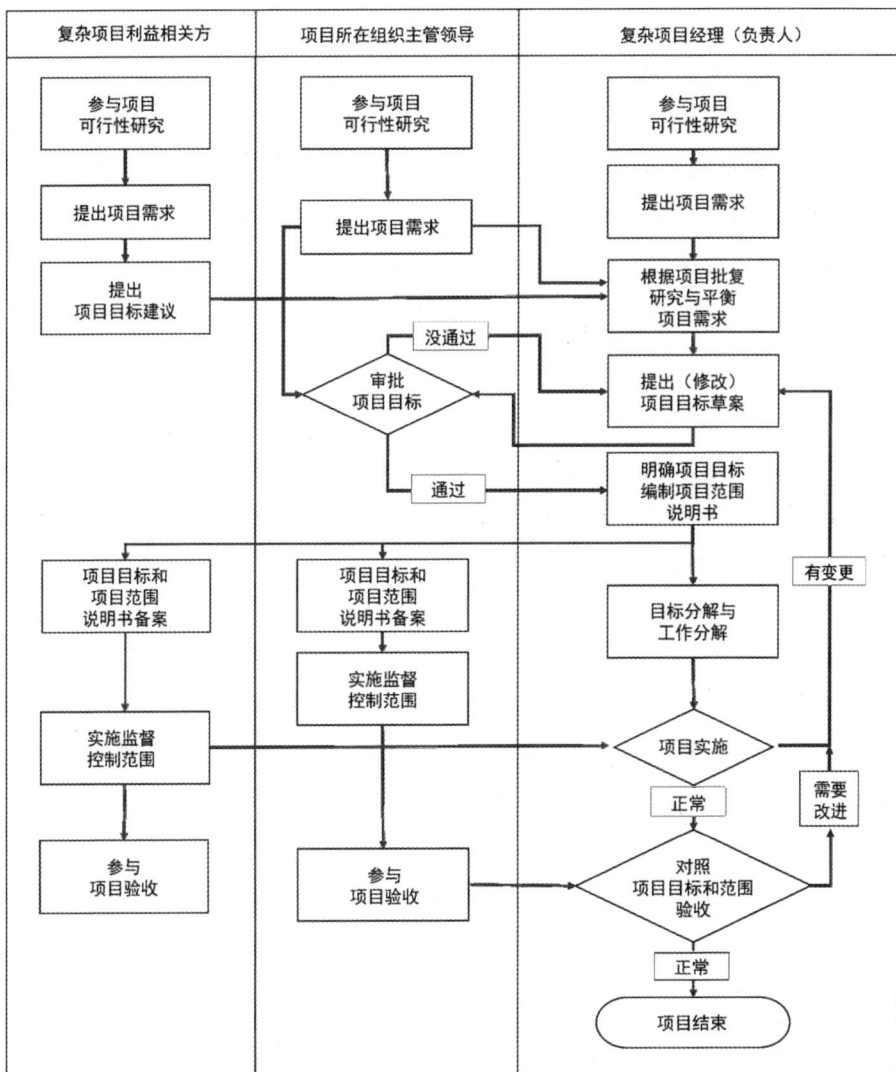

图 2-4　复杂项目范围管理参考流程

资料来源:笔者自绘。

第三节　复杂项目质量管理

一、基本概念

复杂项目质量管理过程包括保证项目符合规定的质量要求所需的所有活动,即包括制定质量方针和质量目标、落实质量责任以及实施质量策划、质量控制、质量保证和质量改进等程序、作业的所有过程。

复杂项目质量管理是一项十分庞大而复杂的系统工程,复杂项目探索性强、未知因素多、技术风险大,立足并追求"一次成功",质量管理成功依赖于项目文化、项目管理能力和项目治理模式。复杂项目任务复杂,设计与制造并行,有时制造与保障并行,技术状态多、变化控制难,质量管理难度大。复杂项目任务实施剖面多、产品工作环境复杂,对产品质量、可靠性、维修性、保障性、测试性、安全性和环境适应性等要求高,通用质量特性实现和专用产品保证尤为重要。

满足质量要求、提供质量要求会得到满足的信任、增强满足质量要求的能力是复杂项目质量管理核心。保证必要的项目质量预防成本和鉴定成本等符合性质量成本,以保证满意的质量;把项目质量内部故障成本和外部故障成本等非符合性质量成本降低,以减少质量损失,是项目质量工作始终要遵循的原则。

二、主要内容

复杂项目质量管理四级指标包含:质量策划、质量保证、质量控制、质量改进。

(一)输入

质量策划的输入:项目章程、项目管理计划、项目范围说明书、质量管理体系要求、项目承担单位管理规定、项目科研生产管理规定、研制总要求、项目合同、项目文件、事业环境因素、组织过程资产。

质量保证的输入:质量管理体系要求、质量管理计划、项目质量管理工作规定、质量基准、预防/纠正措施、项目文件、组织过程资产。

质量控制的输入:质量管理体系要求、质量管理计划、质量基准、可交付成果、项目文件、事业环境因素、组织过程资产。

质量改进的输入:质量管理体系要求、项目管理计划、质量基准、预防/纠正措施、项目文件、事业环境因素、组织过程资产。

(二)技术、方法、工具

复杂项目质量管理应用的技术、方法、工具包含:专家咨询、专家判断、专家评审、实验设计、数据分析、质量成本分析、质量规划工具、技术质量控制工具、技术质量管理方法、产品保证技术、质量检查、质量审核、质量确认、FRACAS 系统。

(三)输出

质量策划的输出:质量工作规定、质量目标、质量基准、质量工作(包括质量技术工作、质量管理工作等)计划。

质量保证的输出:质量保证计划、通用质量特性保证、专用产品保证。质量保证计划包括通用质量特性保证计划、软件质量保证计划、专用产品保证计划、标准化计划等。

质量控制的输出:产品设计和开发评审、关键过程控制、关键件重要件把关、关键特性核实、产品质量确认、质量绩效报告。

质量改进的输出:产品和服务故障报告分析和纠正措施系统(FRACAS)实施、问题技术归零和管理归零、项目/产品/人员质量审核、质量管理体系改进。

当下,复杂项目应关注项目质量工作系统与组织质量体系的有机融合和充分互动;项目须强化项目产品实现的多方案比对和方案设计优化,强化、高度关注并大力提升产品设计质量;应大力强化产品工艺设计优化、产品可制造性、产品制造成熟度;项目产品需落实精细化质量管控,项目必须实施基于模型的系统工程,建立符合规则、平台保证、过程约束的设计、制造实现过程。

复杂项目质量管理坚持零缺陷系统工程管理,把以人为本的质量文化建设、追求卓越的质量管理体系建设、强化基础的产品保证能力建设和系统优化的产品实现过程控制充分融合,强化系统预防、源头控制、过程控制、夯实基础,以用户满意为标准,以符合要求为宗旨,追求第一次就把事情做对做好,确保一次成功。

三、典型复杂项目质量保证模式

下面介绍由中国航天二院创造的"一次成功矩阵式质量保证模式"。

中国航天科工防御技术研究院(以下简称"二院"或"中国航天二院")是国家空天防御技术总体研究院,是中国空天防御事业的领军单位,是中国航天事业的核心单位和中国国防科技工业的中坚力量,是中国航天创建伊始最早的两个研究院之一。新时代,面临多系列、多型号/项目科研生产并行交叉的复杂格局,航天产品"好用、管用、耐用、实用"的新要求,给中国航天二院带来巨大的挑战和发展的机遇。中国航天二院坚持科学的质量发展观,秉承"单位抓体系,型号/项目抓大纲,行政抓监督"的航天优良传统,基于卓越绩效理论、质量管理理论、项目管理理论、产品保证理论、零缺陷思想、系统工程理论和风险管理理论,创新质量管理模式,完善质量工作方法,营造质量工作长效机制,创建了"一次成功矩阵式质量保证模式"。

"一次成功矩阵式质量保证模式"以一次成功为目标,以实现卓越绩效为目的,坚持系统化、规范化、科学化、先进化、绩效化、创新化,以质量符合要求、顾客满意为宗旨。其主要内容是:根植于内心"追求卓越、一次成功"零缺陷理念的筑牢,融文化建设、机制建设和质量管理体系要求、产品保证体系要求、标准体系要求于一体并追求卓越绩效质量体系的建设,符合要求、顾客满意、系统优化的产品实现。

(一)文化引领,系统创新,法规治理,机制保证,创造"一次成功矩阵式质量保证模式"

中国航天二院创造的"一次成功矩阵式质量保证模式"(模型见图2-5)根基"零缺陷"思想,秉承"一次成功"质量管理理念、信念,致力"规范科学,协同高效,务实创新,卓越可靠"的目标,践行以"一次成功"为使命的系列质量管理方法,构建"单位质量管理体系为横向、型号产品保证为纵向、型号产品为'连接点'和'落实点'"的质量保证矩阵,实现做正确的事、正确地做事,把正确的事做正确,使质量价值观、质量战略、质量实践高度契合。中国航天二院从质量管理保证体系和型号产品保证体系两个维度构建型号产品质量的"双保险",将"一次成功"的理念和"一次成功"的质量方法有机建构系统性矩阵布局,系统保证型号/项目产品质量,实现"一次成功"的目标。

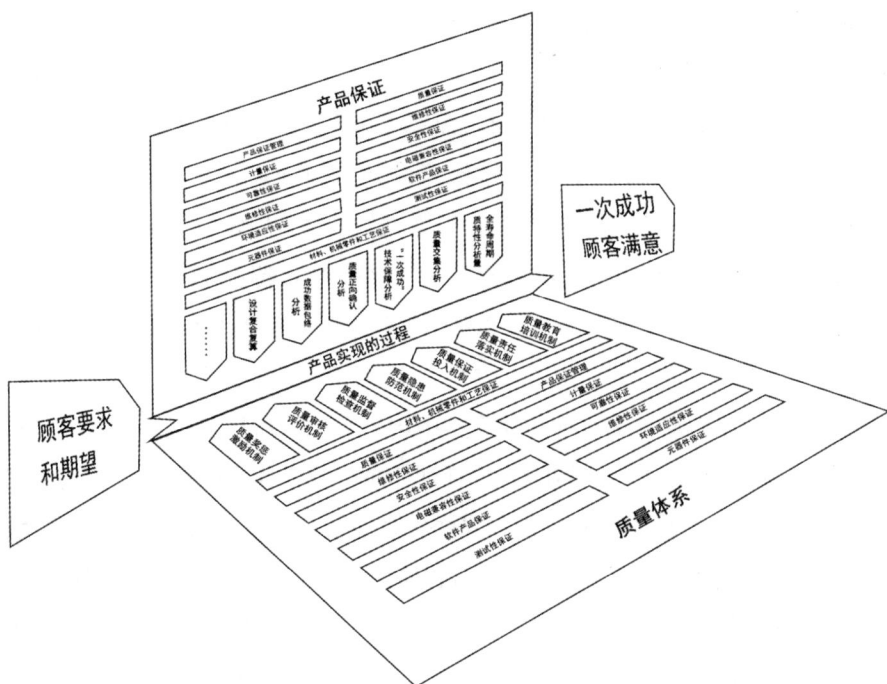

图 2-5 一次成功矩阵式质量保证模式模型

资料来源：国家标准化管理委员会：《一次成功矩阵式质量管理模式》（GB/T 38355—2019），中国标准出版社 2019 年版，第 V 页。

1. 将先进的质量文化融入发展战略、根植体系管理、规范员工行为

中国航天二院弘扬"航天三大精神"，坚持"国家利益高于一切"的核心价值观，以使命航天为航天文化的灵魂，以价值航天为航天文化的主题，以品质航天为航天文化的核心，以创新航天为航天文化的特质，运用航天系统工程方法，按照"文化兴质，源头控制；强化基础，规范管理；监督落实，提升水平"的指导思想，构建企业文化四维建设体系，形成纵向联动、横向互动的建设格局，支撑航天质量文化落地。持续优化质量、型号、班组等文化建设，制定了《中国航天二院质量文化评估准则及实施指南》，不断巩固质量诚信、兑现质量承诺。通过组织保障、示范带动、考核评价三大运行机制，促进文化落地。引入卓越绩效模式创建的五级成熟度 175 个量化考核指标体系，确保了文化建设融入战略、根植管理、规范行为。本着"创造高质量，体系为基，根源在人，本在文化"的思想，创建以"人诚品优，正己正人""说到做到，第一次做到，次次都做到"等为理念的中国航天二院的先进质量文化。"质量是生命，质量是责任，质量是财富"的质量价值观和

"质量是一种诚信、承诺和责任"的信条深入人心,"严慎细实"的工作作风和"一次做对""零缺陷"的行为准则融于中国航天二院规章制度和员工作业指导书中,落实在干部职工的自觉行动中,有力保障了科研生产任务的圆满完成。

2. 创建科学先进、协同高效、追求卓越的质量管理体系

中国航天二院质量管理体系由院所(厂)两级质量管理体系构成,以保证高质量完成型号/项目科研、生产任务为目标,按照型号/项目特点和科研生产规律,将型号产品保证要求、装备通用特性要求等纳入各级质量管理体系。中国航天二院本级建立了以型号/项目科研生产为主线,以决策、组织、计划、指挥、协调、控制等活动为主要管理要素的质量管理体系。中国航天二院所属各单位建立了以型号/项目产品科研、生产为主线的质量管理体系。两级体系明确了中国航天二院与所(厂)两级管理的职责、权限和界面接口关系,充分发挥两级的管理作用,按照"系统策划、统筹协调、分类管理、过程监控"原则,系统闭环管理,保证质量管理体系规定和产品保证工作有效实施(中国航天二院质量管理体系模型见图2-6)。2005年,中国航天二院本部建立了融文化建设、机制建设和质量管理体系要求、产品保证体系要求、标准体系要求于一体并追求卓越绩效的质量体系,成为国防科技工业第1家通过质量体系认证的总体研究院。2007年,《中国航天二院(本部)质量管理体系建设研究与实践》获国防科学技术进步三等奖。

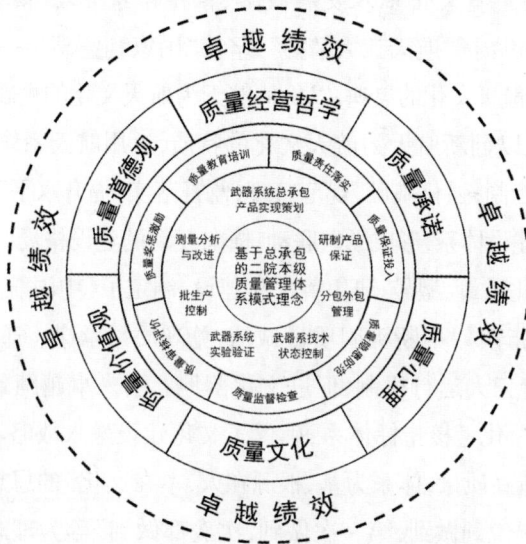

图 2-6　中国航天二院质量管理体系模型

3.打造基于产品总承包的型号产品保证体系

中国航天二院借鉴欧洲等国际先进宇航企业管理经验,在国内军工企业中率先创立并实践了基于型号/项目研制总承包的产品保证模式,建立了产品保证组织机构,统一产品研制技术和管理规范,提出 13 项产品保证工作大纲和规范,整合产品保证资源,组建中国航天二院产品保证技术支撑中心,配置试验、分析、校准、检测等手段,由可靠性、维修性、安全性、元器件、软件等专业专家对型号科研过程提供专业的技术支持和严格的管理监督,对型号科研过程实施监督、控制和技术支持。产品保证管理重视顾客要求,特别是通用质量特性等"软指标"的要求;突出设计质量控制,体现预防为主、控制点前移。型号项目产品保证模型如图 2-7 所示。

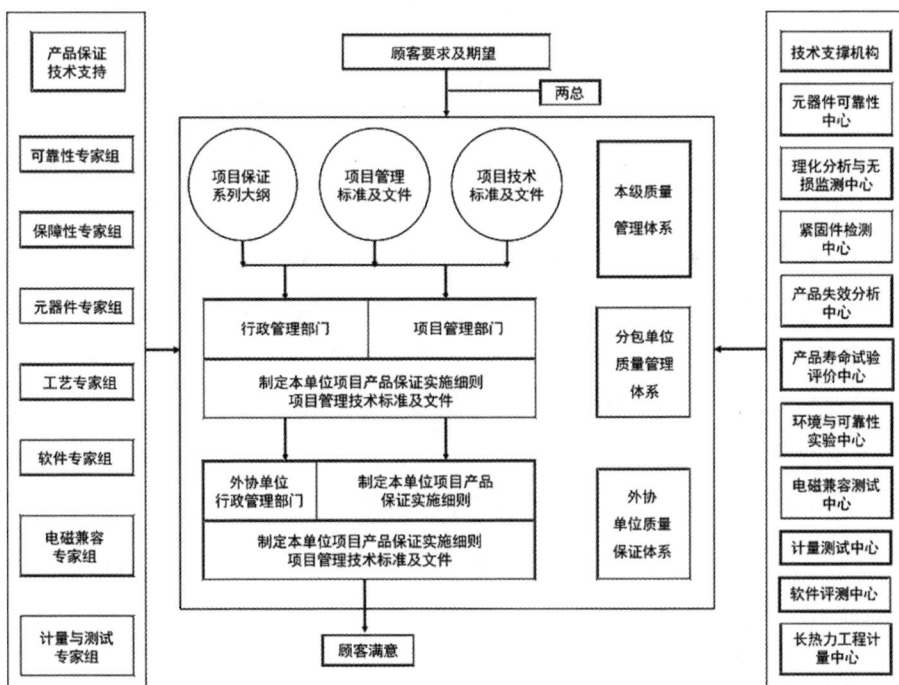

图 2-7　型号项目产品保证模型

资料来源:笔者自绘。

中国航天二院坚持"开放性设计、透明化管理"和零缺陷系统工程管理的指导思想,落实产品质量主体责任制,坚持自顶向下部署并传递要求、自下而上层层负责并落实要求。《基于产品总承包的产品保证模式创立与实践》获国防科技工业企业管理创新成果一等奖。

4.构建系统闭环、适应变化、持续提升的质量工作机制

中国航天二院建立健全了质量教育培训、质量责任到位、质量规章健全、质量隐患防范、质量保证投入、质量协同合作、质量技术支撑、质量条件保障、质量监督检查、质量审核评价、质量改进创新、质量奖惩激励等 12 项工作机制。实施上岗、在岗、转岗培训,质量管理人员质量工程师资质考核,型号队伍产品保证专业知识培训,领导干部质量培训;中国航天二院每年将当年营业收入的一定比例费用,用于支持质量、技术基础、产品保证等的基础研究、应用基础研究,重点支持并突破质量、技术基础、产品保证等领域关键核心技术、共性关键技术、关键共性技术、共性基础技术、瓶颈技术、前沿引领技术及其平台建设;推行隐患防范管理和技术"双五条"(技术防范:"吃透技术、明晰状态、全面借鉴、充分验证、风险可控",管理防范:"严细管理、落实职责、照章办事、督查有效、保障到位"),系统推进风险识别、分析、评估、应对和监控;对质量管理体系、型号产品保证、外协外购单位、行政管理与型号队伍等进行全方位、系统化审核;实施院年度和季度质量分析、各单位和各型号月度质量分析,不定期质量热点专题分析等评价和改进活动;实施质量激励,定期表彰"质量先进单位"、"质量信得过班组"和"质量标兵"。第一次提出"管理不合格项",丰富、升华航天质量问题"双归零"。实施质量责任追究,对人为责任、重复性、低层次等"三类"质量问题实施问责并经济和行政处罚,对问题多发和风险较高等情况实行警示和亮牌制度。推行质量诚信体系建设,实施质量信誉积分制,建立员工质量档案,纳入员工质量工作绩效考核。

(二)创造先进质量工具包,推进"矩阵式"质量保证模式落地、落实、落小、落细

为了推进"一次成功矩阵式质量保证模式"落地,中国航天二院创造了质量管理体系工具包和产品保证管理工具包(见图 2-8)。质量管理体系工具包包括:质量教育培训、质量审核、质量问题技术归零和管理归零(双归零)、精细化质量管理、质量监督验收、质量管理体系成熟度评价、质量奖惩激励等。产品保证管理工具包包括:"一次成功"技术保障分析、质量正向确认、质量交集分析、成功数据包络分析、产品保证量化评价等。

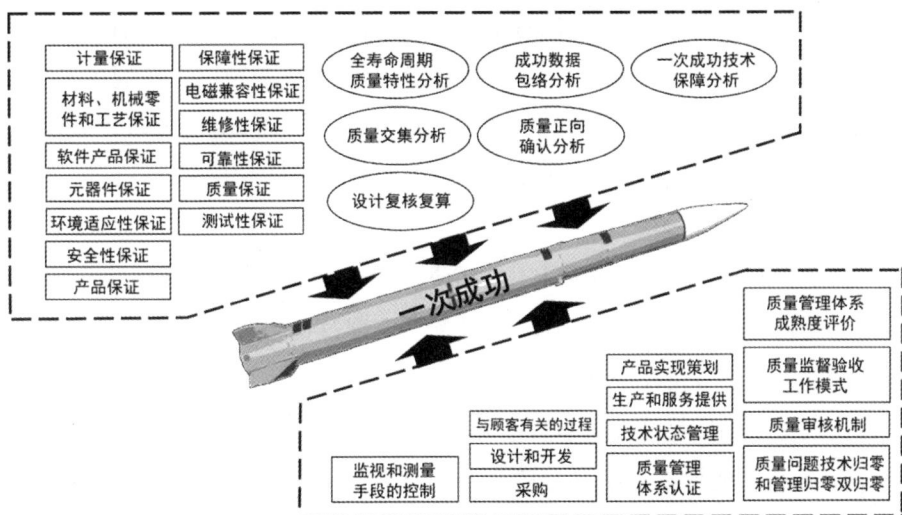

图 2-8 质量管理体系工具包和产品保证管理工具包

资料来源：符志民：《追求卓越一次成功的矩阵式质量保证模式》，《中国质量》2018年第7期。

1. 成功数据包络分析

成功数据包络分析是通过将待分析产品数据与经过任务或地面试验验证成功子样的若干产品数据所构成的数据范围进行比对，判定待分析产品数据是否落在已验证的数据包络范围内，得到待分析产品数据包络情况，评估产品是否满足执行任务的能力，以确保型号任务的圆满成功。《质量管理产品成功数据包络分析指南》（GB/T 37708—2019）已经成为国家标准在全国颁布执行。

2. 一次成功技术保障分析

在任务实施前全面开展"一次成功"技术保障分析，明确任务过程中影响任务成败的关键环节，找出关键环节的影响因素，对确保影响因素正常、可靠的控制因素严格控制，评估各控制因素的验证和保证措施的落实情况，找出存在风险的薄弱环节，采取必要的措施，以确保型号各产品在整个任务过程中，能够在正确的时间作出正确的动作，保证任务一次成功。

3. 质量交集分析

质量交集分析是对存有"技术状态有变化、质量出过问题、单点故障、测试覆盖不到"四类状况的产品视作一个集合进行分析，判别产品存在的风险，消除质量隐患。主要内容是：对"技术状态有变化、质量出过问题、单点故障、测试覆盖不到"四类状况产品进行统计、分析；找出具有"技术状态有变化、质量出过问题、单点故障、测试覆盖不到"状况中两种或两种以上情况的产品；确认各种薄弱点集中出现的产品，以及产品存在的风险，明确风险控制的重点；提出应对措施，以消除质量隐患，控制质量风险。

4. 质量正向确认

质量正向确认是对型号研制生产全过程实施质量把控，在产品投产前、出厂前和交付前等关键质量控制环节，对产品实现过程中若干个子项目的质量控制情况进行全方位检查和确认，通过后方可进入下一环节。质量正向确认工作实现了产品质量管理由事后把关向事前预防的转变。

5. 质量管理体系成熟度评价

质量管理体系成熟度评价借鉴卓越绩效评价模式，按企业自评价和上级对下级的评价两种方式，运用内容量化、数值分析等方法，对体系基础和产品实现过程定量评价。通过成熟度评价，深入认识质量管理体系运行的现状，查找薄弱环节，推进质量管理体系持续改进。《航天研究院质量管理体系成熟度评价管理》获中国航天企业联合会企业管理创新成果二等奖。

6. 型号产品保证量化评价

型号产品保证量化评价是依据型号产品保证工作的 13 个大纲，从产品保证管理、实施、效果等 3 个方面提出了 23 个评价指标、93 项评价内容。通过对型号产品保证成熟度的量化评价，科学客观地反映型号产品保证工作现状，查找出管理、技术、手段、应用等方面存在的问题与不足，有针对性地提出解决措施。

7. 质量监督审核

中国航天二院在全军工系统首创了对行政管理和型号队伍的质量审核模式，建立了融质量管理体系审核、型号产品保证审核、行政管理和型号队伍审核为一体的审核机制，实现了对体系、产品和人员的一体化、系统化、全方位地审核，并且将审核中发现的研制生产经营管理过程中的薄弱环节、缺陷、问题、变化趋势等提供相关方决策并实施改进，促进了全员质量意识的提高和质量主体责任的落实。《科研生产关键人员质量审核机制的创立》获国家级企业管理现代化创新成果一等奖。

8. 精细化质量管理

适应航天任务一次成功需求,适应信息时代的特征和需求,中国航天二院强化产品实现过程的数据管控,实施精细化管理。凡有操作,必须有检验和记录;凡有测试,必须有判读和比对;凡有验证,必须与实际环境一致。凡有检验、判读、验证,必须有量化标准和标志性结果。凡有指标,应能计算、检验、测试、验证。检验、测试、验证过程记录全部表格化、数字化、模型化、信息化,保证试验过程记录准确、完整和可追溯;注重产品数据的采集、分析、挖掘工作,对取得的每一个数据都要求认真分析,不错过任何一个有差异的数据;凡是有量化要求的记录必须记录实际测试数据,努力实现自动录取、在线检测;加强数据的判读、比对工作,加强产品(指标)数据稳定性的分析和对异常数据、有变化趋势数据的分析工作,对处于临界或有明显变化趋势的数据要进行原因和后果分析,必要时进行再验证。实施成功数据包络分析,对没有落在成功包络范围内的数据、无法与实际环境一致的数据,实施细致的风险分析和综合研判。

9. 质量监督验收工作模式

质量监督验收工作模式是组建专职化、独立化、权威性的质量监督验收队伍,构建"全系统、全过程、全特性"的管理流程;明确型号立项论证至售后全寿命周期全过程软硬件的研制过程和质量监督验收点;制定架构清晰、层次分明、可操作性强的规章制度体系;以工作分解结构(WBS)、产品结构树(PBS)、组织分解结构(OBS)深度融合的信息化软件为平台,实现对型号全系统、全过程、全特性的质量监督验收。该方法获航天科工集团科研生产"四个两"一等奖。

(三)充分发挥领导作用,优化最高层机构及职责,重视产品实现策划,强化过程管控,系统防范风险

2013 年,中国航天二院最高管理者/院长高度重视质量工作,第一次在中国航天二院领导工作分工中明确最高管理者/院长亲自负责全院质量工作。中国航天二院成立了以主要领导为主任、相关院领导和职能部门领导组成的战略管理委员会、企业文化与精神文明建设委员会、质量管理委员会、教育委员会、标准化委员会、军贸鉴定委员会、保障监督委员会、风险管理与控制委员会、不合格品审理委员会,分工负责全院的战略管理、文化建设、质量管理、教育培训、标准规划、技术状态管控、保障监督、风险管控、不合格品审理等各项管理工作,从顶层谋划、指导、协调、服务、管控、支撑等方面保证质量工作落地。一次成功矩阵式质量保证组织架构如图 2-9 所示。

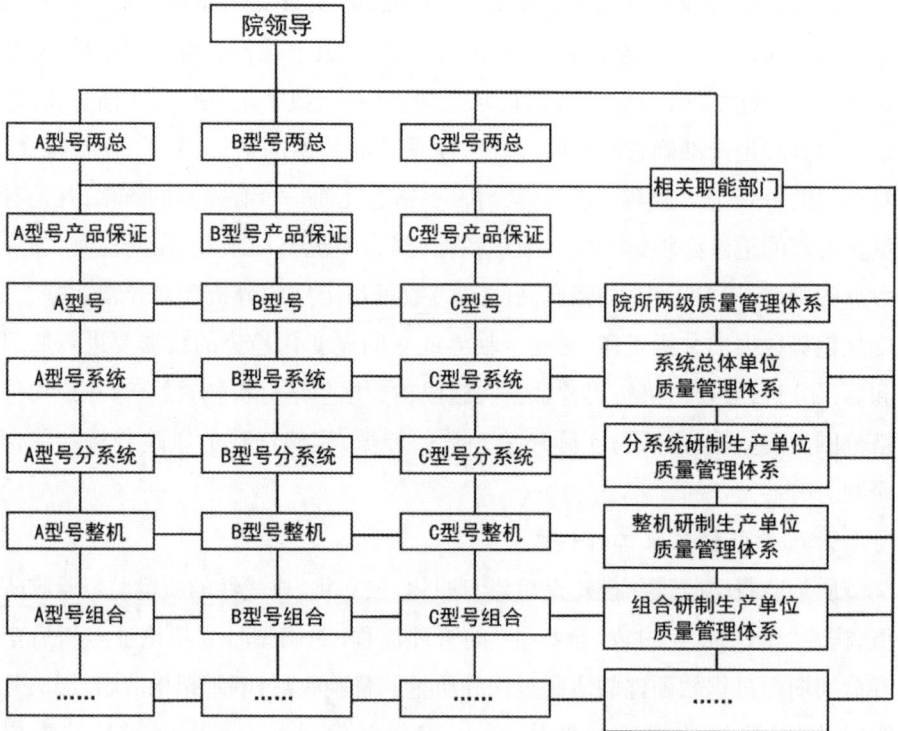

图 2-9　一次成功矩阵式质量保证组织架构

为推进高质量发展,实现转型升级,中国航天二院最高管理者坚持"规范、务实、创新、可靠"原则,提出了从"守业型向创业型、任务型向能力型、规模型向效益型、技术型向产业型"四个转变、提升"市场经营能力、资源配置能力、技术掌控能力、成本控制能力、风险管控能力、质量保证能力"六种能力的转型升级发展战略。在充分调查、研究和分析的基础上,2014 年,中国航天二院最高管理层对二院本部机构设置和职责进行了系统的优化调整,旨在充分发挥战略规划的引领作用,强化战略引领和控制能力;强化市场拓展、资源配置、资产运营、创新体系建设、条件能力建设等统筹管理,构建适应中国航天二院军民贸协调发展、多任务并行管理的协同管理模式;针对不同领域型号产品特点,按照"基本型、系列化"发展要求,建设精干高效的科研生产一体化管理体系;充分发挥二院两级管理体制机制的作用,准确定位院级管理职能,提升院整体经营管控能力;优化本部机构设置及职责分工、管理流程,缩短信息传递和管理决策路径,提高管理效能和效率效果;管理职能不交叉、不重叠、不遗漏,全面覆盖二院科研生产经营管理各项工作。院本部机构调整及职责优化,为一次成功矩阵式质量保证模式的推行,为中国航天二院持续高质量发展奠定坚实基础。

为压实各级领导责任,中国航天二院根据年度科研生产及经营发展任务,年初向型号两总、院本部部门正职、院属各单位行政正职分别颁发年度型号责任令、经营业绩责任书等,将各项经营指标、型号任务、重点工作、质量目标逐级分解,依据责任令和责任书任务完成情况实施绩效考核、奖惩激励、薪酬兑现。院属单位以合同、协议等形式向分包协作配套单位传递型号/项目产品技术、质量、进度、产品保证等要求,做到责任逐级压实、目标层层分解、工作落实落细。

为确保全院科研生产经营工作落实,中国航天二院强化了型号/项目全寿命周期产品实现策划、年度科研生产工作策划工作,制定了型号/项目产品实现策划规范、年度科研生产策划规范,加大了组织、管控力度,中国航天二院院所领导、型号两总、院所两级职能部门按阶段(月度、季度、半年度、年度,不定期等)对单位经营绩效状况、型号/项目科研生产实施情况、单位质量状况进行统计、监视、测量、分析和评价。严格严肃偏离预期事项管控,实时风险策划、识别、分析、评价、预警、提示、应对、监控,在型号/项目全寿命期、单位经营全过程中,监控预期风险应对计划和策略的实施、跟踪已识别的风险、监测残余风险、识别分析新风险,实时评估风险管理有效性,并及时报告。对重要、较大、重大、严重等偏离计划、预期等事项,按影响严重程度和后果提请中国航天二院保障监督委员会审查,及时对单位、型号/项目、领导进行警示、诫勉谈话、亮牌、行政与经济处罚,责任单位、责任型号/项目、责任人须立即采取针对性、有力措施实施应对、纠正,以系统防范单位经营风险、型号产品实现风险。《军工企业风险管理成熟度评价体系的构建与实施》获国家级企业管理现代化创新成果二等奖。

中国航天二院创造并践行的一次成功矩阵式质量保证模式在航天型号/项目/产品中有效应用,效果显著,不断夯实中国航天二院卓越根基,大力助推中国航天二院持续成功。

1. 经营绩效

中国航天二院实施"一次成功矩阵式质量保证模式",设计质量、制造质量、产品质量、服务质量显著提高,重大任务/项目一次成功,交付产品满足用户要求,顾客满意度大幅提高,战略地位、科技水平、人才能力、发展质量显著提升。"矩阵式"质量保证模式的推行,使中国航天二院产品质量居国内领先地位、达到国际先进水平,为富国强军、质量强国、航天强国的建设铸造了可靠基石。

中国航天二院突出"保任务、谋发展、提能力、强基础、上水平",实现"战略地位稳固、科技水平领先、领军人才济济、发展质量优良"。

2. 社会效益

中国航天二院研制的多型武器装备/产品先后参加了抗战胜利70周年阅兵、建军90周年阅兵、新中国成立70周年阅兵等盛典,接受了党和国家领导人、全国人民、全世界的胜利检阅,形成了以"红旗""飞龙""飞獴""前卫""飞豹"等系列和以"航天安保""智慧城市""自主可控"等为代表的国内、外知名品牌,质量财富持续聚集,增强了国家科技实力、国防实力、经济实力、民族凝聚力,提升了中国核心竞争力、影响力和国际地位。2013年,中国航天二院获得首届中国质量奖提名奖;2015年,中国航天二院荣获第二届中国质量奖,成为国家第1个安全行业(实体企业)荣获中国质量奖的单位,也是当年国防科技工业唯一获奖企业。中国航天二院多个项目/产品小组获得国家优秀QC小组荣誉称号、多个班组获得全国质量信得过班组荣誉称号;中国航天二院被评为全国产品和服务质量诚信示范企业、全国质量诚信标杆典型企业、全国质量诚信先进企业,荣获首届中国质量奖卓越项目奖。中国航天二院创造的"追求卓越一次成功矩阵式质量保证模式"荣获中国管理科学奖,"一次成功矩阵式质量保证模式"荣获拉姆·查兰管理实践奖优秀奖。

3. 推广应用

2019年,国家正式颁布中国航天二院编制的国家标准《追求卓越一次成功矩阵式质量管理模式》(GB/T 38355—2019),对承担创新性、新领域、多品种、多阶段、多供方、高复杂、高成本、高风险任务和产品的组织,在全国推广和应用具有重要理论价值和深远现实意义,中国船舶、中国航发等军工央企、国内众多企业等慕名多次前往中国航天二院学习借鉴。该质量保证模式在理念、思想、理论、模式、技术、方法和实践上丰富、充实了新时代质量管理的新内涵，对提升我国产品质量、建设质量强国、航天强国、实现高质量发展具有重大引领作用和应用价值。

四、管理流程

复杂项目质量管理应首先开展项目质量策划，制订质量目标和质量基准，编制质量工作计划，建立质量保证体系，有序开展质量控制，对质量工作中出现的质量问题实施质量归整，有针对性地实施质量改进，致力实现质量目标。复杂项目质量管理流程和其特有的质量问题归零管理流程，如图 2-10、图 2-11 所示。

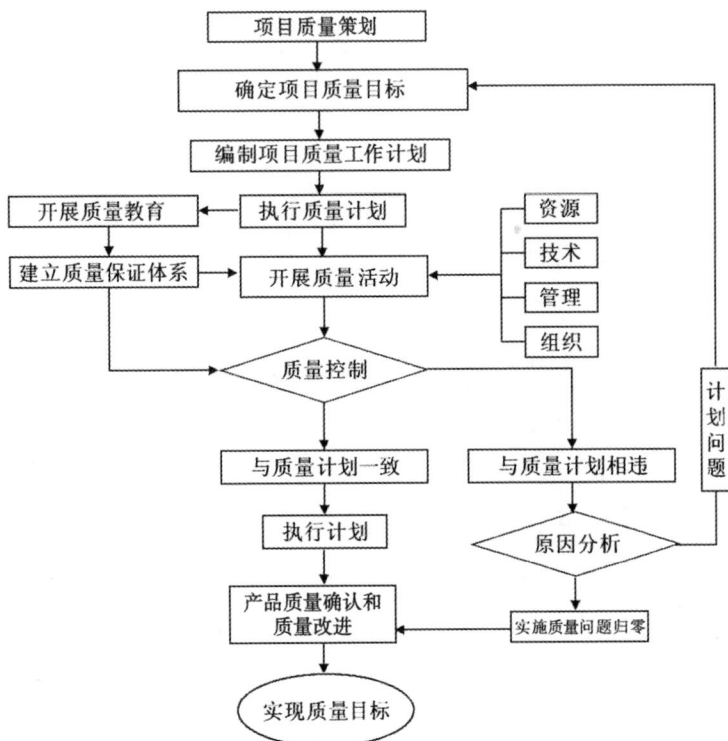

图 2-10　复杂项目质量管理流程

资料来源：笔者自绘。

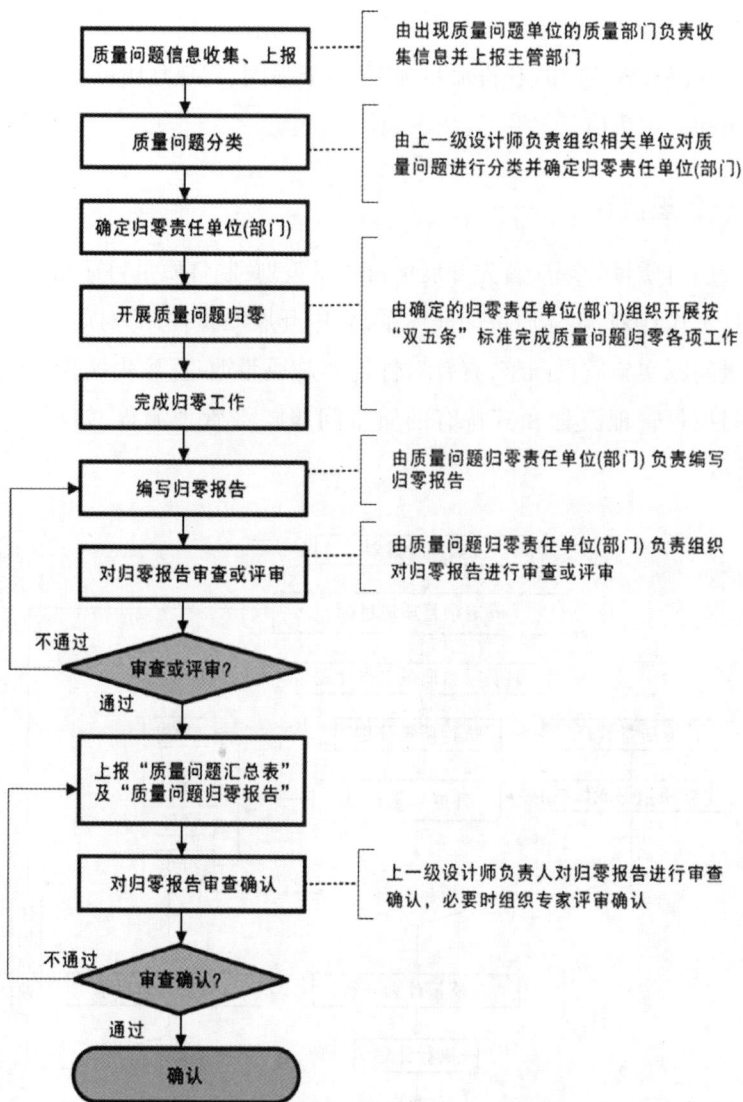

图 2-11　复杂项目质量问题归零管理流程

资料来源:笔者自绘。

第四节 复杂项目进度管理

一、基本概念

复杂项目进度管理是指为管理复杂项目按时完成所需的各个过程,包括规划进度管理、定义活动、排列活动顺序、估算活动持续时间、制定进度计划和控制进度。通过项目进度规划制定详尽的计划,说明项目如何以及何时交付项目范围中的产品、服务和成果,并作为一种用于沟通和管理相关方期望的工具,以及报告绩效的基础。

复杂项目进度管理是以项目管理理论为基础,在对相关产品、工程交付成果的研制全寿命周期工作进行深入分析的基础上,制订出最优的实施计划,是复杂项目活动流程与管理流程在时间维度的进一步细化,包括基于对活动定义、活动顺序、活动工期和活动所需资源进行分析、权衡的项目进度制订计划,以及对进度实施的管理与控制。

二、主要内容

复杂项目进度管理包括复杂项目进度管理策划、进度计划制订、活动资源配置、进度控制。

作为一般项目进度管理的具体内容,如定义项目活动、对活动排序、估算每项活动的合理工期、编制完整的项目进度计划、项目进度控制等,很多著述都有详细阐述,本章不再赘述。

复杂项目进度管理有时会有项目的监理方、发包(业主)方代表(如军工项目的军代表)介入,他们会参与监督协调,其内容包括:根据项目总进度计划及项目进度网络计划,协调各分包商的进度,使其满足总体进度计划的要求;对主要控制点的进度调整应通过进度调度协调会议确定;根据需要召开进度协调会,协调设计、制造等的关系等。

复杂项目进度计划制定是分层次的,最顶层是里程碑计划(主要用于复杂项目的重大/重要节点、全局进展把控),其次是总体计划,在空间维度上是指复杂项目的全部统筹整合的内容(涉及子项目的交付成果、目标),在时间维度上指复杂项目整个生命周期的进度计划,再下一层次是年度计划和月度计划、专题计划和各子项目的进度计划的制订。

总体计划,也称一级计划,是复杂项目顶层设计的整体计划,也是下几级进度计划制订与接口的依据。

以某国家重大工程的复杂项目(如:总承包主体管理)为例,其进度计划管理的原则通常是:把控一级计划,控制二级计划,监督三级计划,了解四级计划,抽查五级计划,如图2-12所示。

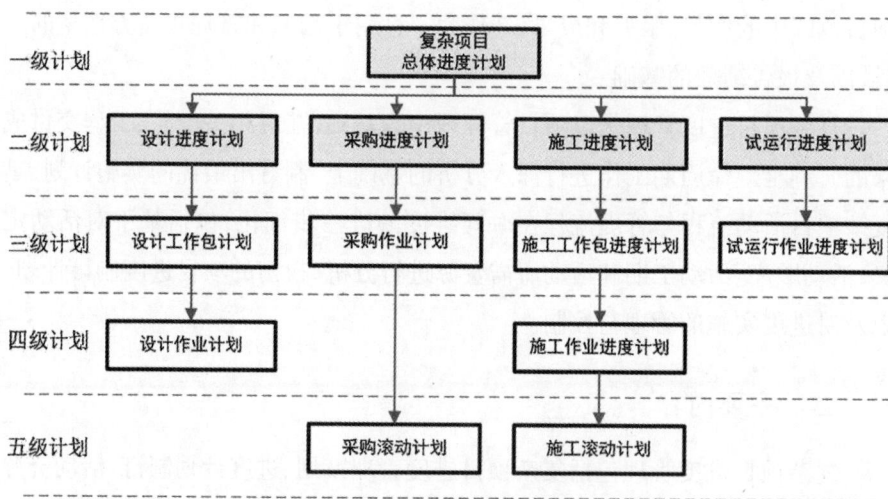

图 2-12 复杂项目的多级进度计划

资料来源:笔者自绘。

资源配置计划是指整个项目生命周期、阶段、管理过程、年度等资源配置计划的制订。复杂项目进度控制是指对各级、各类型计划的检查、考评与计划偏离的分析、调控。

三、管理流程

复杂项目进度管理的参考流程,如图2-13所示。

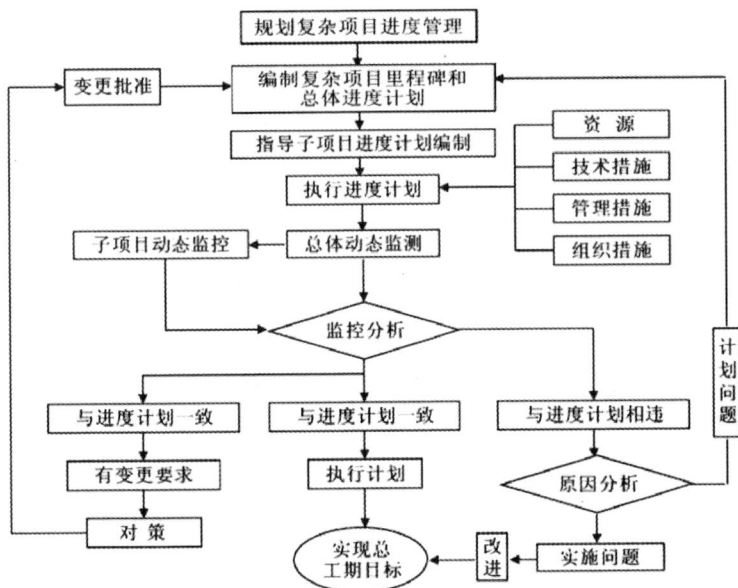

图 2-13　复杂项目进度管理参考流程

资料来源:作者自绘。

　　由于复杂项目包含子项目或分包项目,在进度管理时需要总体规划、分级实施、分级进度管理。图 2-14 给出某建设工程项目三级进度管理参考流程。

第五节　复杂项目费用管理

一、基本概念

　　项目的费用管理是对各种与项目相关的费用所做的归集、核算,有时也称为项目成本管理。传统的项目费用管理包括为使项目在批准的预算内完成而对项目费用进行规划、估算、预算、融资、筹资、管理和控制的各个过程,从而确保项目在批准的预算内完工。项目费用管理包括规划费用管理、估算费用、制定预算和控制费用。项目费用管理重点关注完成项目活动所需资源的成本,但同时也应考虑项目决策时对项目产品、服务或成果的使用成本、维护成本和支持成本的影响。

```
                          ┌─────────────────────┐
                          │ 承包商根据批准的三级    │◄──────────┐
                          │ 进度计划编制季度计划    │           │
                          └─────────────────────┘           │
                                    │ 合格                    │
                                    ▼                         │
                          ◇─────────────────◇   不合格返回      │
                          │  报监理计划       │─────────────────┤
                          │  工程师审查       │                 │
                          ◇─────────────────◇                 │
                                    │ 合格                    │
                                    ▼                         │
                          ◇─────────────────◇   不合格返回      │
                          │  报工程建设部     │─────────────────┤
                          │  PMT审查         │                 │
                          ◇─────────────────◇                 │
                                    │ 合格                    │
                                    ▼                         │
  ┌──────────────┐        ◇─────────────────◇   不合格返回      │
  │ 承包商与监理、PMT、│    │  报控制部计划     │─────────────────┘
  │ 采办部对接设计到图、│    │  工程师审查       │
  │ 物资采办到货计划    │    ◇─────────────────◇
  └──────────────┘              │ 合格
          │                      ▼
          └────────►┌─────────────────────┐
                    │ 发布执行、承包商编制季度 │◄──────────┐
                    │ /三月滚动计划          │           │
                    └─────────────────────┘           │
                              │                         │
                              ▼                         │
                    ◇─────────────────◇   不合格返回      │
                    │  报监理计划       │─────────────────┤
                    │  工程师审查       │                 │
                    ◇─────────────────◇                 │
                              │ 合格                    │
                              ▼                         │
                    ◇─────────────────◇   不合格返回      │
                    │  报控制部计划     │─────────────────┘
                    │  工程师审查       │
                    ◇─────────────────◇
                              │ 合格
                              ▼
          ┌────────►┌─────────────────────────────┐
          │         │ 发布执行、承包商编制三周滚动计划  │◄──────────┐
          │         └─────────────────────────────┘           │
          │                   │                                 │
          │                   ▼                                 │
          │         ◇─────────────────◇   不合格返回              │
          │         │  报监理计划       │─────────────────────────┤
          │         │  工程师审查       │                         │
          │         ◇─────────────────◇                         │
          │                   │ 合格                            │
          │                   ▼                                 │
          │         ◇─────────────────◇   不合格返回              │
          │         │  报控制部计划     │─────────────────────────┘
          │         │  工程师审查       │
          │         ◇─────────────────◇
          │                   │ 合格
          │                   ▼
          │         ┌─────────────────────┐
          └────────►│      发布执行         │
                    └─────────────────────┘
```

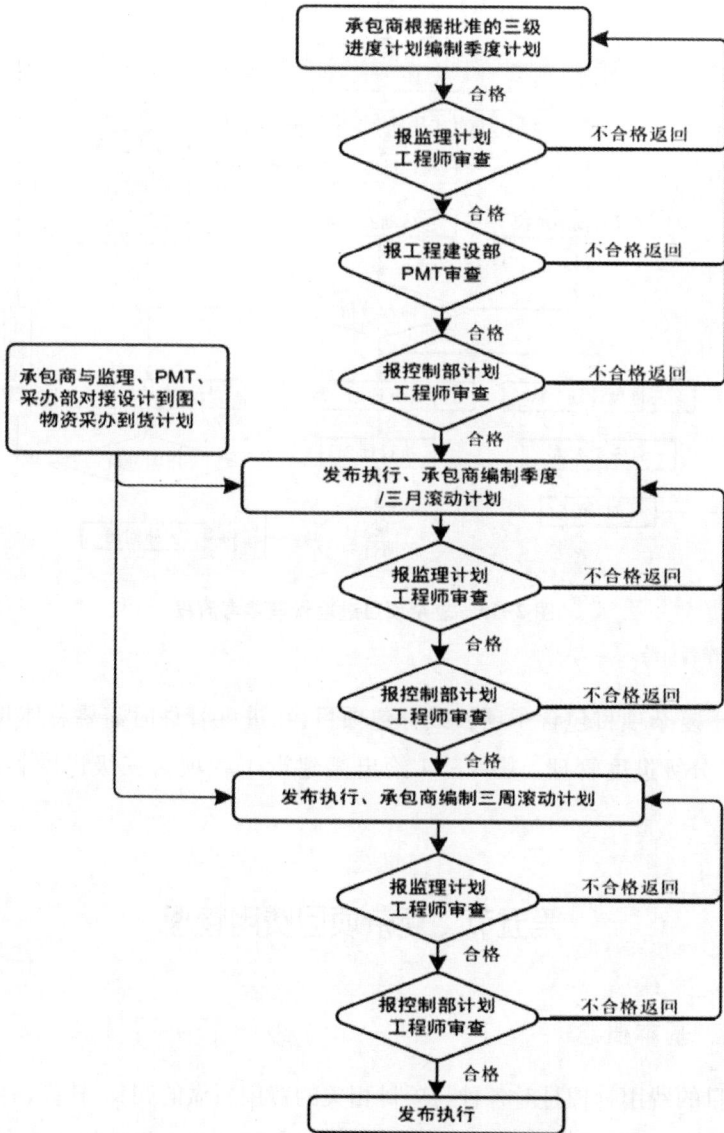

图 2-14　某建设工程项目三级进度管理流程

资料来源:笔者自绘。

项目经理在项目费用管理和控制方面的工作内容为：审定、发表项目控制和估算基础资料；审查或批准各阶段费用估算和费用分解指标；检查费用计划执行情况，进行费用管理；必要时调整费用计划及费用分解指标。

由于复杂项目越来越复杂，其组成要素多、结构复杂、技术含量高、研制周期长、费用昂贵、具有高投资风险性，则需要对其实施全寿命费用管理和分层分级管理。

复杂项目费用管理是指对复杂项目在项目生命周期内所需费用进行管理策划、费用估算、预算费用、费用控制的过程。

二、主要内容

复杂项目费用管理的内容包括：复杂项目费用管理策划、费用估算、预算制定、预算执行/监督、费用决算等内容。

复杂项目费用管理策划包括制定费用管理规章制度、制订费用管理计划。

复杂项目费用估算可采取自下而上、自上而下、类比估算、参数估算、三点估算、数据分析、专家判定等方法，要求估算方案科学合理，不重不漏，既经得起审查，又能覆盖项目全周期费用，也考虑不确定性和不可预计等内容，留有一定余地。

复杂项目费用分解是指复杂项目总承包单位按照项目总费用，依据工作项目分解进行费用分解，可通过合同、协议、契约等形式分配给各分包、外包单位。

复杂项目预算制定是指复杂项目所在组织根据项目工作安排、项目费用需求情况和项目计划进度，制定项目全周期预算和项目阶段、年度、节点预算。

复杂项目预算的执行及监督是指项目所在组织在项目费用执行过程中的成本控制、预算差异分析、预算调整等过程。

三、管理流程

复杂项目费用管理可以参考图 2-15 所示流程。

我国航空航天工程多数为复杂项目，其费用管理流程具有一定的借鉴性，复杂项目费用管理首先应确定费用管理目标和控制目标，进行全项目费用分解，编制费用管理计划，实施费用控制，确保实现费用控制目标。

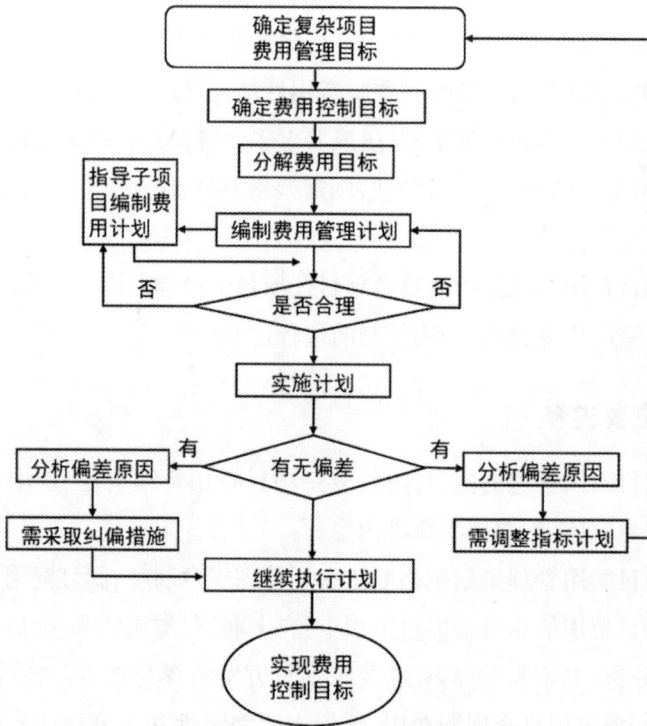

图 2-15 复杂项目费用管理流程

资料来源:笔者自绘。

第六节 复杂项目技术管理

一、基本概念

对项目技术管理的认知,主要有三种观点。第一种是过程观,技术管理是指对项目的一切技术活动过程进行的管理;第二种是资源观,技术管理是将项目所拥有的技术及相关资源实施管理,转化为项目结果,以满足顾客的需要;第三种是能力观,项目技术管理"联结工程、科学和管理,规划、开发和实施技术能力,以形成和实现组织的战略和运行目标"。

技术复杂性是复杂项目的重要构成要素,技术复杂性可以用技术的新颖性、异质性、关联性、依赖性、集成性等表征,技术复杂性可定义为利用现有全部资源［思想、知识、技能（无形资源），方法、工具、手段（有形资源）］完成项目范围、实现项目目标的难度。

复杂项目技术管理是通过对项目技术资源、技术组织和技术质量的管理，有效地把技术能力转化为项目成果并促使项目绩效最大化的管理。

复杂项目技术管理对项目绩效的作用是资源管理能力、组织管理能力和质量管理能力三个要素组合效果的反映。

二、主要内容

复杂项目技术管理主要内容包括：技术管理策划、技术分解、技术状态管理、技术成熟度管理。

（一）复杂项目技术管理策划

复杂项目技术管理策划是复杂项目技术管理的一部分，致力于制定项目技术目标并规定必要的运行过程和相关资源以实现项目技术目标，包括制定项目技术管理策划方案、项目技术管理制度、项目技术管理计划、项目技术基准。

（二）复杂项目技术分解

复杂项目技术分解是按照复杂项目系统体系、架构、组成、层次，从上至下将技术体系逐级分解，可分为若干级，以分解到最低可管理单元、能体现可交付成果为原则，直至不能再分解为止。一般每一层级上的技术，考虑学科分类相对应的技术内涵，应分解到一至四级，或者更多层级。项目技术分解应按项目技术分解层级、技术分类，把每一技术应产生的知识产权、科技成果、产品载体、产业化等同步设计、预测、分解。

技术分类应按照国家学科分类标准执行，可按照硬件、软件分类，也可按照基础技术、应用基础技术、开发技术分类。适应复杂项目开发实际和管理需求，把每一层级分解的技术，将其分类为：核心技术、关键技术、独有技术和一般技术，这样分类的好处是：第一，有利选择技术方案、优化技术方案；第二，有利多方案比对、确认技术途径；第三，有利知己知彼，确保方案有竞争力；第四，有利项目技术先进、可行，满足用户/顾客要求，助推项目成功。核心技术是项目在一段时间内领先于竞争对手的独有技术，并且是在开发中占据重要地位的关键技术；关键技术是在产品开发中占据关键地位或在关键路径上的技术，它是不可缺少的,但不一定是独有的,甚至不一定是领先的;独有技术是独有的,但不一定是关键技术和核心技术,也可能当前不创造价值或拦截竞争对手的发展,但其中某些独有技术在适当的条件下会成为组织未来发展所必需的核心技术或者关键技术;一般技术是有多种替换路径的普通技术。

(三)复杂项目技术状态管理

复杂项目技术状态管理包括制定技术状态管理计划,对产品技术状态进行技术状态标识、技术状态控制、技术状态纪实、技术状态审核等管理活动,是复杂项目管理的特色和难点。

(四)复杂项目技术成熟度管理

复杂项目技术成熟度管理是按照《科学技术研究项目评价通则》(GB/T 22900—2009)、《技术成熟度评价指南》(GJB/Z 173)、《装备技术成熟度等级划分及定义》(GJB 7688—2012)、《装备技术成熟度评价程序》(GJB 7689—2012)、《装备制造成熟度等级划分及定义》(GJB 8342—2015)、《装备制造成熟度评价程序》(GJB 8346—2015)等标准、规范的要求,对复杂项目技术成熟度进行评估、确认和管控的过程。为了保证产品可制造、能制造、好制造,技术成熟度评估应包括制造成熟度评价,用以评价复杂项目制造技术的成熟程度。项目技术成熟度的评估和确认是项目范围核实、项目可交付成果验收、项目转阶段、合同收尾、项目收尾等的重要评价尺度。

三、管理流程

(一)复杂项目技术管理的过程

技术管理过程包含对技术的策划、分解、识别、确认、状态管理,以及技术成熟度评估等子过程,其实施过程的主要环节包括:

(1)项目技术分解,参考工作分解结构、产品架构与构成,按系统、子系统、单机等分解结构进行技术分解;

(2)识别和确认项目的技术体系、技术类别,选择被评价技术;

(3)在项目设计过程中,应用和物化关键技术,并对技术状态进行管理;

(4)依据技术成熟度标准,结合项目特点,细化技术成熟度评价标准;基于项目信息和事实,组织专家按照评价标准对每一项技术进行评估,确定成熟度等级;

（5）根据各项技术的识别、状态管理、成熟度评定等级,进行项目综合评价,形成评价结论。

（二）技术管理流程

不同行业、不同领域的技术内涵各异,技术管理内容和重点不同,依据技术体系、架构、组成、层次,有力实施技术识别、确认、管理。工程建设项目的技术管理流程如图 2-16 所示。

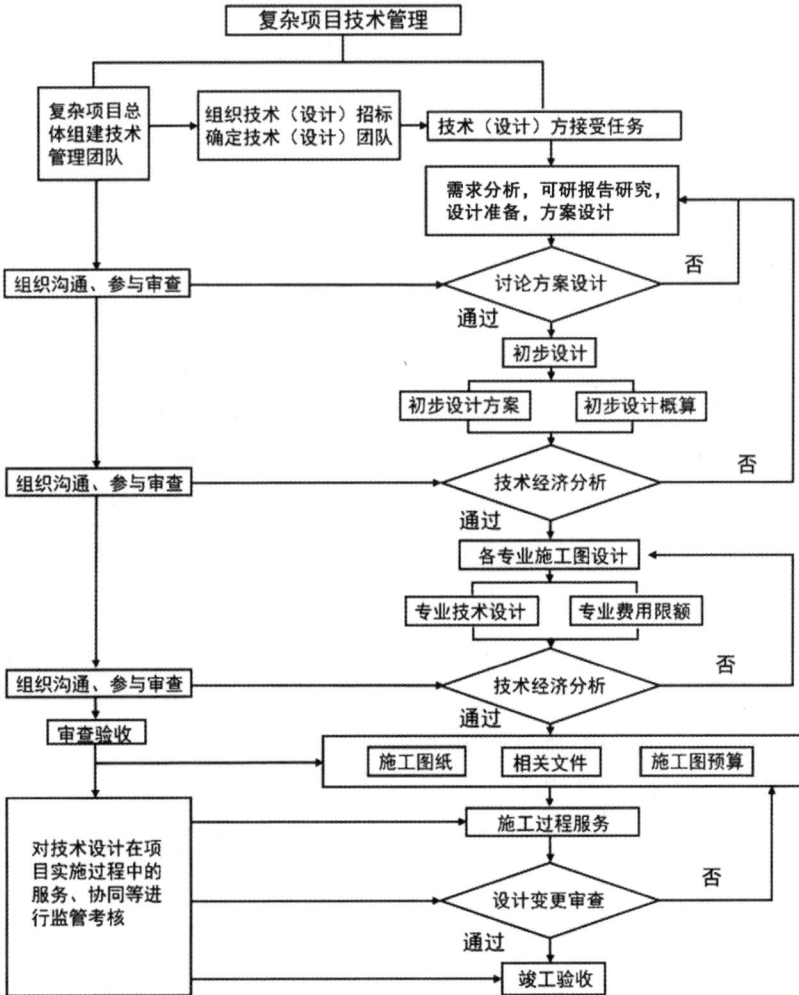

图 2-16　复杂项目技术管理参考流程

注:此流程图包括两个部分:技术团队自身操作与管理部分、复杂项目管理团队(其中专设有技术管理团队)对技术活动的管理。

资料来源:笔者自绘。

第七节　复杂项目沟通管理

一、基本概念

复杂项目沟通管理是指为了实现复杂项目目标,项目人员在复杂项目实施过程中有计划、有目的、有组织的沟通活动和过程。它是项目内部相互之间或者项目与外部相关方之间发生的,旨在完成复杂项目目标而进行的多形式、多内容、多途径的信息传递、接受、反馈等交流活动和过程。复杂项目沟通管理是确保项目及其相关方的信息需求得以满足的各个过程,是管理目标顺利实现的重要手段和关键环节,是一项重要的"软管理"。

二、主要内容

(一)沟通概述

沟通管理应是一个完整的体系,通常包含以下三方面的内容:规划沟通管理、管理沟通、监督沟通。

规划沟通管理是基于项目相关方的信息需求、可用的组织资产,以及具体项目的需求,为项目沟通活动制定恰当的方法和计划的过程。规划沟通管理的结果包括沟通管理计划、项目管理计划的更新、项目文件的更新。

管理沟通是确保项目信息及时且恰当地收集、生成、发布、存储、检索、管理、监督和最终处置的过程。管理沟通的结果包括沟通记录、项目管理计划更新、项目文件更新、组织过程资产更新。

监督沟通是确保满足项目及其相关方的信息需求的过程。监督沟通结果包括项目工作绩效信息、项目变更请求、项目管理计划更新、项目文件更新。

沟通管理的内容较多,但是概括起来可分为人际关系的沟通管理、组织关系的沟通管理、配合关系的沟通管理、供求关系的沟通管理和约束关系的沟通管理等。

（二）沟通的分类

1.按沟通管理对象分类

按照项目管理知识体系架构,可对项目管理领域十四大要素管理进行沟通管理,也可把其组合到一起进行沟通管理,还可对每一要素管理中的内容进行沟通管理。比如:项目策划沟通管理、项目范围沟通管理、项目计划沟通管理、项目技术沟通管理、项目进度沟通管理、项目质量沟通管理、项目资源沟通管理、项目接口沟通管理、项目收尾沟通管理等。

2.按照沟通管理主体、客体的分类

与政府部门的沟通管理;与业主(项目发起方、用户等)的沟通管理;与分包商、供方、合作伙伴的沟通管理;与项目团队成员的沟通管理;与各利益相关方的沟通管理等。

3.沟通活动的形式

沟通活动可多维度分类,包括但不限于:

内部:针对项目内部或组织内部相关方。

外部:针对项目外部相关方。

正式:报告、正式会议、会议议程和记录、简报、演示。

非正式:采用电子邮件、社交媒体、网站,以及非正式会议、临时讨论的一般沟通活动。

层级沟通:向上沟通、向下沟通、横向沟通。

官方沟通:呈交监管机构或政府、行业、客户、顾客等的报告。

非官方沟通:采用灵活的方式、手段,建立、维护项目团队及其相关方对项目进展情况的了解和认可。

书面、口头沟通:实物或电子形式,问卷调查;口头,面对面或远程形式,走访,网站,媒体形式;媒体发布。

三、管理流程

复杂项目沟通管理一是要制定沟通规划和策略,二是要建立沟通管理的组织、平台和规范,执行必要的沟通活动,落实沟通策略。复杂项目沟通管理参考流程如图 2-17 所示。

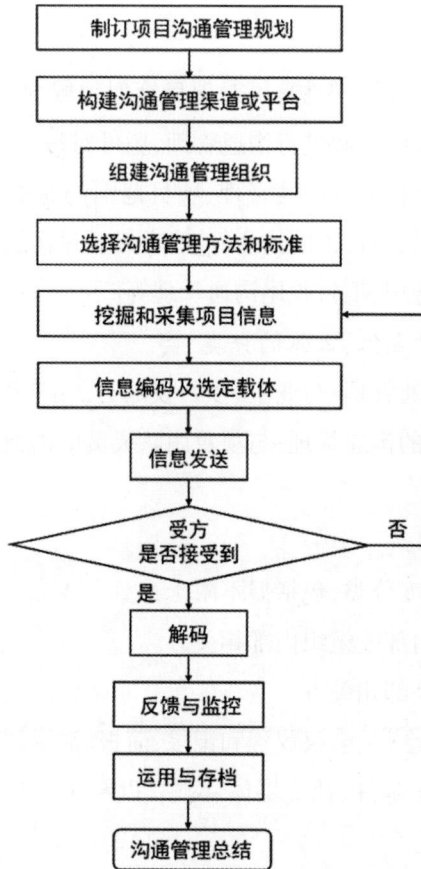

图 2-17　复杂项目沟通管理流程

资料来源:笔者自绘。

第八节　复杂项目团队建设与管理

一、复杂项目团队建设

(一)基本概念

团队的存在是为了达到预先设立的目标和采取集体协调的行动。团队建设包括建立组织结构,规定角色、职位、职务,明确职责、权利及关系。复杂项目团队管理包括建立项目团队结构,明确项目成员责权及关系,以使团队中的成员互相配合,有效实现复杂项目目标的过程。

复杂项目团队建设的重点是项目体系架构的建立、团队结构角色和职责的定义,以及构建有效的运行机制。

(二)复杂项目团队建设主要内容

复杂项目团队建设主要内容包括团队结构设计和制度设计。

1. 团队结构设计

团队结构是指团队的框架,是对实现团队目标的人员、任务、技术、资源等所做的制度性安排。一般团队由三个基本部分组成:

(1)战略顶层(决策指导层)

这是一个团队的最高领导层,从事决策及团队协调活动。复杂项目战略顶层负责整体项目决策、指挥、监控、评估,鉴于复杂项目的复杂性、重要性,其顶层决策指导对实现项目目标、把控项目方向、指导项目实施、防控项目偏离至关重要。

(2)中间层(综合管理层)

介于战略顶层与操作层之间,执行上传下达任务。复杂项目综合管理层是负责复杂项目计划、组织、协调、集成、评估等管理,是连接战略顶层和操作层的中间层次。

(3)操作层(执行层)

团队中从事具体业务工作的核心人员。复杂项目的操作层负责项目具体实施。

2. 制度设计

在复杂项目团队确定后,为使项目团队及其成员协同、有序、有效工作与合作,团队应制定一系列的规章制度,用以规范项目技术工作、管理工作、操作工作,保证项目目标的实现。

二、复杂项目团队管理

(一)基本概念

复杂项目团队是为了实现复杂项目目标而由相互协作的个体所组成的项目工作群体。

复杂项目团队及其成员需秉承目标导向、结果导向,协同合作,共同实施项目,完成项目范围,实现项目目标。

考虑复杂项目的特征、行业性、专业性、难度、重要度、影响度等要素,一般情况下,组织在复杂项目管理中,应选择、委派组织一位高层领导(也称项目责任领导、项目发起人)负责复杂项目管理,其应具备战略洞悉能力、资源整合能力、项目知识与技术、项目治理能力等,特别重大、重要的关键项目,应由、可由组织最高负责人亲自负责领导(也称第一责任人),体现组织高度重视,有力高效决策、资源重点配置。

复杂项目团队由项目行政负责人(又称项目总指挥、总经理)、技术负责人(又称项目总设计师、总师)、项目管理团队、项目技术团队等组成,项目管理团队、项目技术团队是从组织现有管理队伍、技术队伍中抽调人员而组成的,根据项目情况和进展阶段,既可专职、也可兼职。一般设置复杂项目管理办公室,既可独立设置,也可在组织相应机构内设置。复杂项目可能是项目组合,也可能是项目集,还可能是一个单一项目,其子项目管理参照执行。

(二)复杂项目团队管理主要内容

复杂项目团队管理主要是通过对复杂项目队伍人员的规划、组建、使用、培养、考评、激励,为复杂项目目标的达成提供人力资源保障。其内涵主要是如何通过科学配置和动态管理项目人员,从而有效激励人才并促进人才成长,保障复杂项目任务圆满完成。

复杂项目队伍规划是根据项目实际需要,结合项目专业特点,确定项目团队的项目角色、人员构成、岗位职责、岗位条件及队伍管理计划。在一个复杂项目队伍组建配置之前,需要根据项目总要求,结合复杂项目专业组成,按照专业特点,对项目团队的岗位配置、岗位职责、岗位职数等进行规划,使项目团队结构合理、权责清晰、规模适度。复杂项目队伍规划是复杂项目人力资源管理的基础。

复杂项目队伍组建是指根据复杂项目队伍规划,结合复杂项目队伍成员的角色、职责、岗位匹配度情况,制订复杂项目队伍人员的配置方案,组建复杂项目队伍。

复杂项目队伍建设是指复杂项目队伍组建后,为提高项目人员工作能力,保障复杂项目任务的有效完成,需要持续开展队伍建设,促进复杂项目团队成员互动,改善复杂项目团队氛围,提高复杂项目绩效。

复杂项目队伍考评激励是指考核复杂项目团队成员工作表现、评定工作绩效,多样化激励项目团队,并及时调整、优化项目队伍。

(三)复杂项目团队建设与管理流程

复杂项目团队建设与管理一是要制订项目团队建设与管理规划,二是要组建团队,三是要建设团队,四是要管理团队。复杂项目团队建设与管理流程如图2-18所示。

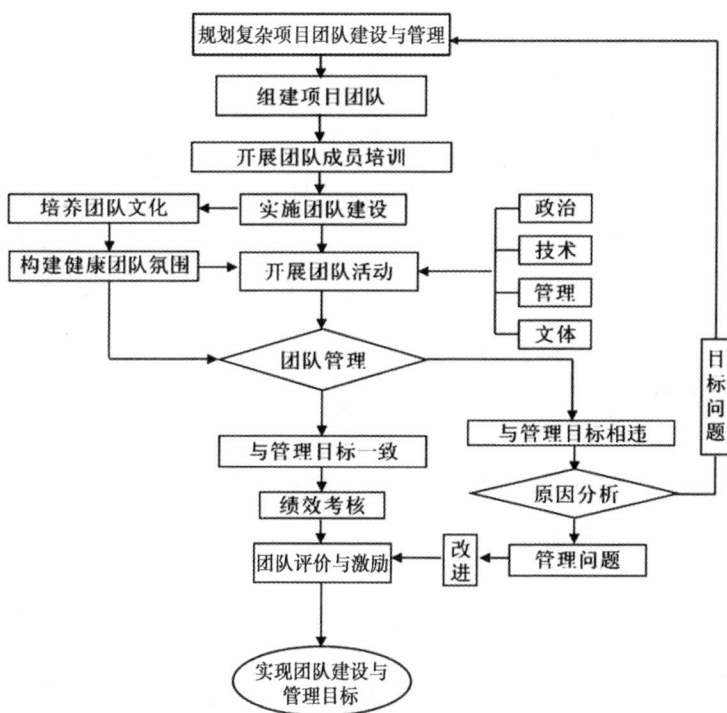

图2-18　复杂项目团队建设与管理流程

资料来源:笔者自绘。

三、复杂项目管理办公室(PMO)

复杂项目管理办公室(PMO)是对与复杂项目相关的治理过程进行标准化,并促进资源、方法论、工具和技术共享的一种组织机构。根据组织的需要,PMO的职责范围可大可小,从提供项目管理支持服务,到直接管理一个或多个项目,一般复杂项目管理办公室兼具多种职能,可能会承担整个组织范围的职责,也可能在每个项目的生命周期中充当重要相关方和关键决策者。

PMO 就是为创造和监督整个项目管理系统而负责的组织元素,这个管理系统是为项目管理行为的有效实施和为最大程度地达到组织目标而存在的。PMO 是在组织内部将项目实践、过程、运作形式化和标准化的部门,是提高组织项目管理成熟度的核心部门,它根据业界最佳实践和公认的项目管理知识体系,并结合组织自身的业务和行业特点,为组织建设组织级项目管理体系、建立规范项目管理标准、量身定制项目管理流程、培养项目经理团队、解决资源冲突、项目评审、建立项目管理信息系统、对项目提供顾问式指导、开展多项目管理、总结最佳实践等,帮助组织、项目提升项目管理成熟度,以此确保项目成功率的提高和组织战略的有效贯彻执行。

（一）PMO 在复杂项目管理方面的职能

一是制定复杂项目目标,确定复杂项目的范围;二是设置复杂项目管理机构、明确项目人员职责分工、设计项目实施方案、配置资源;三是监督和控制项目进度,跨项目协调,管理项目间关系,处理复杂项目的风险和争端;四是评估和总结复杂项目目标实现情况和完成后的收益;五是向组织提出项目建设建议。

（二）PMO 在复杂项目管理支持方面的职能

一是制定项目管理政策、原则、制度、方法、技术、标准、流程、程序和项目文件等,开发各种辅助工具、模版、表格和文档等,创造、传承、更新、发展、提升项目过程资产;二是对 PMO 所辖的全部项目的共享资源进行管理;三是对跨项目的沟通进行协调;四是指导、辅导、培训、监督、评估;五是收集和总结复杂项目管理的经验、教训、最佳实践,改进和维护复杂项目管理标准及流程,评估和提升组织的复杂项目管理成熟度;六是对项目信息进行收集和整理,为组织进行复杂项目组合管理、复杂项目集管理和复杂项目管理提供项目信息,对外提供一个便于与客户沟通的窗口,提高客户满意度。

根据不同组织文化、组织结构、项目管理成熟度等,PMO 可按以下模式建设:

（1）保证型,初始级。保证型 PMO 多应用在 PMO 建立的初始阶段,主要为项目经理提供项目管理（Project Management）支持、行政支持、培训、咨询顾问、技术服务、知识管理等支持服务,这种角色会以低调和辅助者的身份出现,容易得到项目经理的认可,不容易引起太多的反对和权力之争,在 PMO 刚刚起步阶段,这种方式容易得以实施和执行,主要向主管副总和项目经理汇报。

(2)控制型,已管理级。控制型 PMO 在强矩阵组织结构中容易实现。在这种情形下,PMO 拥有很大的权力,可代表公司管理层,对于项目进行整体的管理和控制,保证项目的顺利执行,以实现项目目标和组织目标。PMO 工作包括:项目经理任命、资源协调、立项结题审批,项目检查和数据分析、项目经理培训等,可独立向总经理汇报。

(3)战略型,优化级。战略型 PMO 是 PMO 发展的高级阶段。在这种情形下,PMO 承担着企业项目筛选、战略目标确定与分解等任务,具有承上(战略理解)和启下(启动项目)双重任务。这时一定要实施好项目组合管理,确保所有项目能够紧密围绕着组织的目标实施,为组织带来相应的利益,可直接向最高管理者汇报。

PMO 的成熟与发展一方面需要组织领导的重视、组织机构的扁平化与矩阵化、组织级项目管理成熟度的提升,另一方面更需要从业人员的不断努力与提升技能,以适应组织对 PMO 日益提高的能力与素质要求。组织可根据发展的不同阶段选择不同类型的 PMO、或对于混合型组织结构的大型企业在组织级及战略级根据需要分别建立 PMO。任何类型的 PMO 都是基于组织需要设立的。有助于塑造 PMO 的关键影响因素包括:所交付项目的类型、组织规模、组织结构、集中/分散决策的程度以及企业文化。当组织的需要随着时间发生变化,PMO 会相应发生演变。PMO 可以是临时机构,也可以是永久机构。临时机构往往用来管理一些特定项目,如企业购并项目。永久性 PMO 适用于管理具有固定时间周期的一组项目,或者支持组织项目的不断实施。

项目是组织内部价值交付系统的一部分。PMO 可以支持该系统,并且是该系统的一部分。有效的 PMO 具有培养以交付和成果为导向的能力,保持"全局"观,持续改进、知识转移和变革管理,可为价值交付提供支持。

不确定性加大、变革速度加快、竞争愈发激烈以及客户赋能增加意味着企业需要在日益复杂的环境中创造价值。实施新战略举措和快速变革的能力正在成为关键的差异化因素。变革对收益实现和价值创造的贡献,也正在对 PMO 产生更大的压力。PMO 应通过以下方式不断演变:

（1）专注于关键计划。战略举措可对组织的未来、组织与干系人的关系及其能力产生重大影响。PMO 正在从项目监督者转变到指挥协调高层领导、业务部门主管、产品负责人和项目团队之间的对话。对话提供了关于项目绩效、威胁和机会的准确洞察，这些洞察可对重要的战略举措产生影响。这种专注有助于澄清和纠正新出现的问题，并尽可能充分地实现商业成果。

（2）建立智能而简单的过程。PMO 通过建立足够的过程和实践规范来合理调整其组织的能力，从而在减少浪费性步骤或支持产生价值的过程的前提下，实现有效的沟通、协作和持续改进。

（3）培养人才和能力。PMO 在招聘和留住有才能的团队成员方面发挥着更加积极的作用。他们正在项目团队和整个组织内开发和培育技术、战略、管理和领导技能。

（4）鼓励和促使变革文化。通过积极地将整个组织对以成果和收益为中心的绩效和组织变革管理的支持和承诺，打造差异化的竞争优势。这些 PMO 从而成为变革领导者，为更强大的收益实现和价值创造而演变，以应对这些挑战。

四、复杂项目治理体系

（一）基本概念

复杂项目治理是指用于指导项目活动的框架、职能和流程，从而创造独特的产品、服务或结果，以支撑组织战略实施和实现项目目标，不存在一种治理框架适用于所有组织、所有项目。组织应根据组织文化、项目类型和组织需求等裁剪治理框架。

基于复杂项目管理的复杂性，复杂项目治理体系与项目价值交付系统应协同运作，才可实现流畅的工作流程、问题管理并支持决策。复杂项目治理体系提供了一个治理框架，复杂项目治理是多维度的，是组织在组织各个层级上的组织级、结构化的部署和安排，旨在规范、制约、影响项目团队及其成员的行为，其中包含指导复杂项目管理的框架、职能和流程，治理框架可以包括规则、政策、程序、规范、关系、系统、过程等，框架会规范组织目标的设定和实现方式、决策准则要素模式权限、资源整合、问题归零、变更批准、风险监控和评估方式、绩效评价和优化方式。

当下,一些组织、某些项目对项目治理的认知、研究、体系建设有限,项目治理、项目管理混淆,不能清晰区分,项目治理、项目管理规范实施能力及成熟程度不足,主要表现为:

第一,项目治理体系不健全。缺乏完整的项目治理体系,项目治理规则、规范不完备,项目治理机制不健全。

第二,项目治理能力不足。组织领导、项目领导拥有的项目管理知识、技术、方法、工具不足,项目领导才能有限,项目团队建设和团队管理不力,项目管理质量不高,项目离成功有不少差距。项目治理、项目管理的职能、界面、关系、流程模糊。

第三,项目管理缺乏系统性。项目策划不充分,项目工作分解、任务细分与全要素项目管理计划不充分、不匹配,项目变更控制、偏离管控不精准,造成项目进度延迟、质量不足、成本提高、资源浪费或项目失败。

第四,项目风险防范意识和应对能力不足。很多组织的项目管理没有有效的风险管理计划,项目的可行性分析、风险分析与评估流于形式,项目风险识别、量化分析、评价不充分,项目风险监控不到位。

第五,疏于项目过程资产升值。大多数组织在项目收尾过程对项目评价、总结不认真。每个项目的实施都应有所收获,也应有需吸取的教训,组织、项目要认真、实事求是地总结并深刻反思,真正形成知识积累、技术突破和财富聚集,实现"组织、项目过程资产"的传承、更新、发展和升值。

(二)复杂项目治理内涵

项目治理关注对框架、职能和流程的监督和审批(核),从而为项目提供指导和决策。项目管理是包括定义、规划和执行的实施活动,目的是通过项目实施组织战略、实现运营目标。对于项目组织或特定的项目,项目治理和管理的有些职能和角色可能由同一个人或同一组人承担,治理和管理活动可能会有交叠。在有些组织或特定的项目中,治理和管理角色可能被合并。在有些项目组合、项目集群中,项目组合或项目集群经理可能承担项目治理的角色。复杂项目治理活动确保项目管理活动在项目组合、项目集群和项目管理之内被定义、计划和实施。项目管理活动更富有操作性和战术性,而项目治理活动更具有战略性且注重指导和监督。在项目组合管理中,绝大部分是治理活动,只有小部分是与项目集群或项目管理有关的管理活动,一定程度上项目组合管理本身是一种组织级治理的机制,这种机制用于确保战略与组织目标的一致,通过组织级项目管理被正确地执行。

复杂项目管理体系的建立涉及项目管理流程与规范,也涉及组织机构设置、角色与职责。组织复杂项目管理体系就是项目过程、管理过程与组织结构相结合的产物。

从复杂项目和组织的角度看复杂项目管理的结果是不同的。从复杂项目的角度看是如何管理好项目,即要做好复杂项目管理;从组织的角度看是如何管理好一批项目,则是应该如何建立一个项目管理体系。组织不仅仅要重视项目管理技术的运用,更应该注重组织复杂项目管理体系的建设。

复杂项目治理是复杂项目良好实施的驱动因素,是项目成功的必备条件。复杂项目治理需关注谁决策(决策权、授权架构)、如何决策(流程/程序)以及协调诸多保证因素(如信任、灵活性和行为控制),以定义治理框架,制定决策。决策者负有最终责任。

在大多数的项目组织环境中,由于不断增加的业务与项目复杂性、法规需求、全球化以及快速的技术和业务环境变化,实施有效的治理都极具挑战性。只有动态的、持续的,且适应组织需求、结构、资源、文化、复杂性的治理框架才是有效的治理框架。持续改进是一种实现有效治理的方法,包括持续改进策略、持续快速适应变化的项目环境等,持续改进需要结构化的组织变革管理策略和计划。持续改进需要主动地、有效地变革,持续改进要求在持续的周期内不断地实施改进。有效的治理不仅关注对法律、法规、政策、规则、程序、流程等的遵从性,而且更加注重如何对决策作出精准的判断来实现组织的目标。

有效的治理和有效的管理应具备以下特征:(1)定义良好的整体治理框架与方法,且与现有的组织结构和组织战略目标相一致。(2)可提供及时指导和监督的胜任的治理主体。(3)对组织、项目组合、项目集、项目和团队不断变化的需求的可适应的、灵活的、响应及时的领导力。(4)看得见的赞助和承诺,用来提供必要的组织支持和资源。(5)根据需要,可以对组织结构进行调整,以支持 PMO 和其他现存的治理组织结构。(6)项目组合、项目集和项目经理及团队被充分授权,以实现有效交付,并移除壁垒和障碍。(7)协调一致的商业策略及优先级,尤其是存在需求冲突或资源竞争时。(8)通过项目集和项目的交付,积极参与对业务收益交付的监控。(9)对角色与职责、委托授权和质量标准进行定义和沟通,以促进快速决策。(10)对关键绩效指标进行清晰的定义和度量,以降低风险,提高机会。(11)恰当的项目集和项目组件的选择和优先级排序流程,以满足组织战略和运营目标。(12)恰当的项目组合、项目集和项目管理的执行流程,同时遵守政策、标准和指南。(13)经过裁剪的沟通、知识管理、培训和报告。(14)持续改进所需的结构化的组织变革管理方法。(15)联合项目相关方参与,以建立流程和支持变革。(16)建立、维护和改进治理所需的足够资金。

治理所需的资源和流程与项目集群和项目的复杂性相关,复杂性是由于人类行为、系统行为和模糊性而难以管理的项目集、项目或其环境的特性,随着项目复杂性的增加,治理所需的授权架构、资源和流程也会增加,为了平衡风险与效率,在应用治理架构、资源和流程时,必须关注复杂性、项目管理的成熟度。如果治理流程或授权架构的严格程度低于实际需求,或者说现有的授权程度、治理资源、治理流程少于基于项目集和项目复杂性的需求,授权、资源和流程的实际数量和最佳数量之间存在差距,即不足的资源和流程,就会引入、导致风险;如果治理流程或授权框架的严格程度过高,或者说治理的资源和流程数量大于基于项目集和项目复杂性的实际需求,即过多的资源和流程,就会由于资源和流程消耗了宝贵的时间和精力而造成效率低下,导致低效治理。因此,在实施治理时,应尽可能简化授权架构,减少资源和流程的数量,控制治理决策和监督活动的时间和成本,需要根据项目集群和项目复杂性、风险等因素裁剪治理流程,以期达到最佳效率和效果。

治理过程中,要充分关注治理一致性域、治理风险域、治理绩效域、治理沟通域的职能,有效执行和发挥监督职能、控制职能、整合职能和决策职能,应当基于组织的文化、所管理的项目组合、项目集群、项目的类型,做好项目评估、规划、实施和改进治理框架实施,项目治理框架实施应选择最适合的方式,可相互交叠、迭代或多次反复实施并适当裁剪或增加活动和可交付成果。

(三)项目管理与项目治理的异同与关系

拉尔夫·穆勒(Ralf Muller)是 Project Governance 作者,当代项目管理界全球领军人物,将治理定义为"对于管理的管理",解决的是如何更好地进行管理的问题。治理为管理提供指导和监督,确保正确的工作被执行。

基于整体视角,项目治理与项目管理的最大不同,就是将项目视为一个整体,进行管理的管理;项目治理要构建项目管理模型,建立项目团队和项目成员共同认可、接受、适应、遵守的项目管理模式,确保项目制度有效执行,并建立多方遵守的契约机制;项目管理应以技术创新和管理创新克服项目要素间的约束和限制,形成项目管理要素间共生关系;项目治理需要统筹谋划和多方参与,应优化思维模式,提升认知能力,要跳出项目看项目、跳出管理抓管理。

基于组织视角,项目管理不仅是项目经理、项目本身的事,组织必须强化组织对项目的管理,强调组织管理层对项目的责任,不能漠视项目存在的问题,建好组织与项目间的协同机制;组织管理层应强化管理和服务,组织职能部门应担好管理和服务双重角色,通过管理提供服务,通过服务加强管理,促进组织和项目的深度融合。组织管理部门要聚焦于项目,帮助、促进提高项目成功率;组织级项目管理(OPM)体系建设和项目管理办公室(PMO)都很重要,应协同实现企业价值最大化和项目目标;面向过程和面向结果都不可或缺,成功的项目管理会促进项目成功,应能为顾客提供满意的产品,支撑组织拥有核心技术、固化产品与产业载体、形成竞争优势;项目管理应产生更多、更好的项目过程资产,项目治理要积累可重用的组织过程资产,不断为组织创造价值。

基于系统视角,项目治理应建立项目相关方协同、合作、共享、融合、开放、迭代、智能的价值网络和生态系统,组织应提升专业化能力,发挥集聚效应,弘扬组织特色、先进文化;项目治理应致力设计好与项目相关方的交易结构,控制并降低项目治理角色承担的风险,摆脱规模效益和效率递减、经营风险和管理难度递增的困扰,优化商业模式,创新机制,每一项目相关方都要为、并能为项目与组织贡献价值。表2-2、表2-3分别给出了项目治理活动与项目管理活动的区别和关系。

表2-2　项目治理活动与项目管理活动的区别

治理(关注"是什么") 决策和指导、监督并保证管理	管理(关注"怎么做") 组织和执行工作
定义和批准组织的战略、目的和目标	建议和实施战略、目的和目标
制定政策	沟通政策和创建程序
创建和批准项目组合、项目集和项目治理框架	识别和记录项目组合、项目集和项目治理框架

治理（关注"是什么"） 决策和指导、监督并保证管理	管理（关注"怎么做"） 组织和执行工作
确保关键项目相关方参与	识别和管理项目相关方关系
确定和批准优先级标准	对组件进行优先排序
授权组件并纳入组合	选择并优化组件
识别、确保和沟通战略一致性	沟通战略一致性
确定和沟通风险偏好与临界值：应对风险与解决问题	识别和升级风险与问题
请求、评审和授权变更	识别、请求和授权变更
决定和提供资金与资源	识别和请求资金与资源
批准、终止或取消项目组合、项目集和项目	建议批准、终止或取消项目组合、项目集和项目
确定和批准角色、职责与决策授权	建议和沟通角色、职责与决策授权
批复章程、计划和商业论证	创建章程、计划和商业论证
确定和批准关键绩效指标（KPI）测量	监控或测量 KPI：创建整合报告
评审和批准整体路线图	创建或更新整体路线图
评审、批准、授权阶段关卡和审查	管理阶段关卡和审查
授权审计	执行审计
评估和批准组织变更管理	定义和实施组织变更管理计划
对项目组合、项目集和项目的结果负最终责任	对项目组合、项目集和项目的结果负最终责任
评估和批准项目组合、项目集和项目的方法论	沟通并遵守项目组合、项目集和项目的方法论

资料来源：[美]项目管理协会：《项目组合、项目集和项目治理实践指南》，电子工业出版社 2016 年版，第 6 页。

表 2-3　项目治理活动与项目管理活动的关系

治理活动	管理活动
组织级治理 　　一种通过对人员、政策和流程进行控制、指导和协调，旨在满足组织战略和运营目标的结构性方法。通常由董事会实施	组织级管理 　　一套为了实现战略目标，把项目组合、项目集和项目管理与组织级驱动因素整合在一起的框架。包含更多的治理和战略活动
项目组合、项目集和项目治理 　　用于指导项目组合、项目集和项目管理活动的框架、职能和流程	项目组合、项目集和项目管理 　　包括定义、规划、执行、控制和收尾的管理活动，以实现组织战略和运营目标
组织级治理 　　战略、政策和标准	项目组合管理 　　评估、选择、优先排序和调配资源

续表

治理活动	管理活动
项目组合治理 　决策、指导和组件授权	项目集管理 　定义项目集、管理收益交付和结束项目集
项目集和项目治理 　指导和监督	项目管理 　启动、规划、执行、监控和结束项目

资料来源：[美]项目管理协会：《项目组合、项目集和项目治理实践指南》，电子工业出版社2016年版，第7页。

　　项目治理是一种制度框架，包括项目价值体系、职责、程序和政策，表征了项目参与各方和其他项目相关方之间权、责、利关系的制度安排，在此制度框架安排下完成项目交易。主旨是恰当地处理项目相关方不同利益主体之间在项目目标确立、指导、决策、流程、方法、资源分配、监督、风险控制、机制构建、评价、绩效管理、激励等方面的角色、职能、权限、责任。项目管理是在此制度框架下，各个实施主体运用项目管理技术、方法、工具实施项目。缺乏良好的项目治理，即使有很好的项目管理体系也无法实现项目价值；没有项目管理体系支撑，单纯的项目治理也难以有效地创造项目价值。项目治理与项目管理的目标相同，主体和客体不同，项目管理的对象是资源，项目治理的对象是组织和人；项目管理与项目治理实现目标的方式和路径不同，只有将项目治理与项目管理有机结合才能真正实现项目的价值。

　　项目治理的责任是提供项目管理的目标、资源和制度环境，项目管理的责任是在上述制度环境下有效运用资源去实现项目目标。

　　项目治理是公司治理的一个子集，专注于与项目活动相关的公司治理领域。项目治理的概念源于公司治理，项目治理是公司治理活动的一个组成部分或进一步延伸。公司治理核心利益相关方是公司的所有者和经营者，其构成和权责范围是相对稳定的。一般一个公司只有一个公司治理结构，而项目在不同阶段项目治理的结构是不相同的。公司治理是基于所有者和经营者之间委托代理规则，而项目治理是基于参与项目的各利益相关方构成的协同工作的社会网络。项目利益相关方之间的关系不是简单的委托方和代理方之间的博弈关系和契约式的甲乙方关系，不能用公司治理的委托代理制表征。项目利益相关方对项目成功完成承担的责任及相应的角色关系随着项目生命周期的展开而反复循环，项目利益相关方角色之间的关系是依赖于项目治理特点和项目周期各阶段任务需要而变化的动态治理角色社会网络。项目利益相关方的权利是对其所承担的治理角色责任的补偿,项目利益相关方之间治理角色关系的建立是为了降低角色承担责任兑现的风险。项目治理是建立和维护项目利益相关方之间规则关系的过程,可以降低治理角色承担的风险,为项目确立及其目标实现提供可靠的管理环境。项目治理原则可借鉴公司治理的原则。多数学者推崇《OECD 公司治理原则》,主要内容为:(1)公司治理框架应提高市场的透明度和公平性,促进资源的有效配置,符合法治原则,并为有效的监督和执行提供支持。(2)公司治理框架应保护和促进股东行使权力,确保全体股东的平等待遇,包括少数股东及外资股东。在权利受到侵犯时,应保障全体股东均有机会获得有效救济。(3)公司治理框架应当在投资链条的每一环节中都提供健全的激励因素,并规定证券交易所的运行应当有利于促进公司治理良好实践。(4)公司治理框架应承认利益相关者的各项经法律或共同协议而确立的权力,并鼓励公司与利益相关者之间在创造财富和就业以及促进企业财务的持续稳健性等方面展开积极合作。(5)公司治理架构应确保及时准确地披露公司所有重要事务,包括财务状况、绩效、所有权和公司的治理。(6)公司治理框架应确保董事会对公司的战略指导和对管理层的有效监督,确保董事会对公司和股东的问责制。

韦弗(Weaver)、帕特里克(Patrick)提出项目治理十一大原则:(1)董事会对项目治理负有全部责任。(2)清晰定义项目治理的作用、责任和绩效标准。(3)在整个项目生命周期,用适当的方法和控制手段,实行严格的治理安排。(4)在整体业务战略和项目组合之间,呈现连贯和支持关系。(5)所有项目都有一个已批准的计划,其中包含审查和批准业务案例的授权点。在授权点作出的决定将被记录和传达。(6)授权机构的成员有足够的代表性、权限、权力和资源,使他们能够作出适当的决定。(7)项目业务案例得到相关和现实信息的支持,为作出授权决策提供了可靠的基础。(8)董事会或其授权代理人决定何时需要对项目和项目管理系统进行独立审查,并相应地实施此类审查。(9)对于报告项目状态以及将风险和问题升级到组织要求的水平,有明确定义的标准。(10)该组织培养了一种改进和坦率内部披露项目信息的文化。(11)项目利益相关者的参与水平与其对组织的重要性相称,并以促进信任的方式。

联合国欧洲经济委员会(UNECE)提出了 PPP 项目治理原则:(1)透明

性,包括项目的设计、发起、采购和选择过程的透明,公众有权知道自身的利益是否受到保护。(2)项目具有经济价值。(3)项目有明确且可以实现的目标。(4)保证各利益相关方的积极参与。(5)授予合同的过程公正,依据预先确定的标准完成。(6)如果项目获得政府补贴,公众对于补贴的具体情况有知情权。

(四)复杂项目治理步骤

复杂项目治理在我国的起步较晚,人们普遍缺乏对复杂项目治理知识的了解。对一个组织而言,复杂项目治理体系的建设也并非是一蹴而就的,需要一个熟悉、尝试与提高的过程。组织复杂项目治理的进程可分为三个时期:普及复杂项目治理知识、建立复杂项目治理体系、复杂项目治理改进与提高。

普及复杂项目治理、管理知识:组织应建立、完善复杂项目管理体系,构建共识的基础和平台,要在组织范围内和项目完成及其产品实现全价值链上普及项目管理、项目治理知识。

建立复杂项目治理体系:组织应构建充分、适宜的复杂项目治理体系,不断改进复杂项目管理、复杂项目治理流程与规范。

复杂项目治理改进与提高:组织应优化复杂项目治理流程与规范,做好、实现项目过程资产的创造、传承、更新、发展和升值,持续提升项目治理能力。

复杂项目治理,一般采用四个实施步骤:

一是评估。实施治理评估,定义治理的当前状态和未来状态及可交付的成果,定义治理框架、治理范围、需求、愿景和目标,分析差距,查找、发现问题,进行风险分析,实施相关方分析。

二是规划。把治理实施或改进作为一个项目。确定治理路线、需求和方法,编制治理实施计划,确定治理角色、职责和授权,建立决策流程、升级流程、变更请求及评审流程。

三是实施。实施整体治理架构,实施组织变革管理,开展沟通和培训,实施治理计划,评估和报告治理绩效。

四是改进。总结经验教训,实施绩效度量,治理收尾,识别改进项,规划下一步安排,治理移交。

复杂项目治理是一个系统工程,它是管理技术与具体项目过程相结合的产物。它不但是一种管理技术,而且是一种应用技术。复杂项目治理技术必须与具体的业务领域相结合才能产生有力的经济与管理效益,忽略任何一方都不利于企业与组织项目治理体系的建设和能力水平的提高。

第九节　复杂项目相关方管理

一、基本概念

项目相关方即与项目及项目产品有关系的组织和个人,这些组织或个人能影响项目及受项目影响。项目相关方也称项目利益相关方(者)、项目干系人。

根据质量管理体系要求(GJB9001C—2017),相关方是影响决策或活动、受决策或活动所影响、或自认为受决策或活动影响的个人或组织,对组织稳定提供符合顾客要求及适用法律法规要求的产品和服务的能力,具有影响或潜在影响。

复杂项目相关方主要包括但不限于:国内外客户、项目发起人、平台总体单位、国家相关部委(涉及国计民生的重大复杂项目时)、项目所在企业总部及所属相关单位、外部供方、合作单位、员工、各类资质认可机构、检验检测机构以及竞争对手等。复杂项目的相关方可用示意图 2-19 表示。

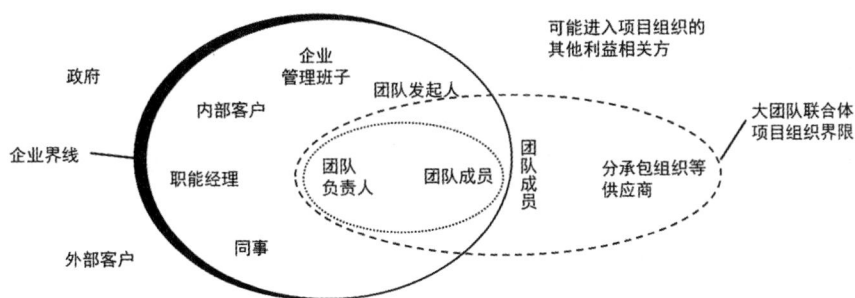

图 2-19　复杂项目相关方示意

资料来源:笔者自绘。

二、主要内容

识别能影响项目及受项目影响的个人、团体或组织,并对这些个人、团体或组织的真实需求、期望及对项目的影响程度进行分析、研究,制定合适的管理策略以解决问题、满足需求、达到期望,获取相关方对项目的支持与配合,确保项目圆满结束。

相关方管理还包括关注与相关方的持续沟通,以便动态了解相关方的需求和期望的变化,解决随时产生的问题,管理利益冲突,促进相关方合理参与项目决策和执行。

(一)识别相关方

识别相关方即识别能影响项目及受项目影响的个人、团体或组织,分析并记录相关方在项目中的需求、真实期望、利益、权利与义务、参与度、依赖关系、影响程度和潜在影响等。

复杂项目中涉及大量相关方,项目经理及项目团队在项目启动初期可通过分析相关方对项目的影响程度、所拥有的权利、项目参与度等维度进行定级,划分优先级,并确定其在项目中的地位和意义,有利于开展后续的相关方管理工作。

(二)规划相关方参与

规划相关方管理即项目经理及项目团队根据相关方的需求、真实期望、利益、权利与义务、参与度、依赖关系、影响程度和潜在影响,制定相关方参与项目的方法和计划,调动各方参与度和贡献度,确保项目工作在各阶段中顺利实施。

在复杂项目实施中,规划相关方管理涉及的范围广,随着项目推进,项目相关方的组成及信息动态变化,项目团队需与相关方保持更好的沟通关系与互动,实时并及时掌握全部项目相关方的期望、要求及变化程度,定期展开评估分析、修正管理计划。

(三)管理相关方参与

相关方来自不同的个人或组织、拥有各自的利益诉求,在参与项目的过程中可能存在竞争与利益冲突的情况,管理相关方参与即项目经理及项目团队与相关方进行沟通和协作,平衡各方不同的期望和要求,解决存在问题,促进各相关方合理参与项目中,确保工作开展与项目目标保持一致。

在复杂项目中,项目经理及项目团队需保持高度注意力、敏锐观察力,并投入大量人力、时间在调动相关方参与项目、与相关方保持良好的沟通和协商、识别相关方的关注动向等事项上。

（四）监督相关方参与

相关方参与的工作贯穿整个项目生命周期,因此需对相关方参与进行监督控制,维持并提升相关方在项目中的参与度和贡献度。监督相关方参与即通过沟通了解、会议讨论、与规划进行对比分析、专家评审等方式,项目经理及项目团队评估相关方参与状态,全面监督项目相关方之间的关系,及时调整管理策略和计划,引导相关方支持项目决策、规划和执行,维持并提升相关方合理参与活动的效率和效果。

三、管理流程

对复杂项目相关方的管理贯穿于复杂项目管理的全程——从确定项目目标起,到项目验收交付结束为止。复杂项目相关方管理流程如图 2-20 所示。

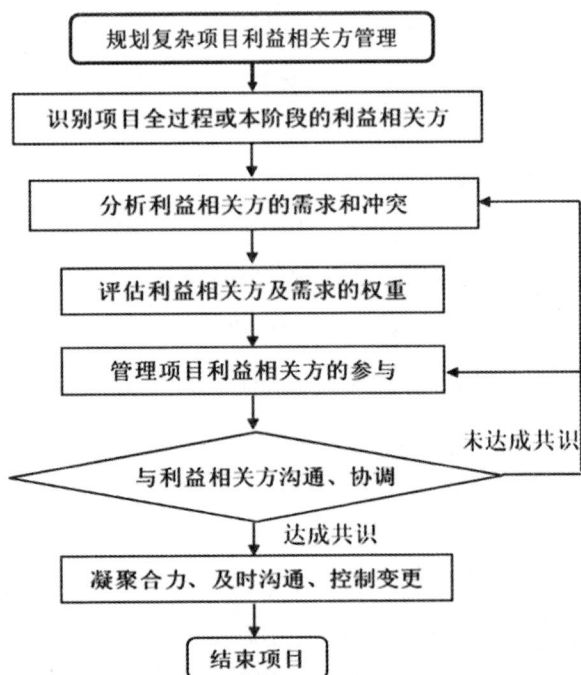

图 2-20　复杂项目相关方管理流程

资料来源:笔者自绘。

第十节　复杂项目资源管理

一、基本概念

复杂项目资源管理包括识别、获取和管理所需资源，以成功完成项目的各个过程。重点是助力确保项目经理和项目团队在准确的时间和指定的地点使用到所需的资源，同时有效调度调整资源，解决资源冲突，提高资源使用效率和效果。

二、主要内容

（一）规划资源管理

定义如何估算、获取、管理和利用团队以及实物资源的过程。依据项目管理计划、项目范围基准、项目进度计划、项目需求文件、项目环境条件等，采用资源分解结构、责任分配矩阵等方法，考虑稀缺资源的可用性和冲突资源竞争性，编制资源管理计划。

（二）估算活动资源

估算执行项目所需的团队资源，以及材料、设备和用品的类型和数量的过程，需明确完成项目所需资源的种类、数量和特性。依据项目管理计划、资源管理计划、范围基准、活动清单、成本估算、事业环境因素等，采用自下而上工程估算、类比估算、参数估算、数据分析、项目管理信息系统等方法，编制资源需求、资源分解结构。

（三）获取资源

获取项目所需的团队成员、设施、设备、材料、用品和其他资源的过程。依据项目管理计划、资源管理计划、采购管理计划、成本基准、项目文件、项目进度计划、资源需求、事业环境因素等，采用多标准决策分析、人际关系与团队技能、预分派、虚拟团队等技术，编制实物资源分配单、项目团队派工单、资源日历。

复杂项目资源获取的优先级确定很关键，在项目执行过程中发生资源冲突时,需及时进行资源调度、调整,调整的前提是首先要确定项目在组织中的重要程度,优先级高的项目优先获得资源。目前,优先级评定方法主要有专家评估法、层次分析法、模糊综合评价法。影响项目资源获取优先级排序的因素有很多,例如,项目重要度、影响度、价值性、进度、资源、经费、风险等,建立项目优先级评定准则,从而确定执行的多个项目的优先关系。

根据项目的优先级可以把项目资源分为三类。第一类是核心资源冲突。该资源是企业中最紧缺、各项目都争相使用的资源,是否拥有该资源会直接影响项目在企业整个体系中的地位。对于该资源的冲突协调关系整个组织战略目标、项目组合目标是否会受影响。第二类是重要资源冲突。重要资源在企业中的数量有限,如果项目执行过程中资源配备不及时,将会对项目进度、交付质量产生巨大影响。第三类是一般重要资源冲突。该类资源一般数量比较充足,在计划安排不合理、不科学的情况下可能会出现冲突,不会影响整体项目的关键路径,发生概率不高,所以进行弱化处理。这三种类型的资源冲突在复杂项目管理过程中会经常发生,及时发现资源冲突并进行资源优化调度,对按进度、高质量完成项目至关重要。

(四)控制资源

确保按计划为项目分配项目资源,根据资源使用计划监督资源实际使用情况,并动态调控资源的过程。控制资源要确保所分配的资源适时适地可用于项目,且在不再需要时被释放。依据项目管理计划、资源管理计划、项目文件、物质资源分配单、项目进度计划、资源分解结构、资源需求、组织过程资产,采用数据分析、问题解决、人际关系与团队技能谈判、项目管理信息系统,给出工作绩效信息、变更请求、项目管理计划更新、项目文件更新。

三、管理流程

复杂项目资源管理参考流程如图 2-21 所示。

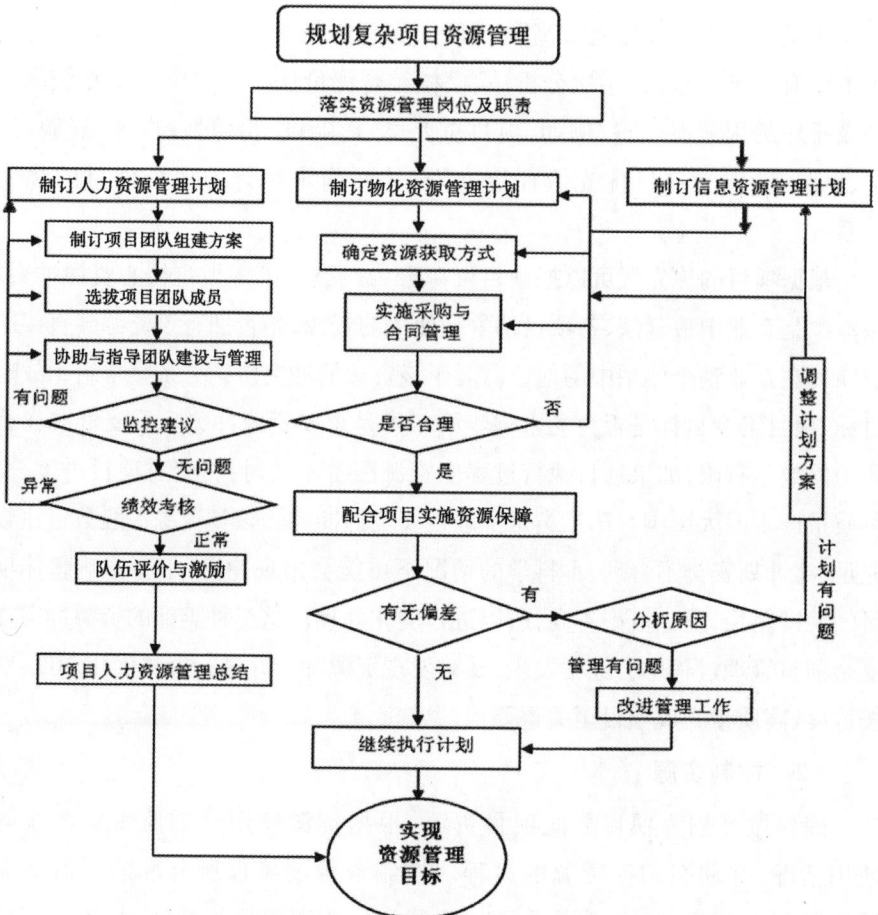

图 2-21　复杂项目资源管理参考流程

四、复杂项目资源配置管理

以下项目资源配置管理流程和规则,可以对复杂项目资源管理提供借鉴。

(一)对企业资源按照重要程度分类

按照资源重要程度对资源分类,可分为核心关键资源、关键资源、重要资源、普通资源,资源级别根据企业内资源库的实际情况进行动态更新。

（二）评定项目优先级,分析资源需求

评估项目优先级,且评估项目的资源使用需求,分析每个项目对各项资源的使用时间、使用量、使用目的、优先顺序等。

（三）计算项目关键路径

分析资源约束的情况,为每个项目计算关键路径,识别关键路径任务及非关键路径任务,关键路径资源不能短缺,其他资源可以暂时放缓。

（四）制订多项目资源计划

利用工作分解结构制订资源分解结构(RBS),编制进度计划过程充分考虑资源可获得情况,从而形成项目资源计划,WBS、RBS可成为进度、资源、费用、成本等信息的载体,使不同层次信息可以在预先规划的路线中共享,以将项目各类信息在不同层次进行分析、汇总,快速、准确地产生各类项目报告,有利于积累和分析历史数据,有利于开展项目进度、费用、成本、资源的管理工作。

（五）调整资源计划

资源计划要根据实际情况进行动态调整,原定的资源计划会因为上一项目占用超时或资源供给不足导致资源使用发生冲突,因此要保持项目执行过程中的资源平衡,就必须加强计划执行情况监督,实时发现资源冲突,第一时间进行资源冲突优化。

第十一节　复杂项目采购管理

一、基本概念

复杂项目采购是指从复杂项目外部采购或获取各类所需资源和服务的活动。

对于复杂项目,为了满足项目需求,除了购买之外,还包括用租赁、借贷、交换等各种途径取得资源使用权。

复杂项目采购是采购人员或采购单位根据项目需求提出采购计划,确定供应商,经过商务谈判确定价格、交货期及相关条件,签订合同并按要求收货

付款的过程。

复杂项目采购管理包括从复杂项目外部采购或获取各类所需产品、服务或成果的过程。

二、主要内容

复杂项目采购管理包括规划采购管理、实施采购、控制采购。

（一）规划采购管理

规划采购管理是实施项目采购决策、明确采购方法及识别潜在卖方的过程。

依据项目章程、项目商业文件、项目管理计划、项目范围管理计划、项目资源管理计划、项目文件、资源需求，采用专家判断、数据收集、数据分析、供方选择分析、会议等技术、方法和工具，制定采购管理规定、采购管理计划，确定供方选择、审核、评价、确定等供方管理规则。

（二）实施采购

实施采购是获取卖方应答、选择卖方并签订合同的过程。依据项目管理计划、项目文件、采购文件、卖方建议书等，采用专家判断、招投标、数据分析、人际关系与团队技能等技术、方法和工具，选定合格卖方、签订协议。

采购是复杂项目执行的关键步骤，统计表明一些项目的采购支出占项目总投资的50%—60%，涉及的金额相当大，不具有重复性，采购时间必须与整个项目的实施进度相适应，而且需要考虑的是整个项目寿命周期的费用，而不是仅仅考虑最初的采购价格。

（三）控制采购

控制采购是管理采购关系，监督采购合同执行状况和绩效，实施必要的变更和纠偏，以及关闭合同的过程。签订采购合同后，应制定复杂项目合同管理计划，进行合同关键过程、关键节点的管控，卖方应及时报告采购进展，实施对卖方的监督、审核，严格采购项目、产品、服务等的验收。

（四）以"T、Q、C"方法实现复杂项目采购管理总目标

复杂项目采购管理的总目标是以合适的费用及时地提供满足项目需

要的物料、工程和服务。实施"T、Q、C"采购管理方法,有助于实现这一目标。

1. T(Time)采购交货期管理

(1)正确设定采购品的交货提前期(与供货方达成一致);

(2)监测、跟踪,与供货商联络、沟通;

(3)定期与供货商召开生产、供货联络会,明确最新状况;慎重对待订单变更;

(4)预计可能的延期交货,提前采取措施;

(5)针对延期交货的原因采取措施;

(6)充分发挥采购合同、协议的法律作用;

(7)尽力为供应商解决实际困难;

(8)通过合作及时筛选供应商,建立战略联盟。

2. Q(Quality)采购品质管理

(1)建立双方认可的品质规格和标准(商品品质、品质保证体系、供应商素质);

(2)建立双方认可的品质评价组织和相关制度;

(3)建立供货方的质量保证体系;

(4)实施质量跟踪、监控;

(5)实施质量奖罚制度;

(6)支持质量保障和质量改进的投入;

(7)充分发挥采购合同、协议的法律作用;

(8)通过合作及时筛选供应商,建立战略联盟。

3. C(Cost)成本管理

(1)开拓市场,货比三家;

(2)多优中选廉,不廉中选优(注意单项价格与供应链的关系);

(3)应用价值工程和标准化等降低成本;

(4)注意全面降低管理费用,从而降低成本;

(5)合理考虑付款方式,兼顾双方的成本降低;

(6)考虑期货式价格方式,前瞻性定位商品价格;

（7）多维度综合权衡，整体成本优化；

（8）通过合作及时筛选供应商，建立战略联盟。

三、管理流程

复杂项目采购管理一是要制定采购策略，二是要编制采购计划，三是要招投标，选择供方，四是要实施合同管理。复杂项目采购管理流程如图 2-22 所示。

采购管理流程	输入依据	方法和工具	输出成果
采购计划编制	1. 范围描述 2. 产品说明 3. 市场状况 4. 约束条件 5. 其他相关计划	专家判断 合同计划	采购管理计划： 采购方式 采购程序 组织体系 采购要点
询价（招标）计划编制	1. 采购管理计划 2. 其他相关计划	标准格式 专家判断	采购文件 评标方法
询价（招投标）	1. 采购文件 2. 合格的供方名单	公告 踏勘、澄清 招投标系列会议	入围供方名单 项目建议书 投标文件
选择供方 （评标、决标）	1. 投标文件 2. 评标方法 3. 政策或规定	评标分析 加权评分 合同谈判	中标供方候选名单 中标、落标通知书 合同
合同管理	1. 合同 2. 执行情况 3. 变更 4. 付款申请	合同评审 合同变更管理系统 支付系统	合同评审意见 阶段性检查报告 合同变更 付款意见
合同收尾	1. 合同 2. 合同变更 3. 执行情况	采购审计 采购管理总结	尾款支付 合同归档 采购管理总结报告

图 2-22　复杂项目采购管理参考流程

资料来源：笔者自绘。

某复杂建设工程项目采购管理流程如图2-23所示。

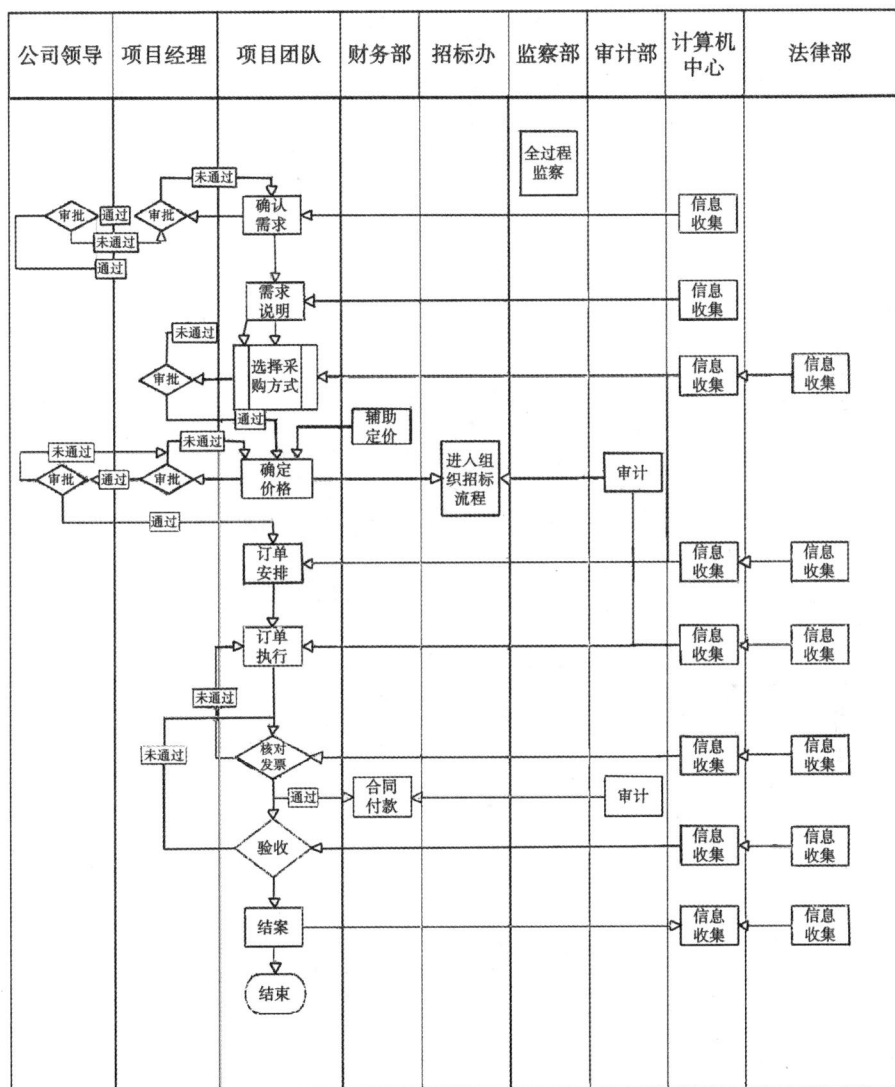

图2-23 某复杂建设工程项目采购管理流程

资料来源:笔者自绘。

复杂项目合同管理流程如图2-24所示。

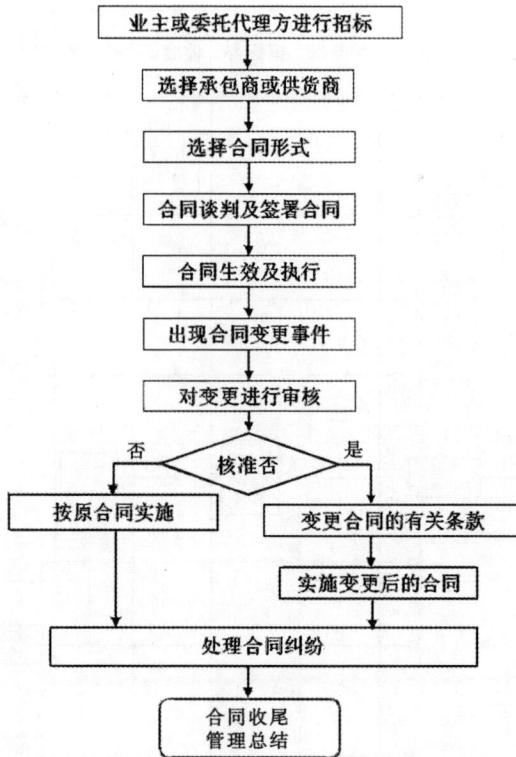

图2-24 复杂项目合同管理参考流程

资料来源:笔者自绘。

第十二节 复杂项目风险管理

一、基本概念

复杂项目风险管理包括规划风险管理、识别风险、分析与评价风险、规划风险应对、实施风险应对和风险监控的各个过程。复杂项目在风险管理过程中,项目应明确风险管理要求,进行风险管理规划,在风险识别、风险分析、风险评价基础上,制订风险应对预案,应对风险,并有效地监督、控制,以提高项目成功率。

二、主要内容

复杂项目风险管理的内容包括：风险管理规划、风险识别、风险分析、风险评估、制定风险管理预案、风险应对、风险监控。

复杂项目风险管理过程应与复杂项目管理过程全面融合，覆盖项目全寿命周期过程。对于复杂项目，存在于组织中，可能是项目集群或项目组合的一部分，在项目、项目集、项目组合和组织层面上，都存在风险。应根据风险状况，在适当的层面上承担和管理风险，各层面根据项目工作进展、实施任务的能力、资源可用度等统筹谋划，运用整合式、协调式、适应型风险管理模式和方法，确保所有层面风险管理工作的一致性和连贯性，以提高风险管控效率和效果，创造最大整体价值。

规划风险管理是定义如何实施项目风险管理活动的过程。此过程依据项目章程、项目管理计划、项目文件、事业环境因素、组织过程资产等，采用专家判断、数据分析、相关方分析、会议等技术、方法和工具，给出风险管理计划。

识别风险是识别单个项目风险以及整体项目风险的来源，并记录风险特征的过程。此过程依据项目管理计划、项目文件、范围基准、进度基准、成本基准、问题日志、经验教训登记册、资源需求、采购文档、事业环境因素、组织过程资产、相关方登记册等，采用专家判断、数据收集、数据分析、人际关系与团队技能、提示清单、会议等技术、方法和工具，给出风险登记册、风险报告、项目文件更新。

风险分析是对识别出的风险进行定性分析、量化分析。此过程依据项目管理计划、风险管理计划、范围基准、进度基准、成本基准、项目文件、资源需求、风险登记册、风险报告、相关方登记册、事业环境因素、组织过程资产，采用专家判断、数据收集、数据分析、人际关系与团队技能、风险分类、数据表现、会议、不确定性表现方式等，给出风险登记册、项目文件更新、风险报告。

规划风险应对是为了应对整体项目风险、单个项目风险，而制订应对方案、选择应对策略并商定应对行动的过程。此过程依据项目管理计划、事业环境因素、组织过程资产、资源管理计划、风险管理计划、风险登记册、风险报告、相关方登记册等，采用专家判断、数据收集、人际关系与团队技能、威胁应对策略、机会应对策略、应急应对策略、数据分析、决策等技术、方法和工具，制订风险应对方案，实施整体变更控制，更新项目管理计划，给出变更请求、项目管理计划更新、项目文件更新、风险报告。

实施风险应对是执行风险应对方案和计划的过程。此过程依据风险管理计划、经验教训登记册、风险登记册、风险报告、组织过程资产,采用专家判断、人际关系与团队技能、项目管理信息系统等技术、方法和工具,综合采用上报、规避、开拓、转移、分享、减轻、提高、接受等策略,实施整体变更控制,更新项目文件,做好整体式风险管理,给出变更请求、项目文件更新、风险报告。

监督风险是在整个项目生命周期内,监督风险应对计划的实施,跟踪已识别的风险,识别和分析新风险,以及评估风险管理有效性的过程。此过程依据项目管理计划、风险管理计划、项目文件、经验教训登记册、风险登记册、风险报告、工作绩效数据、工作绩效报告,采用数据分析、审计、会议等技术、工具,监控项目工作,实施整体变更控制、更新项目管理计划和项目文件,给出工作绩效信息、变更请求、项目管理计划更新、项目文件更新、组织过程资产更新、风险报告。

三、管理流程

复杂项目风险管理流程如图 2-25 所示。

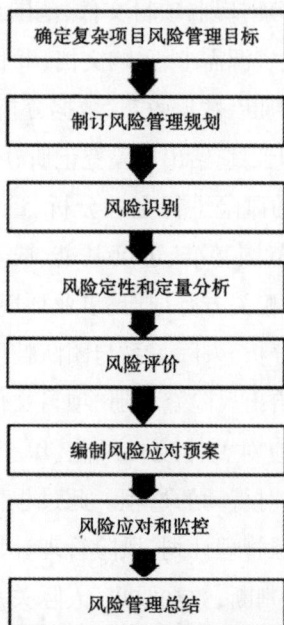

图 2-25　复杂项目风险管理流程

资料来源:笔者自绘。

四、复杂项目风险管理原则

复杂项目风险管理不是局限于风险管理本身的独立活动,它是复杂项目管理的一部分。在复杂项目管理中,风险管理应该与项目过程紧密相连。复杂项目经理需要具备超群的业务技巧,以评估和管理项目各种风险。

复杂项目计划的准备往往需要基于历史经验,风险管理则需要人们面向未来,预测将来哪里会出问题,并开发应急策略、制订风险应对措施,以减轻风险对项目目标及客户价值的不利影响。

风险管理是复杂项目管理和领导力的重要部分,涉及与项目相关的所有活动,包括项目的内/外部环境及人文因素的影响、与利益相关方的交流和沟通等。复杂项目管理具有涉及学科领域多、技术难度大、创新点多、周期长、投资强度大、政治影响广、实施过程面临不确定因素多等特点。因此,对复杂项目进行全生命周期的风险管理提出了更高的要求。

复杂项目风险管理的基本原则、基本框架及基本流程间的关联关系如图2-26所示。项目团队可根据项目自身特点和实施情景对其进行调整和改进。

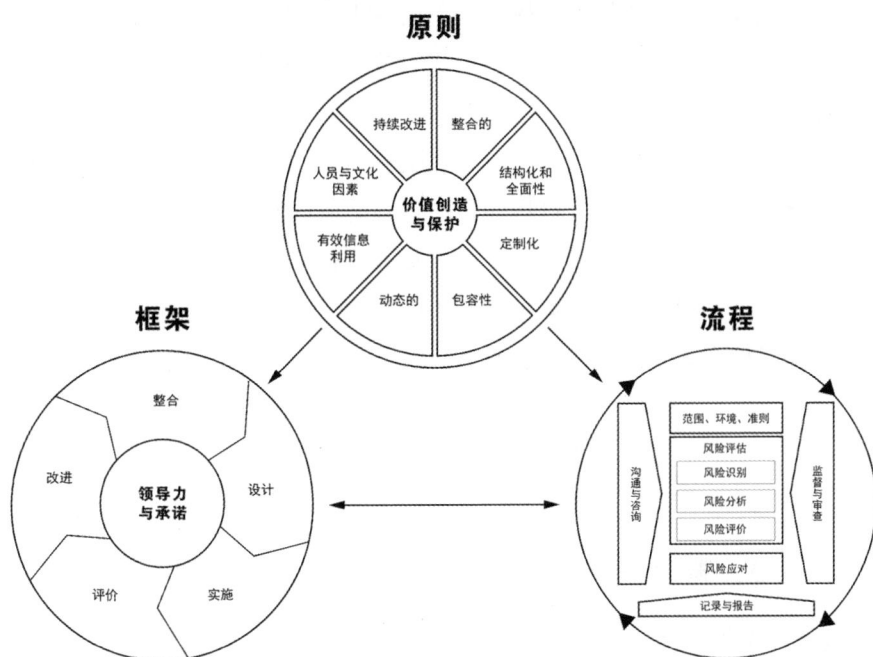

图2-26　复杂项目风险管理原则、框架、流程之间的关系

复杂项目风险管理应遵循以下原则：

一是系统性原则。复杂项目风险管理是所有项目活动的组成部分。

二是结构化和综合性原则。风险管理的结构化和综合性方法有助于获得一致的和可比较的结果。

三是定制化原则。复杂项目风险管理框架和流程应根据用户需求、项目目标、组织发展战略及其与项目目标相关的内/外部环境来制定。

四是包容性原则。复杂项目风险管理应融入利益相关方的知识、观点和看法，考虑利益相关方的适度和适时参与。

五是动态性原则。复杂项目风险管理应随着项目内/外部环境的变化，以适当的方式动态地进行风险识别、风险分析/预测、风险监控及风险应对措施有效性评价，旨在预防为主和主动防控。

六是信息可用性原则。与项目相关的历史信息、当前信息以及人们对未来的预测分析信息，是复杂项目风险管理的重要输入。因此，应关注其信息的局限性和不确定性，加强信息管理，保证信息的可用性，并使其能够及时地提供给相关的利益相关方。

七是关注人文因素影响原则。人的行为及与项目相关的项目团队内/外部文化直接影响着复杂项目系统各层级目标和项目实施各阶段目标的实现，应关注其风险管控。

八是持续改进原则。通过学习和经验积累，不断提高风险管理水平。

构建复杂项目风险管理框架的目的是协助项目组织将风险管理纳入重要的项目活动和管理范畴。复杂项目风险管理的有效性取决于是否将其纳入组织级项目治理和项目系统决策中。复杂项目风险管理需要得到项目利益相关方以及项目所在组织最高管理层的支持。

第十三节　复杂项目资产管理

一、基本概念

（一）资产

资产是指由组织（企业、机构、事业单位、项目、群体、团队、个人等）拥有或控制的,预期会给组织带来效益的资源。

资产按其流动性(资产的周转、变现能力)可以分为流动资产和非流动资产。

资产按其有形与无形可以分为有形资产与无形资产。有形资产是指具有一定实物形态的资产,狭义的有形资产通常是指企业的固定资产和流动资金。广义的有形资产则包括企业的资金、资源、产品、设备、装置、厂房、人力、信息等一切生产要素在内。无形资产包括金融资产、长期股权投资、专利权、商标权等,它们没有物质实体,而是表现为某种法定权利或技术。

由于复杂项目的特点,其资产也有其独特性,包括复杂项目过程资产、复杂项目理论、模式、知识、技术、方法、工具、平台和复杂项目交付成果等。

由于复杂项目一般会对国家及社会发展意义重大、影响深远,而且大部分复杂项目甚至只能成功不能失败。特别是由于其不确定性的本质,给复杂项目管理带来全方位的挑战。因而,复杂项目资产十分珍贵,需要管理、传承、发展、更新、升值。

（二）复杂项目资产

复杂项目资产是指在复杂项目实施过程中,项目过程交付成果以及持续延伸产生的有形资产和无形资产的总和。

（三）复杂项目资产管理

复杂项目资产管理是在复杂项目全生命周期内对复杂项目有形资产的形成、使用、管理,无形资产的挖掘、创造、运用、保护、管理、传承、发展的所有过程。

二、主要内容

（一）管理复杂项目交付成果

复杂项目不是各参与方(相关方、干系人)各种资源和能力简单的线性叠加,而是各种生产要素之间相互作用,形成有独特价值的项目交付物和服务的过程。由于项目组织各干系人之间的非线性作用,其最终的项目交付物和项目过程中提供的服务价值要远远大于项目系统输入要素的价值之和,因而复杂项目的交付物也就具备与"一般项目"不同的特质,它的成功产出和管理,也就不同于通常的项目。复杂项目中充斥着各种非线性相互作用,造成系统的"混沌"状态,这与项目众多干系人的多样性、差异性、相关性、局限性有关。

因此就必须通过建立系统的"有序"集成(规范、成熟的技术和管理),解决系统的"混沌"(复杂性难题)。而"有序"集成之所以能解决"混沌",是因为这种集成形成了在技术和管理能力上新的协同创新。

认识复杂项目的资产,必须从提高认识复杂项目的系统思维方式、方法和技术工具上有所创新,包括将复杂性科学理论与项目管理理论相结合,强调对原有的项目管理体系的突破与创新。特别值得关注的是,随着复杂项目的不确定性增加,项目遇到的决策点愈来愈多、越来越难。诸如准确的计划变得越来越困难;重大决策的周期越来越长、耗费的资源越来越多、决策失误的可能性增加;有效地组织与协调项目团队变得日益困难;对项目过程中的监督与控制的成本愈来愈高、且可能事倍功半。因此,确保复杂项目成功交付成果,离不开所有干系人参与的、技术和管理能力上的系统协同创新,并以此支撑项目决策体系的正确运转。认真总结复杂项目管理相对通用项目管理体系的突破与创新,支持成功交付成果的"系统协同创新"能力,以及系统决策能力,是复杂项目资产管理中不可或缺的重要组成部分。

(二)管理复杂项目过程资产

项目过程资产是项目所遵循、特有并使用的计划、过程、政策、程序和知识库,是组织过程资产的重要来源,组织过程资产是许多项目管理过程的输入,影响项目的管理,项目团队及其成员可对组织过程资产进行必要的更新和增补。

项目过程资产可分为:(1)项目过程、政策和程序,项目需遵循项目组织与过程、政策和程序相关的组织政策,并应根据项目需求裁剪这些组织过程资产;(2)项目知识库,需结合项目过程信息不断更新。

复杂项目知识管理具有复杂性、系统性和跨学科性,复杂项目知识管理一般是项目所在组织知识管理的组成部分,在复杂项目管理中设计和实施知识管理的过程应重点考虑:(1)规划项目知识管理策略;(2)确定项目知识管理核心任务;(3)制订项目知识管理实施方案;(4)动态监控项目知识管理实施过程。

复杂项目知识管理的核心要素包括组织、人和技术,通过知识管理使从事复杂项目的人、管理的过程以及相关的技术完美结合起来,为项目组织带来价值、优势。

复杂项目除具有显现层面"显现"复杂性外,由于复杂项目要素之间的相互影响、相互关联以及项目与环境之间的相互作用导致的系统复杂性,复杂项目还存在系统层面的"隐现"复杂性。在复杂项目知识管理中,尤其需要关注这类"隐现"复杂性知识,通常无法预见它们的出现,但项目团队可以通过持续监控整个项目以及各组成部分,识别整个项目中的复杂性元素,以寻找复杂性的迹象。项目团队运用系统思维、复杂性适应系统、过去复杂项目的经验知识、实验以及与系统交互相关的持续学习,使项目团队在遭遇复杂性时提高了驾驭复杂性的能力;对复杂性的迹象保持警惕使项目团队能够及时调整方法和计划,以应对复杂性带来的影响;项目团队不仅需要探索合理的复杂项目管理模式、利益协调机制和科学的群体决策机制,还需要与干系人树立共同的项目愿景,在相互信任的基础上形成共同遵循的价值观和行为准则,通过文化协同的隐性协调机制来为复杂项目的成功创造有利条件。团队创造的这些知识对于组织的运营和未来的项目十分有价值。

复杂项目知识资产管理最重要的一个方面,就是基于理论与实践相结合产生一些可能具有知识产权的技术、方法、专利、专有技术、模式、模型、手册等和对其的保护与应用。

复杂项目是非线性系统,细小的变化可能会扩大成不可预知甚至不可控的结果。在对复杂项目的研究和实践中,应该保持对项目整体的掌握而不能简单地进行部分累加。

复杂项目管理的不确定性包括对复杂项目管理问题的发现和项目知识的更新;对复杂项目管理问题的分析和解决方案选择的复杂性;复杂项目管理方案实施和协调控制的复杂性。由于复杂项目内部要素及外部影响因素的高度相互关联性和不确定性,如项目外部市场环境、政治经济法律环境、社会文化环境、行业环境、技术进步等变化波动给项目带来的影响;项目组织内部技术、管理模式以及组织治理结构的变化、干系人的变化(新加入或退出)、新的发明创新、或者意外事件的发生,等等,都有可能对项目造成重大影响和不利后果。这些变化具有随机性,有可能推动项目顺利实施,提高项目适应环境的能力,促使项目绩效提高;也可能导致项目的状态、进度和成本偏离预期,使项目团队的付出与取得的项目进展不成比例、项目进展无法预测、甚至造成严重的负面后果。因而在整个复杂项目管理过程中,可以从复杂性科学的整体性原理出发,分析总结复杂项目过程的变化规律,不断改善项目绩效,并在项目实践中继续发现新问题,提升新认识,进一步调整项目管理行为。

驾驭复杂项目的不确定性,关键在于项目过程中,管理主体与管理客体(干系人)不断交流、总结集成,更新相关知识、技术、经验和智慧,整合内外部资源,发挥协同效应,不断提升管理的整体能力,形成组织应对复杂项目不确定性的系统、完整的过程资产。

复杂项目的资产管理,应当关注系统复杂性研究的发展,及时了解和积累相关知识。系统复杂性研究涉及非线性、动态性、随机性等多个方面,围绕这些关键特征,深入研究其形成机理和演化规律,是应对复杂项目的有效途径。对复杂项目的管理不能简单地沿用一般项目管理的知识方法体系,需要深入探究复杂项目系统的动力学和诸多项目要素相互作用的结构特征,将现有的主流研究技术,如博弈论、集体行为学、网络理论、进化适应理论、系统论、非线性动力学、自组织理论、涌现理论等应用到具体复杂项目的管理问题上,可能会遇到更多技术层面的挑战,这就进一步需要基于社会物理学、进化生物学、行为经济学、社会心理学、计算社会学等新兴交叉学科发展出新的方法和模型,从研究方法、手段和工具的角度不断创新。

三、管理流程

复杂项目资产管理流程如图 2-27 所示。

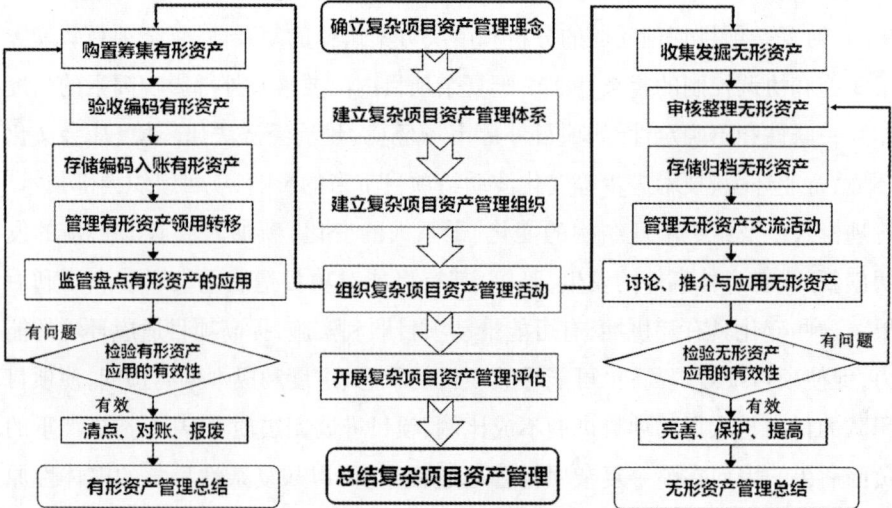

图 2-27　复杂项目资产管理流程

资料来源:笔者整理。

第十四节　复杂项目文化管理

一、基本概念

项目文化是项目团队及其成员在项目实施过程中普遍自觉的观念和行为方式状态。项目文化包括项目的价值观、道德规范、管理思想、管理方式、群体意识和行为规范。

复杂项目文化是存在于复杂项目、项目团队及其成员中的项目的理念、价值观、意识、态度、知识、能力、习俗和行为方式状态等的总和。

复杂项目文化管理是包括对复杂项目文化的认知度、复杂项目团队及其成员行为规范化、复杂项目执行力等管理的所有过程。

二、主要内容

（一）复杂项目文化认知度

复杂项目文化认知度主要是对复杂项目文化的认知、认同与信奉程度,体现在复杂项目文化的先进性、复杂项目文化的协同性、复杂项目文化的认同性、复杂项目文化的信奉度。

（二）复杂项目文化规范化

复杂项目文化规范化主要是指复杂项目团队行为的规范性、一贯性与趋同性,体现在复杂项目团队行为规范性、复杂项目团队行为正确性、复杂项目团队行为持续性。

（三）复杂项目执行力

复杂项目执行力主要是复杂项目团队及其成员执行效率与结果,体现在复杂项目领导作用发挥充分性、复杂项目团队实施自觉性、复杂项目团队协同性。

复杂项目文化建设结果表征体现在项目文化共享度,与组织文化和项目文化的协同性,项目绩效的显著性。

复杂项目管理不仅是单纯的管理问题,还与组织文化、项目文化等休戚相关,如果不考虑文化适应性,只是一味做项目管理,必然导致项目管理走样或不成功。

传统的、近代的项目管理始于 20 世纪 40 年代,当时人们主要把项目管理作为一种计划与控制技术,从 20 世纪 80 年代进入了现代项目管理时期,人们重视项目管理的文化及其建设。任何组织、任何项目要有效运用项目管理技术、实施项目管理,必须建立相适宜的项目文化或项目管理文化,对复杂项目尤为必要。

任何技术,包括管理技术,是作为某个群体的人们的某种价值观或某些价值观与信念的体现,人们通过各种外在的管理技术来表达或实现自己相应的价值观与信念。比如,项目管理技术是因为人们想要解决传统管理把组织按条块分割的问题而发展起来的,其中的网络图技术则是因为人们想要在尽可能短的时间内完成既定的、相互关联的一系列活动。先进管理技术的跨文化转移,必须考虑技术的文化层次问题及其相应价值观与信念的支持,或对技术进行适应性修正,或同时调整理念和技术使之相互适应,这才能发挥应有的作用。

复杂项目管理作为一个学科,包括复杂项目管理技术和复杂项目管理文化,需协调发展。复杂项目管理不仅是一系列的理论、技术、方法和工具,而且是一种管理哲学,是一系列的工作价值观与信念,以及一系列的态度与行为模式的集合,某种程度上复杂项目管理行为方面要超过技术方面。任何组织要有效运用复杂项目管理模式、技术和方法,必须在员工中培育支持复杂项目管理的一系列工作价值观和工作信念,否则不能使得项目成功或很难成功。

在复杂项目文化建设过程中,项目成员应努力做到:第一是如何保持自我,通过自身的技能、经验和方法获得价值;第二是对于项目目标的实现、沟通交流、工作的不同期望值如何适应;第三是如何同舟共济,在组织价值观和优先级上保持协同一致。努力在"我的方式""您的方式"和"我们的方式"之中折中、寻求平衡。

具体做法可以是:一是构建(Frame),提出我们自己的良好方法,确保其他干系人了解我们方法的价值,满足他人了解我们的需要,这实际上是尊重的先决条件;二是适应(Adapt),与其他人的做事方法"合拍",满足双方惺惺相惜的需要,这是感同身受的先决条件;三是调和(Reconcile),整合团队双赢的工作方式,例如,采用团队基本规则、团队规范及成熟的项目管理实践(如沟通规划和角色定义)等,逐步满足团队的需求,确保共同寻找整合多样化文化的解决方案,这是创新的先决条件。

复杂项目文化建设中,要高度关注项目团队个体文化与项目群体文化、项目文化与项目所在组织文化以及项目个体文化、项目文化、项目组织文化的统一、同质、协同和融合;加强对项目团队的教育、培训、培养,使项目文化根植于项目团队心中;加强项目正确行为的规范化、习惯化、一贯化;加强项目团队实施、履约的自觉性、协同性;加强项目文化、时代先进文化的继承、创新、共享。实现卓越的、出色的、高质量的、成功的项目管理,项目文化及其组织文化至关重要。复杂项目的成功不止是在规定的时间、费用和性能等条件下完成预定目标,还要组织实现绩效、项目完成目标、项目团队及其成员个人得到成长,同时项目利益相关方满意,不改变组织文化、没有干扰组织的文化或者价值观、不影响组织主要工作流程,没有干涉组织的日常工作进程,或者不影响组织其他工作的进行。

复杂项目文化建设要体现系统性、独特性、复杂性、包容性,充分发挥其导向、凝聚、约束、激励和辐射功能,要强化项目领导表率示范和组织领导引领保证作用,以人为本尊重项目成员发挥团队积极性,提升项目团队整体素养和能力,项目全过程应强调风险分析、识别、防范和应对,坚持零缺陷标准,坚持夯实基础源头控制,坚持一次成功理念,坚持文化自信,坚持项目文化创新,深化推进复杂项目管理创新,与时俱进,建成复杂项目特色文化。

三、管理流程

复杂项目文化管理参考流程如图 2-28 所示。

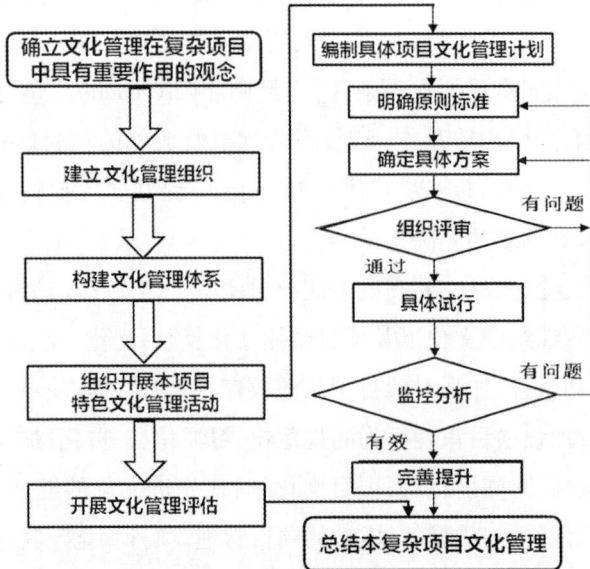

图2-28　复杂项目文化管理参考流程

资料来源:笔者自创。

复杂项目需要多样性管理,多样性是创新和增长的动力,多样性对项目团队的成功至关重要,它有助于提高团队成员的动机水平、创造力和解决问题的能力。良好的、有效的管理会使跨文化多样性项目团队的绩效超过同质化项目团队。承认并欣赏团队多样性的领导力会使多样性团队比同质化团队更易产生创造性的想法。以价值为导向的企业治理,多样性管理能够带来明显的优势和可衡量的成功,多样性管理成功的关键在于包容性,其先决条件是开放的文化、尊重和欣赏个人差异的开放态度,以及所有成员的积极融入,但是项目领导者必须培养相关实践技能,需要与不同的人合作,成功建立包容性文化的关键是组织、团队、个人都克服无意识的偏见,需要通过战略、结构、流程、职能、培训、绩效测量等构建自上而下的、整体的、多样性实施模型。多样性并不能提高组织的效率,关键是利用好多样性,多样性有助于处理复杂性。创造包容多样性的文化、架构、规则、职能和机制等,在组织各个层面整合多样性,以确保团队成员摒弃个人偏见,并质疑自己的假设,挑战陈旧的、惯性的思维方式。

第三章　复杂项目评价

第一节　复杂项目评价模型

项目评价是指评价方(评价主体)依据相关标准、模型、流程,运用科学原理和方法,通过对评估对象的项目管理过程和结果(项目及其管理的)进行测量、评定,进而作出评价和综合估判,确定其能力/水平、成熟度、绩效等的行为和过程。

复杂项目评价是对复杂项目及其管理的能力/水平、成熟度、绩效等的评价,或对复杂项目某种期待能力的成熟度、水平高低的评价,复杂项目评价包括复杂项目管理评价、复杂项目结果评价、复杂项目综合评价,主要基于复杂项目实证研究与规范研究、复杂项目管理实践与创新发展、项目学科理论的发展及其应用实践绩效构建评价模型。

国内外关于成熟度模型的研究有数十种,主要有能力成熟度模型、软件能力成熟度模型、项目管理成熟度模型、组织能力成熟度模型、知识管理成熟度模型、风险管理成熟度模型等。成熟度模型具有度量与评价、改进与提升(引导)的功能,反映了被评价对象在实施过程中提升战略、完善充实、精准执行、实现目标、获取成功的能力,多以被评价对象的能力要素、评估能力的方法和提升能力的顺序等为架构和准则构建模型,成熟程度一般可分为3—5个递阶等级。

一、复杂项目评价架构

(一)评价主体

复杂项目评价主体主要包括:项目主管部门(机构)、项目用户(顾客)、项目实施主体的上级组织(如行政上级、行业上级等)、项目实施主体、项目相关方等。

（二）评价客体

按照不同的标准,项目评价客体可划分为不同的类型。按照项目类属及其相关度划分,评价客体分为项目、项目集和项目组合。项目是为创造独特的产品、服务或成果而进行的临时性工作,项目是指在特定要求和约束下为了实现既定的可交付成果而开展的独特性、临时性、多学科、有组织的任务。项目集群是一组相互关联且被协调管理的项目、子项目集和项目集活动,以便获得分别管理所无法获得的效益,项目集群是为实现某一特定战略目标的一组有内在联系且在管理上具有相似性的项目的集合,通过一个临时性组织的协调管理以实施集成控制和实现项目集群的整体效益。项目组合是为实现战略目标而组合在一起进行管理的项目、项目集、子项目组合和运营工作的集合,为了优化利用组织资源、降低运行风险、实现组织战略目标而集合在一起的一组不一定有内在联系的项目和/或项目集群,还可以包括相关的运作。复杂项目都具有一般项目的特征和属性,一般都是大型项目[项目书籍及项目理论上称为大型计划(Programme)],包括重大(重点)项目、重大工程、科技专项(工程)、重大任务、大型社会公众活动等,一般由若干个子项目组成,项目彼此之间具有相关性、依赖性、协同性,具有共同的目标,可以称作项目集群。

按照管理对象类型划分,项目评价客体分为不同类属的行业项目,比如航天项目、航空项目、船舶项目、IT 项目、电子项目、制造项目、教育项目、文化项目、体育项目、基础研究项目、应用研究项目、开发项目等。

按照项目顾客类型划分,项目评价客体分为政府项目、公众项目等。

（三）评价时间

依据项目生命周期阶段,项目评价时间可在项目启动阶段、规划阶段、实施阶段、结束阶段结束时进行项目评价,也可在项目管理过程组的启动过程、规划过程、执行过程、监控过程、收尾过程的每一个过程组结束时进行项目评价;复杂项目可选在项目立项论证阶段、方案阶段、研发阶段、鉴定定型阶段等结束时进行项目评价。依据项目管理过程和项目实施总的进程,项目评价时间可在项目立项前、实施中、结束后三个节点实施,也称为项目前评价、中评价、后评价。根据项目管理需求,可在项目实施的任意时间点进行评价,一般选在重大里程碑节点或出现重大问题、发生重大事件时点进行评价;结合中国实际,也可在每一年度结束时进行项目评价。

项目后评价(Post Project Evaluation)是指在项目已经完成并运行一段时间后,对项目的目的、执行过程、效益、作用和影响进行系统、客观的分析和总结的一种技术经济活动。项目后评价于19世纪30年代产生于美国,直到20世纪60年代,才广泛地被许多国家和世界银行、亚洲银行等双边或多边援助组织用于世界范围的资助活动结果评价中。国家发展和改革委员会、原国防科学技术工业委员会和国务院国资委都制定颁发过相关的后评价要求和实施方案。

(四)评价内容

项目依据规章、规范和基准,实施项目评价,评价的主要依据是:项目章程和项目规章制度、项目合同、项目范围说明书、项目工作分解、项目可交付成果、项目范围基准、项目进度基准、项目费用基准、项目绩效测量基准、项目管理计划等。

项目评价有多种分类方法,按项目管理对象分类,可对项目管理的任一管理领域进行评价,考虑复杂项目的特征、特色,可加上技术管理、文化管理等内容;按项目关注结果分类,分为项目范围评价(范围符合度)、技术结果(技术符合度)、质量结果(质量符合度)、时间结果(时间符合度)、费用结果(费用符合度)、项目相关方满意度等,考虑项目特点,可加上项目人才成长评价、项目价值创造、项目文化表征等内容;按项目成功、失败分类,可对项目成功与否进行评价。

在项目实施的不同阶段和不同实施时间,项目评价的内容各有侧重,项目前评价主要是评价项目的可行性,为立项决策提供依据;项目中评价,主要是在项目立项以后,对项目实施全过程进行评估,主要评价项目阶段目标实现情况、项目范围完成情况、项目管理实施情况、项目阶段结果符合性等,发现偏离,指出问题,实施风险预警,对问题进行诊断,提出控制措施,促进项目目标的最终实现和项目成功;项目后评价,主要是项目结束以后,对项目管理、项目结果、项目成功与否实施评价。

完备的项目评价包含项目管理评价、项目结果评价、项目综合评价和项目成功与否评价。根据评价主体需求,对不同的评价客体、不同的项目,选择相应的评价内容进行评价,项目结束时,应有要素齐全、完备的项目评价。

二、复杂项目评价指标体系

本书以复杂项目实施主体单位为评价主体,以开发类复杂项目为评价客体,项目评价时间一般在项目论证阶段、方案阶段、研发阶段、鉴定阶段、定型阶段等结束时或阶段内任一时间节点,适用于项目中评估和项目后评估。目前,在项目实施主体单位中,一般会有多个项目,它们会有共同或相似的资源需求及其他共性特征,往往会被项目实施单位组合到一起进行管理,可以称作"项目组合(Portofolio)"管理,项目组合是由若干项目、项目集群和/或大型计划、子项目组合、日常运作等组成,本书暂不论述项目单位对项目组合和组织级项目等的评价。其实,组织级项目、项目组合中对单一项目的评价规则是一样的,对项目组合及组织级项目的评价需加上项目资源配置与优化、项目共性特征考量、组织战略目标与项目目标协调、项目优先级权衡、组织与项目文化融合等规则约束。

(一)总体思路

以系统、科学、全面评价复杂项目为目标,以适宜、充分、有效构建复杂项目评价指标为宗旨,基于项目管理、评价等理论、原理和方法,循证、借鉴国内外项目评价模型及相关评价模型,充分考虑复杂项目特点、特色和需求,构建复杂项目评价指标体系。

以复杂项目评价为总目标,把实现项目目标的项目过程管理、表征项目管理绩效的项目结果作为主要支撑,递阶分解项目管理过程范围、管理结果。

本评价项目过程管理在考虑规范的项目管理领域的基础上,增加了复杂项目技术管理、复杂项目文化管理范围;本评价结果表征除了项目范围、技术、质量、进度、费用等重要结果特征外,增加了项目人才成长、项目相关方满意度、价值创造、文化表征等要素。过程管理分解到四级,结果表征分解到三级,把管理范围和结果范围分解到了较低、好管控的可阐释单元。

如图3-1所示,项目评价,设置了1个项目评价总目标,2个一级评价指标,14个二级项目管理过程指标、9个二级项目管理结果指标,64个三级项目管理过程指标、26个三级项目管理结果,若干个四级项目管理过程指标。

项目评价指标体系构建及其指标的选择,采取文献研究、专家调研、问卷调查、实践追溯、逻辑演绎等实证研究、规范研究方法。专家选择为具有丰富

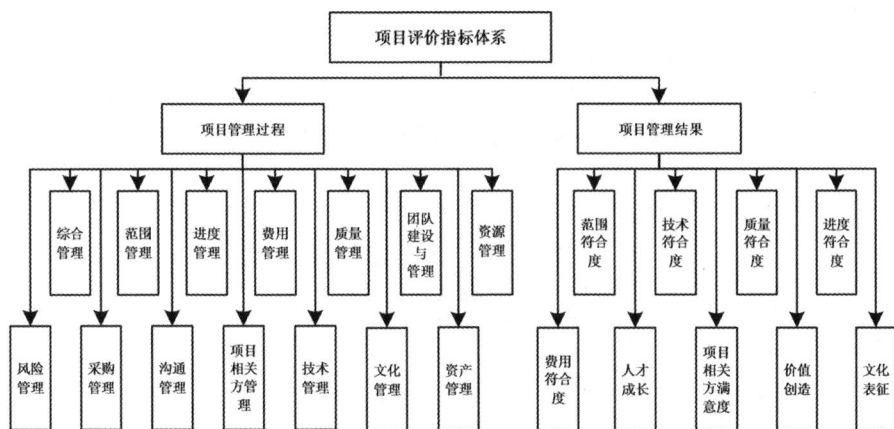

图3-1　复杂项目评价指标体系

资料来源:笔者整理。

项目管理理论水平、项目管理履历方面的人员,来自学术界、政府、项目实施单位、项目顾客/用户、项目相关方等。

需要说明的是,本书所阐述的项目评价理念、理论、方法,汲取了国内、国外先进项目管理、项目评价理论和实践的成果,继承了项目管理实践和项目系统工程实践的成果与经验,但不是现有项目实践的简单总结、方法应用和经验归纳。本书扬弃了项目管理、项目评价在充分性、适宜性、时效性等方面的问题,弥补了项目管理、项目评价与先进项目管理、项目评价在理论、方法上的不足和差距,是在国内外项目管理、项目评价等基础上的提升和创新。

（二）构建原则

(1)评价体系构建遵循系统性、规范性、科学性、先进性、前瞻性、可用性。

(2)评价指标层级、数量设置遵循"精炼、要素同一、内涵唯一"原则,每层评价指标要相对独立,相互耦合性、关联度低;三级及以下层级指标原则上每层级4—7个要素,最多不超过10个。

(3)评价指标以定量为主、定性为辅,力求规范、准确、客观。

(4)评价指标设置注重可操作性。指标设置要考虑数据收集的可行性和便捷性。各评价指标获取能将责任落实到单位、部门、岗位;各评价指标设置对做与不做(数量)、做得是否符合要求(质量)、做得是否及时(时效性)都要有评价。

（三）评价指标

复杂项目评价指标如表 3-1 所示。

表 3-1　复杂项目评价指标

一级指标	二级指标	三级指标
项目管理过程维度	综合管理	制定项目综合管理规章制度
		编制项目范围说明
		制订项目管理计划
		项目产品实现策划 策划结果：策划方案、子管理制度、子管理计划
		项目实施监控 项目范围核实、项目偏离监控（报告、纠偏）
		项目收尾
		安全管理
		保密管理
	范围管理	范围管理策划
		需求管理
		定义范围
		创建工作分解结构（WBS）
		范围核实
		范围变更控制
	进度管理	进度管理策划
		制订进度计划 （研制总计划、阶段计划、年度计划、专项计划）
		估算活动资源
		进度控制
	费用管理	费用管理策划
		估算费用
		制定预算
		控制费用
	质量管理	质量策划
		质量保证
		质量控制
		质量改进
	团队建设与管理	人力资源策划
		队伍组建
		队伍建设
		队伍管理

续表

一级指标	二级指标	三级指标
项目管理过程维度	风险管理	风险管理策划
		风险识别
		风险分析
		风险评价
		风险应对规划
		风险应对
		风险监控
	采购管理	采购策划
		供方管理
		外购管理
		外协管理
		外包(外购、外协)合同管理
	沟通管理	沟通管理策划
		项目信息发布
		项目绩效报告
	项目相关方管理	识别项目相关方
		规划项目相关方参与
		管理项目相关方参与
		监督项目相关方参与
	资源管理	规划资源管理
		估算活动资源
		获取资源
		控制资源
	资产管理	规划资产管理
		管理可交付成果
		管理过程资产
		监控资产
	技术管理	技术管理策划
		技术分解
		技术状态管理
		技术成熟度管理
	文化管理	项目文化认知度
		项目行为规范化
		项目执行力

一级指标	二级指标	三级指标
项目管理结果维度	范围符合度	项目范围完成度
		已完成范围合格度
		已完成范围及时度
	技术符合度	技术指标符合度
		技术成熟度符合度
	质量符合度	通用质量特性符合度
		重大关键过程一次符合率
		真实环境验证成功率
		质量问题比率
		质量成本比率
	进度符合度	进度符合率
	费用符合度	经费符合率
		目标成本符合度
	人才成长	项目团队成员能力
		高层次人才占比
		人才晋升比例
	项目相关方满意度	外部相关方满意度
		内部相关方满意度
	价值创造	核心技术拥有量
		发明专利产出量
		填补空白量
		成果创造质量和数量
		效益
	文化表征	项目文化共享度
		推进项目绩效实现的显著性
		与组织文化的协同性

资料来源:符志民:《航天项目评价》,中国宇航出版社 2020 年版,第 53 页。

第二节　复杂项目管理评价

复杂项目管理评价是对复杂项目管理的能力/水平、成熟度、绩效的评价,包含复杂项目管理整体评价、复杂项目要素管理评价。

一、项目管理整体评价

复杂项目管理整体评价是对复杂项目管理总的能力/水平、成熟度、绩效的评价。

复杂型号项目评价坚持系统性、完整性、规范性、科学性、价值性、先进性、前瞻性、适用性、可用性原则。本书基于重视度、责任明确、制度建立、过程管理、管理信息系统平台建设、机制建设等要素的适宜性、充分性、有效性，将复杂项目被评价对象等级划分为初始级、规范级、可度量（精确管理）级和优化级四个等级。

第一，初始级：项目随意、无序、管理混乱。项目组织和项目团队不重视；项目管理责任不明确，依赖于管理者个人责任心和努力程度；项目无完整的管理制度；项目管理不系统、不全面；无项目管理信息系统；无项目机制，或者项目机制建设不全面。

第二，规范级：项目规范、有序，管理制度化，处于合格水平。项目组织和项目团队重视；项目管理责任明确，但不一定落实；项目有完整的管理制度，但不一定科学、先进；项目管理过程系统、全面；有项目管理信息系统，但不完整，也可能不闭合，有些项目管理子信息系统是孤立的，与组织管理信息系统不完全相融；有项目机制。

第三，可度量（精确管理）级：项目精细、量化，管控有效。项目组织和项目团队高度重视；项目管理责任落实；项目管理制度正确（适宜、充分）；项目过程管理精细、可量化；项目有管理信息系统，与组织管理信息系统相互衔接、互补；项目机制健全、有效。

第四，优化级：项目自我优化、追求卓越、持续创新、不断提升。项目组织和项目团队十分重视；项目责任落细、落地；项目管理制度依环境、条件等变化及项目不确定性不断完善、优化；项目管理有效、标杆化，不断向优秀水平接近，持续追求卓越；项目管理信息系统与组织管理信息系统充分融合，互相支撑；项目机制健全、日趋完善。

二、复杂项目要素管理评价

复杂项目要素管理评价是按照复杂项目管理知识领域、复杂项目管理构成,对复杂项目各要素管理进行的能力/水平、成熟度、绩效的评价。

（一）综合管理

初始级:项目没有全面、系统的研发综合管理规章制度。没有编制项目初步范围说明书,或者编制不全面、不系统。没有全面、系统的项目研发产品实现策划及项目子策划。未制订系统的项目管理计划,子管理计划不全面。没有全面地、系统地实施项目监控。没有全面、系统开展项目收尾。项目安全管理、保密管理不系统。

规范级:项目研发综合管理制度完整。项目初步范围说明书内容全面、完整。项目管理计划完整,子管理计划全面。项目全寿命周期产品实现策划完整、系统。项目实施监控全面、完整。项目收尾全面、系统。项目安全管控完整。项目保密管控完整。

可度量级:项目研发综合管理制度充分,对研发过程有明确要求和量化指标。项目初步范围说明书充分、内容系统。项目项目管理计划、子管理计划完整。项目全寿命周期产品实现策划充分、具体、翔实、可操作性强。项目实施监控充分。项目收尾系统、充分。项目安全管控充分。项目保密管控充分。

优化级:项目研发综合管理制度完备且不断完善。项目初步范围说明书完备。项目管理计划完备且不断更新。项目全寿命周期产品实现策划完备且不断更新。项目实施监控完备。项目收尾完备,可交付成果明晰。项目实施过程及型号范围、项目可交付成果及项目产品安全生产符合要求。项目实施过程及项目范围、项目可交付成果及项目产品保密符合要求。

（二）范围管理

初始级:项目范围管理策划不全面、不系统。需求管理不明确。定义范围不系统,无项目范围说明书或不全面。工作分解结构不完整。范围核实不系统,变更请求不确认。范围变更控制不系统。

规范级:项目范围管理策划、需求管理完整。项目范围说明书完整、系统。项目研发工作 WBS 完整、全面。范围核实系统。范围变更控制系统。

可度量级:项目范围管理、需求管理充分、系统。范围说明书充分、全面。工作分解结构清晰、系统。范围核实充分。范围变更控制及时、有效。

优化级:项目范围管理、需求管理完备,且不断完善。项目定义范围完备,项目范围说明书不断充实。工作分解结构完善,不断更新。范围核实完备,可交付成果验收系统。范围变更控制优化。

(三)进度管理

初始级:项目无进度管理策划,进度管理不系统。进度计划不系统、不全面。活动资源配置需求不系统、不全面,无资源管理计划,或者资源计划不全面。进度控制不系统。

规范级:项目进度管理策划、进度管理计划全面、系统。进度计划完整。活动资源配置需求全面、完整,资源管理计划完整、系统。进度控制系统、全面。

可度量级:项目进度管理策划充分。进度计划适宜、充分。活动资源配置需求充分,资源管理充分,进度控制充分。

优化级:项目进度策划管理完备,不断完善。进度计划优化。活动资源配置需求优化,资源管理优化。进度控制优化。

(四)经费管理

初始级:项目无费用管理策划和费用管理计划,或者费用管理策划、计划不全面。费用估算不全面、不合理、不系统。费用预算粗放、不完整。费用控制不系统。

规范级:项目费用管理策划、费用管理计划系统、全面。费用估算合理、完整。费用预算系统、完整。合理控制型号费用。

可度量级:项目费用管理策划充分,费用管理计划先进。费用估算科学。费用控制充分。

优化级:费用管理优化。费用估算正确。预算完备。费用控制完善、优化。

(五)人力资源管理

初始级:项目人力资源管理策划不系统、不全面、不完整,无队伍管理计划,或者管理计划不系统。队伍组建方案不系统。队伍培训、考核、沟通不系统、不完整。队伍评价和激励不系统、不合理。

规范级:项目人力资源管理策划和队伍管理计划系统、全面。队伍组建方案完整。队伍培训、考核、沟通系统、完整。队伍评价和激励合理、系统。

可度量级:项目人力资源策划、队伍管理计划充分。队伍组建方案适应项目需求、充分。队伍培训、考核、沟通及时。队伍评价和激励适宜。

优化级:项目人力资源策划、队伍管理计划完善。队伍组建方案动态调整、完备。队伍培训、考核、沟通到位。队伍评价和激励有力、有效。

(六)质量管理

初始级:项目质量策划不系统,质量工作计划不全面、不完整。质量保证不满足型号需求、不系统、不全面。质量控制系统滞后、控制不力,缺乏有效性。无质量改进系统,或者质量改进不具有针对性、改进无力。

规范级:项目质量策划全面、系统,质量工作计划系统、完整。质量保证系统、全面。质量控制全面。质量改进合理、全面。

可度量级:项目质量策划充分,质量工作计划充分、有效。质量保证适宜、充分。质量控制有效。质量改进充分。

优化级:项目质量策划完善,质量工作计划完备。质量保证完善,不断跟进。质量控制优化,可追溯。质量改进闭环、完备。

(七)风险管理

初始级:项目无风险管理策划,没有制订风险管理计划,或者策划、计划不系统、不全面。简单地进行了风险识别,没有完整的风险登记册。定性风险分析很少,没有进行量化风险分析。风险评价泛泛,量化评价不够。风险应对策划较少,风险应对很不充分。没有实施风险监控。

规范级:项目风险管理策划、风险管理计划系统、全面。风险识别全面、完整。定性风险分析、量化风险分析系统、完整。风险评价全面。风险应对策划系统。风险应对全面。风险监控完整。

可度量级:项目风险应对策划、风险管理计划完整。风险识别、风险分析充分。风险评价充分。风险应对策划及其应对充分、适宜。风险监控及时、充分。

优化级:项目风险应对策划、风险管理计划完善。风险识别、风险分析完备。风险评价适宜、有效。风险监控有力,风险管理有效。

(八)采购管理

初始级:项目无系统的采购策划,采购管理计划不全面、不合理。供方管理形式化、不严格。外购管理、外协管理不严格,时有失控。外包合同管理不规范,合同收尾不严格。

规范级:项目采购管理策划、采购管理计划全面、系统。供方管理制度化。外协管理、外购管理规范、系统。外包合同管理规范,收尾合理。

可度量级:项目采购管理策划、采购管理计划充分。供方管理充分。外协管理、外购管理严谨、完整、先进。外包合同管控严密、充分,收尾满意。

优化级:项目采购管理策划、采购管理计划完备。供方选择适宜、优化。外协管理、外包管理科学、完善。外包合同管理先进、优化,合同收尾完备。

（九）沟通管理

初始级:项目无沟通管理策划、沟通管理计划,或者管理策划、管理计划不系统、不全面。型号信息发布不准确、不及时。项目绩效报告不系统、不全面。

规范级:项目有沟通管理策划、沟通管理计划完整。项目信息发布规范、系统、全面。项目绩效报告规范、系统。

可度量级:项目沟通管理策划、沟通管理计划充分。项目信息发布充分。项目绩效报告充分。

优化级:项目沟通管理策划、沟通管理计划适宜、完备。项目信息发布及时、准确、完善。项目绩效报告完备、项目相关方满意。

（十）项目相关方管理

初始级:项目未全面、系统识别相关方。未系统策划项目相关方参与。项目相关方管理不系统。监督相关方参与不全面。

规范级:项目系统、全面识别项目相关方。策划项目相关方参与完整。项目相关方管理全面、系统。完整监督项目相关方参与。

可度量级:项目充分地识别项目相关方。充分策划项目相关方参与。充分地管理项目相关方。充分、合理地监督项目相关方参与过程。

优化级:项目动态识别项目相关方。有效策划项目相关方参与。项目相关方管理完备、不断优化。项目相关方参与满意。

（十一）技术管理

初始级:项目技术管理策划不全或没有进行。技术分解、技术分类不系统或者没有进行,配套的知识产权分解、科技成果分解没有进行。技术状态管理不系统。技术成熟度管控不充分或者没有实施。

规范级:项目技术管理策划规范、全面。技术分解、技术分类、知识产权分

121

解、科技成果分解系统、全面。技术状态管理规范、系统。技术成熟度管控规范。

可度量级:项目技术管理策划充分。技术分解、技术分类、知识产权分解、科技成果分解完整、充分。技术状态管控充分。技术成熟度管理完整、充分。

优化级:项目技术管理策划完备。技术分解完备。技术状态管控完备。技术成熟度管理有效、优化。

(十二)复杂项目文化管理

初始级:项目文化不先进,与组织文化协同性不好,项目团队对项目文化认同有限,团队信奉度一般。项目团队行为不规范,一些做法不正确,团队制度执行的持续性不够。项目团队领导作用发挥不充分,团队自觉性不强,团队协同不够。

规范级:项目文化一般,追求组织文化,项目团队对项目文化认可度一般,团队信奉度尚可。项目团队行为规范,基本做法符合要求,团队行为基本一致。项目团队领导能发挥作用,团队行为基本自觉,团队协同。

可度量级:项目文化适宜,与组织文化适应,项目团队对项目文化认可并遵守。项目团队行为精确,做法合规,团队行为一贯。项目团队领导发挥作用,团队自觉、协同。

优化级:项目文化先进、适宜、与时俱进,与组织文化协同,项目团队对项目文化认同并信奉。项目团队行为精准,追求卓越,团队行为持续、一贯。项目团队领导充分发挥带头、表率作用,团队高度自觉,相互支持、帮助。

第三节 复杂项目结果评价

复杂项目管理的首要目的是实现预期的复杂项目目标,体现复杂项目目标完成的充分指标包括:项目范围、项目技术、项目质量、项目进度、项目经费,其符合度是衡量项目目标的硬指标。根据时代的发展和复杂项目管理的需求,复杂项目组织和项目团队应关注项目人才成长、项目相关方满意程度、项目价值创造、项目文化表征等,这些是项目的软指标,也是复杂项目的核心竞争力。

复杂项目结果评价是对体现复杂项目结果、表征实现复杂项目目标的硬指标、软指标的综合评价。

一、范围符合度

项目范围符合度评价内容包括：项目范围完成度、已完成范围合格度、已完成范围时效度三方面。项目范围完成度为已完成项目范围与项目总范围的比值，已完成范围合格度为已完成项目范围符合要求范围与已完成范围的比值，已完成范围时效度为按时完成的已完成范围与已完成范围的比值。

项目范围既可按照项目过程评价，也可按照项目实施阶段评价，复杂项目一般按照实施阶段评价，同时项目结束后要对全项目进行评价。复杂项目在立项论证阶段、方案阶段、研发阶段初期，用户及项目相关方的需求和要求还不能完全明确，项目实施单位对项目方案和项目工作的认知、确认也有差距，项目范围说明和工作分解的详细度不足，随着项目进展，会愈加清晰和明确。项目范围评价既可是全项目的评价，也可是子项目的评价。项目中某个产品的范围符合度的评价可参照上述准则同理评价。

项目范围符合度的输出包括：项目范围完成度、已完成范围合格度、已完成范围时效度，项目范围完成度分析报告。

二、技术符合度

技术符合度是指复杂项目采用的技术、研发的产品的特性和功能满足项目技术基准要求的程度，表征了复杂项目整体技术水平。

项目技术符合度评价的内容包括：技术指标符合度、技术成熟度符合度。技术指标符合度以技术指标满足研发要求的程度来衡量，技术成熟度符合度以技术成熟度水平符合项目要求的程度来衡量。

项目技术符合度的输出包含：技术指标符合度结论，可按完全符合、部分符合、不符合对每项技术分别给出结果。技术成熟度符合度以技术成熟度等级对每项技术给出结果。项目技术成熟度由技术指标符合度和技术成熟度符合度加权确定。

三、质量符合度

质量符合度是复杂项目产品质量符合质量测量指标要求的程度。复杂项目产品质量是复杂项目目标的重要内容和关键要素,是用户和项目相关方关注的焦点,更是复杂项目范围完成、保证可交付成果、顾客满意的核心。

品质是复杂项目的特质。提供符合要求的项目产品是复杂项目的宗旨。项目质量目标是项目在质量方面追求的目的。项目质量某种程度上是产品高质量的标志和象征。

衡量复杂项目质量的原则和指标很多,考虑复杂项目特征和复杂项目质量特性,复杂项目质量符合度评价的内容包括:通用质量特性符合度、重大关键过程一次符合率、真实环境验证成功率、质量问题比率、质量成本比率。

通用质量特性(包括可靠性、维修性、保障性、测试性、安全性、环境适应性等)是产品固有特性,是衡量产品质量特征的基本指标。

复杂项目关键过程是指对形成产品质量起决定作用的过程,一般包括形成关键特性、重要特性的过程;加工难度大、质量不稳定、已造成重大经济损失的过程。复杂项目重大关键过程是指制约项目研发目标实现、项目关键特性形成、研发成本较大的过程。项目重大关键过程的顺利实施和一次符合要求对保证型号产品质量至关重要。

项目真实环境验证是验证项目关键指标的重要手段,验证成功率表征了项目产品整体质量保证和质量管控水平。项目关键验证一次成功率反映了项目关键过程管控、产品关键特性保证的水平。

质量问题比率反映出复杂项目设计质量、制造质量水平,复杂项目研发过程中,要高度关注总承包单位级重大质量问题及其归零,尤其对低层次、重复性、人为责任质量问题要极其关注。理论上应对产品实现过程发生的所有问题都予以关注并彻底归零。

质量成本反映出复杂项目质量趋势,质量成本包括质量符合性成本(质量预防成本、质量鉴定成本)和质量非符合性成本(质量内部故障成本、质量外部故障成本,亦即质量损失),保证合理的质量成本尤其是减少不期望的质量损失是项目质量工作的目标。

质量符合度的输出包含:通用质量特性符合度、重大关键过程一次成功率、真实环境验证成功率、质量问题比率、质量成本比率。综合表征项目质量,以上述五个指标的加权表征,每个指标的权重,依具体复杂项目的特征采用专家判断、层次分析法等确认。

当下,复杂项目应高度关注设计质量,吃透项目技术,给设计留有时间,确保设计的充分性、适宜性和稳健性;要吃透项目质量工作的规律,对出现的质量问题,要以彻底解决问题为目标,不应一味把质量问题的数量作为绝对考核指标,要把根治低层次问题作为硬指标;要充分关注关键过程质量控制,努力提高一次成功的概率,少走弯路;要保证合理的质量成本,增加必要的质量符合性成本,减少质量损失。

四、进度符合度

项目进度符合度是衡量项目实际进度符合进度基准要求的程度。

进度基准是经过批准的进度模型,只有通过正式的变更控制程序才能进行变更,用作与实际结果进行比较的依据。进度基准包括基准开始日期和基准结束日期。由于项目相关方需求变化、项目不确定性等,只有经过项目相关方接受和批准,才能变更项目进度计划、项目管理计划。

项目进度符合度评价的内容包括:进度偏差率。项目进度符合度的输出包含项目进度偏差率及分析报告。

五、费用符合度

费用符合度是衡量项目实际费用与费用基准符合的程度。

费用基准是经过批准的、按时间分配的项目预算,是不同进度活动/工作经批准的预算的总和,只有通过正式的变更控制程序才能变更。

项目费用符合度评价的内容包括:费用偏差、费用绩效指数。费用符合度的输出包含:费用偏差、费用绩效指数。

六、人才成长

人才是项目团队完成项目范围、实现项目目标、项目成功的关键资源和核心因素。项目团队人才成长是项目的重要成果,可为组织的可持续发展奠定基础。

项目人才成长评价的内容包括:项目团队成员能力、高层次人才占比、人才晋升比例。

项目团队成员能力是指项目团队成员综合运用知识、技能和才能以达成项目预期的结果,知识是个人所拥有的信息和经验的集合,技能是使个人能够完成一项任务的特定技术能力,才能是在特定的环境中运用知识和技能实现有效交付成果的能力。个人的能力体现在知识、技能及通过实践而获得的才能。按照能力领域:项目、项目集群、项目组合;能力维度:环境能力(个人处理项目与环境关系的能力,是指可用于支持个人与环境交互的方法、工具和技术,以及引领个人、组织和社会发起或支持项目的理论依据)、行为能力(个人处理人际和社会层面问题的一种能力,是指在项目实施中,个人取得成功所需的行为和处理人际关系的能力)、技术能力(使项目成功而使用的具体的方法、工具和技术);能力层次:能力要素(5个环境能力要素、10个行为能力要素、14个技术能力要素)和关键能力指标的综合判定来评价项目团队成员能力。

高层次人才占比是指在项目实施过程中项目团队培养和成长的人才,包括院士、"两总"(总指挥、总设计师)、首席科学家(专家)及项目实施单位以上专家在内的各类高层次人才的数量占项目队伍总人数的比重,反映项目团队人才培育的成效。

人才晋升比例是指项目团队人员中晋升人员数量占项目队伍的比例,反映项目人才队伍整体成才率。

项目人才成长的输出包含:项目团队成员能力、高层次人才占比、人才晋升比例,项目人才成长评价用上述三个指标的综合加权得出。

七、项目相关方满意度

项目相关方满意度是指项目相关方对项目工作的整体认可程度。

项目相关方满意度评价包括项目外部相关方满意度、项目内部相关方满意度。外部相关方主要包括:用户(顾客)、国家行业主管部门等,内部相关方主要包括:复杂项目实施主体的上级组织、复杂项目实施主体[项目总承包单位、项目总体组织(总体部、总体单位等)]、项目外包/分包单位、外协/外购单位等。项目内部顾客应包括项目总承包单位的所有供方。

项目人才成长的输出包含:满意度调查表、满意度监视和测量分析报告。

不同的项目相关方,其需求、期望、关注、作用、影响不一,项目实施单位应有针对性地开展满意度调查的策划、调查内容的选取、调查样本的确定,认真地进行反馈内容的分析和满意度结果分析,以期得到真实的相关方意见和期许。

八、价值创造

任何项目的实施,其最终目的是创造并产生价值,广义地看,应以项目创造的经济价值、社会价值、军事价值、生态价值、政治价值等衡量。项目价值评价内容包括:核心技术拥有量、发明专利产出量、项目填补空白量、项目成果创造量、项目经济效益。项目应关注核心技术的四特性(领先性、不可替代性、价值性、可保护性)和三约束(时间范围、区域范围、成熟程度)。

项目发明专利产出量以百万研制经费发明专利创造数量衡量。项目填补空白以项目填补国际空白、国内空白和行业空白数量衡量。项目成果以项目产生的部级、国家级科技成果数量衡量。项目效益以项目形成的经济效益规模(包括产值、利润)衡量,包括项目本身及其成果转化带来的效益。项目价值创造的输出包含:核心技术拥有量、发明专利产出量、项目填补空白量、项目成果创造量、项目经济效益。

九、文化表征

项目文化表征是指项目创建的具有型号特色的项目价值观、行为规范和载体集合。

项目文化表征包括项目文化共享、协同组织文化、推进项目绩效实现。

项目文化表征的输出包含:文化共享度、文化协同性、绩效保证的显著性。

第四节　复杂项目综合评价

一、内涵

项目综合评价基于项目评价模型、项目评价指标体系、项目评价标准/规范等规则,按照项目评价要求,从项目时间、项目管理过程、项目管理结果三个维度实施项目评价,按照项目评价时间、项目管理过程、项目所处阶段和项目实施情况等,项目的评价范围、评估内容、评价指标等可适当裁剪或扩充。

项目综合评价总分设置为×××分。对于项目管理指标、项目结果指标,按照其指标权重将各被评价项换算到×××分量级相应得分值,即得到项目管理指标、项目结果指标的评分值。对应项目管理指标,将项目管理成熟度评价模型的四个等级赋分值和被评价项指标的可靠性加权综合获得项目管理指标被评价项的最终评分值。本书区别于一般/大多数评估模型把各被评价项设置为固定分值的做法,主要基于:(1)不同类型项目的特征差异性的固有差异,各评价指标不应统一固定权重和分值;(2)即使是同类项目,由于项目实施主体的差异性、项目拥有资源程度的差异性、项目所在区域的差异化等,其被评价指标的权重和分值也应有差异。充分注重项目的特征差异和实际特征,采用实证研究和规范研究相融合的方法,这更符合被评价项目的真实属性和特征。

将项目被评价各个指标分为两类:评分项和扣分项。符合要求得满分,不符合要求扣分,扣分值根据被考核项不符合程度扣分,总得分为各指标得分总和减去扣分总和,即项目综合评价得分。

分析项目综合评价得分,既可获得项目管理评价情况,又可获得项目结果评价情况,还可知悉项目管理成熟程度、项目管理可靠性,也可清楚被评价项与要求真值的差异,可全面透视项目管理及项目结果的综合状况,既为项目管理改进、完善、提升提供基础,又可促进项目目标实现,推动项目成功。组织可在其各个项目评价基础上,综合比较、分析,实施标杆管理,系统优化,帮助项目管理不断成熟,使组织走向卓越。

复杂项目评价指标权重采用德尔菲法计算权重。德尔菲法是征询专家意见,对专家意见进行统计、分析、归纳和综合,然后进行多次信息反馈、整合,使专家意见逐步收敛,从而得出正确结论的方法。

二、复杂项目管理可靠性

可靠性指的是在规定时间内完成规定任务的能力。为进一步阐明复杂项目管理实施的可靠性和可信性,本书第一次在项目管理界提出了复杂项目管理可靠性的概念,主要是从项目管理工作事项完成的数量标准、质量标准、时效性标准等方面衡量项目管理能力和水平。复杂项目管理可靠性指的是在规定的时间内完成符合复杂项目管理规定工作内容的能力。复杂项目管理数量标准指的是复杂项目管理工作内容是否覆盖复杂项目管理全部范围,体现在复杂项目范围说明书、复杂项目工作分解、复杂项目可交付成果等的完成程度;复杂项目管理质量标准指的是复杂项目管理工作内容是否符合规定的要求,体现复杂项目管理成熟度等级及其水平;复杂项目管理时效性标准指的是复杂项目管理工作内容是否在规定的时间按时完成,体现在复杂项目管理计划、复杂项目子管理计划等是否按时间基准完成。根据复杂项目特征、目标、要求等的差异性,复杂项目管理数量标准、质量标准、时效性标准的权重会有差异。

第五节 复杂项目成功评价

一、复杂项目管理评价及其成功

项目管理评价是对项目管理的能力/水平、成熟度、绩效的评价,项目管理评价包含项目管理整体评价、项目要素管理评价;项目要素管理包含项目综合管理、项目范围管理、项目进度管理、项目费用管理、项目质量管理、项目人力资源管理、项目沟通管理、项目风险管理、项目采购管理、项目相关方管理、项目技术管理、项目文化管理等。

项目管理整体评价是对项目管理总的能力/水平、成熟度、绩效的评价。

项目评价要坚持系统性、规范性、科学性、价值性、先进性、前瞻性、适用性、可用性等原则。基于重视度、责任明确、制度建立、过程管理、管理信息系统平台建设、机制建设等要素的适宜性、充分性、有效性,将项目评价被评价对象等级划分为初始级、规范级、可度量(精确管理)级和优化级四个等级。

复杂项目管理是完成项目范围、确保项目可交付成果、实现项目目标、保证项目成功的重要条件,但不是充分条件,总体上,项目管理成功应具备以下主要特征:

第一,组织及项目团队重视项目管理,管理责任明确、落实,项目管理制度完整、充分,项目机制(教育培训、合作协同、过程控制、监督检查、评价激励等机制)健全、有效;

第二,项目管理策划充分,项目管理计划及项目子管理计划系统、完整,随项目变化能及时变更、更新、完善;

第三,项目基准(范围基准、技术基准、进度基准、费用基准、质量基准、绩

效测量基准等)确认充分、变更核实,过程可追溯;

第四,项目管理内容全覆盖,项目管理整体、项目子管理工作事项的完成数量、完成质量、完成时效性符合要求,达到规范级要求;

第五,项目管理、项目子管理工作内容可度量、充分,2/3 以上项目子管理达到可度量级要求,项目追求卓越、自我优化、持续创新、不断提升;

第六,项目要素管理协同并相互支持、促进;

第七,项目管理信息系统平台能支撑项目过程管理需要,与项目产品实现过程协同、相互支持;

第八,项目管理规范、科学、正确、先进、可靠,应有效运用先进、适宜的项目管理思想、理念、模式、理论、技术、方法、工具;

第九,能有力应对项目多变性、不确定性、复杂性、模糊性;

第十,项目相关方对项目管理满意,项目相关方对项目管理结果满意。

项目整体管理及项目要素(子)管理成功都可按照上述准则判定。

没有任何组织、项目、团队、个人不祈望以成功的项目管理赢得项目成功。项目成功是指项目利益相关方对于项目管理成果的认可和欣赏,比"在规定的时间、预算内完成项目可交付物"更具挑战性。

项目成功(与项目的全局目标和长期效应有关,考虑效率和效果,具有广义性)包括项目管理成功(与项目流程有关,考虑效率)和项目产品(或项目结果)成功(与项目对象有关)。项目成功关注硬指标(时间、成本、质量等)和软指标(利益相关者满意度、顾客需求、健康与安全、环境影响及商业价值、可靠性与可用性、文化协同度等)。

著名的项目管理学家科兹纳(Kerzner)博士对"项目成功"的定义作出了新的诠释:项目成功不仅要满足传统的项目时间、费用和性能等三大目标以及满足顾客或用户定义的质量标准,还要满足具有最少的或者双方同意的项目范围变更、没有干扰组织的企业文化或者价值观、没有干涉组织的日常工作进程等条件。

多维度的项目成功标准应在时间、成本、质量的基础上增加使用者的期望、参与者的满意、符合环境保护的要求、健康、安全以及具有商业价值等。项目成功的标准的定义要站在组织战略的高度思考(关注组织长远的利益)、重视项目的技术风险(关注项目技术不确定性水平)、关注不同群体的利益(关注项目参与各方的评价）。

　　成功的项目是在规定的项目范围、时间、预算、性能、质量等条件下完成预定目标。项目成功的标准已从古代（经验式）项目管理的"获得预期的项目成果"到近代（传统）项目管理的"实现预期的项目目标"，进而发展到现代（新）项目管理的"让项目利益相关者满意"。项目成功通过项目和产品的质量、时间表、预算的依从性以及客户满意度水平等进行衡量；项目集的成功通过项目集向组织交付预期效益的能力以及项目集交付所述效益的效率和效果等进行衡量；项目组合成功通过项目组合的总体投资效果和实现的效益等进行衡量。

　　项目管理成功能够助推、支撑项目成功。项目管理成功不一定完全使得项目成功，项目成功时项目管理也不一定完全成功。项目管理成功不是项目成功的充分必要条件。良好的项目管理可以促进项目成功，但不能完全阻止项目失败。绝对的项目成功难以实现，感觉到（被感知）的项目成功居多。例如，悉尼歌剧院以长达 15 年的建设时间和原定预算 14 倍的费用完成，项目管理败笔，项目建设过程中颇受争议，但其却是举世闻名的极富艺术价值的建筑精品。

　　出色的项目管理应该是保持所有项目连续成功，让项目利益相关者满意。对于一个管理者而言，仅仅一个项目的成功并不能代表其项目管理能力的高低；对于一个组织而言，仅仅一个项目的成功也并不意味着整个组织项目管理模式、项目管理方法的成功，因为任何项目都有可能于一段时间内在组织正式的权威、特殊的条件保障、强大的行政干预的驱使下获得成功。

　　新全球项目管理成功因素模型包括全球项目管理维度 5 个：地理距离、多元文化合作、多语言交流、异步交互和跨组织关系；影响成功的主导因素有 6 个（共 28 个因素，其中关键因素 15 个）：跨文化协作、全球交流技术、全球团队领导能力、冲突解决、全球交流策略、全球项目结构；新成功因素有 3 个：跨文化谈判、全球团队协作和团队凝聚力、工作流程管理系统。

　　项目管理质量与其所在组织的文化和项目本身的文化休戚相关。实现高质量、出色、卓越、成功的项目管理，根源在于项目团队领导及其成员，本在项目文化及其组织文化。

　　项目能够做到：忠实履行项目承诺，充分体现项目诚信；完成项目范围，实现项目目标；可预期并满足或超越顾客、项目利益相关者需求；项目变化是有计划的、可管理的;项目成员为在组织中工作感到自豪;不改变组织文化,不影响组织其他工作的进行。项目必会保持永续成功。

科兹纳博士指出:"肤浅地应用项目管理,即使持续很长时间,也不会达到什么出色的效果。相反,会导致重复错误,更糟糕的是,你所学习的正是你自己的错误而不是别人的错误(努力地、重复地把错误的事情做正确)。"实施项目管理战略规划,第一次、次次正确地做事、做正确的事、把正确的事做正确至关重要。

一般情况下,只有少数的项目能按原定的预期目标完成,目标的改变是不可避免的。目标改变的潜在破坏性不仅仅体现在对完成项目的信心,还可能是对整个项目本身。目标改变,必须被控制到最小程度,所需要的条件则要由项目经理和客户/用户来协商。

值得注意的是,一个项目成功了,并不意味着组织整体项目管理、项目所有要素管理、整体项目管理结果、项目管理所有单项结果都是成功的。出色的项目管理应该是确保组织所有项目都成功,并且能够保持项目在组织存续期内、项目交付运营期内持续成功。特别需要关注的是,任何一个项目都可以在特定时间内,通过强有力控制、特别机制获得成功;或者说在项目生命周期内项目是成功的,但项目交付后,随着时间的推移,项目结果发生了变化,顾客、用户及项目相关方不满意了,偏离了成功内涵。为了保证所有的项目都获得成功,项目组织、项目团队、项目成员必须具有强烈的责任感、团队精神,具有良好的人格、智慧、眼量、涵养、气度和情怀,具有保证项目成功的素养、知识、履历、能力。

二、复杂项目成功

复杂项目成功是指项目相关方对于复杂项目管理成果的认可和欣赏。复杂项目成功包括复杂项目管理成功和复杂项目产品或复杂项目结果成功。

项目成功标准的定义要体现战略性(关注项目效益与组织战略一致度、关注组织长远的发展)、风险性(关注项目不确定性水平、项目技术风险)、利益性(关注项目相关方的评价、项目不同群体的利益)。

一般认为,成功的项目是在规定的时间、费用和性能等条件下完成预定目标。项目成功应具备以下主要特征:(1)在约定时间期限内;(2)在预算费用和成本控制范围内;(3)满足设计要求,实现性能指标,具有技术含量,达到一定水平;(4)按项目范围说明书、项目合同等要求完成项目可交付成果;(5)被顾客/用户所接受;(6)一般不改变目标,若改动目标,必须达成一致意见;(7)尽量减少项目范围变化,或者最少项目范围变化,并在项目范围变化上项目相关方达成共识;(8)组织实现绩效,项目实现目标,项目团队得到成长;(9)项目实现效益,实现商业价值,项目商业成功;(10)项目相关方满意、和谐;(11)项目及其产品安全,符合环境保护、健康、安全等法规;(12)组织、项目、项目团队未来受益;(13)不影响组织主要工作流程,或者不影响组织其他工作的进行;(14)不改变组织文化;(15)项目不仅内部成功,而且外部成功;(16)项目、项目组织实现其"过程资产"传承、更新、发展和增值;(17)项目科学发展、安全发展、创新发展、高质量发展,项目运营高质量。

确认项目是否成功是项目管理面临的最常见的挑战,许多项目相关方不愿回答、面对这个问题。

项目相关方必须对以下事项进行思考,并达成共识:(1)怎样才是项目成功? (2)如何评估项目成功? (3)哪些因素影响项目成功?

项目成功应考虑以下要素:(1)完成项目效益管理计划;(2)达到论证中商定的财务绩效指标;(3)达到论证中的非财务目标;(4)完成组织从"当前状态"转到"将来状态";(5)履行合同条款和条件;(6)达到组织战略、目的和目标;(7)项目相关方满意;(8)可接受的客户/最终用户的采纳度;(9)可交付成果整合到组织的运营环境中;(10)满足商定的交付质量;(11)遵循治理规则;(12)满足商定的其他成功标准或准则。

复杂项目成功包括复杂项目管理成功和复杂项目结果成功。复杂项目成功主要评价范畴为:(1)项目管理成功;(2)项目结果符合要求:项目范围符合度、项目技术符合度、项目质量符合度、项目进度符合度、项目费用符合度符合要求,满足项目范围说明书、项目范围基准、项目合同、项目可交付成果、项目管理计划、项目技术策划、项目技术基准、项目进度策划、项目进度基准、项目费用策划、项目费用基准、项目质量策划、项目质量基准等的要求;(3)项目相关方满意;(4)项目软实力提升。

项目管理成功如前所述。项目结果成功需要考虑和界定的因素要相对的多、复杂,项目结果包括项目范围符合度、项目技术符合度、项目质量符合度、项目进度符合度、项目费用符合度、项目人才成长、项目相关方满意度、项目价值创造、项目文化表征等9个主要方面,一般意义上,项目范围、技术、质量、进度、费用5个要素,应满足项目范围说明书、项目合同、项目可交付成果、项目管理计划、项目技术策划、项目进度策划、项目费用策划、项目质量策划的要求,符合范围基准、技术基准、进度基准、质量基准、费用基准规定,项目总体上符合要求,满足了项目成功的硬约束;项目相关方满意是对项目的最大挑战,它不仅要求项目相关方对项目管理满意,而且也要对项目硬结果满意,某种意义上项目相关方的隐形的、潜在的需求、期望还要得到满足,项目相关方才最终满意;项目人才成长、项目价值创造、项目文化表征是对项目成功的软约束,往往并没有绝对的标准,一般是期望这三个方面愈佳愈好,按照项目人才成长、项目价值创造、项目文化表征等的评价标准,实现这三个方面的成功,其评价值至少要超过项目生命周期内项目所在组织80%以上项目的这三项指标值,同时达到项目预期指标值或者超过项目预期指标值的80%以上。

考虑项目类型差异、项目特征差异、项目实施主体差异、项目资源拥有度、项目所在区域差异、项目文化差异、项目相关方需求和期望差异等要素,项目成功应具差异,内涵有所区分,项目相关方应构造适合项目特征、具有项目特色、权变的项目成功准则。

项目发起人,亦即组织顶层的项目管理负责人,对项目所在组织负责,负责项目治理工作。项目发起人应担当:项目业务领导、项目变更控制者、项目决策者等至少三种角色,担负好:领导责任、建构(建立项目团队并配置资源)责任、掌控责任等至少三种责任,有能力的发起人、积极有效的项目治理是项目成功的关键因素。

项目成功永无止境,永远在路上。项目成功不只是项目相关方对于项目管理成果的认可和欣赏。项目成功是项目组织、项目团队、项目相关方的一种使命、一种责任、一种担当、一份荣耀。项目成功根在文化、靠谱的组织、特别能战斗的团队,基在项目经过充分论证形成的优化方案、系统的策划与缜密的计划、有序与有力的执行和监控、认真而负责任的收尾。

走在新时代,所有人需要学会弄懂运用项目思维方式以在充满不确定性的世界中发现正确的项目,所有管理者需要提高项目管理能力以保证关键资源能力去实现项目目标,所有组织需要提升项目治理能力以提供可信赖的项目管理生态(文化、制度、机制、环境、平台)。项目组织、项目团队、项目成员必须"做正确的事、正确地做事、把正确的事做正确",戮力实现、保持项目持续成功。

第六节　项目评价有关模型

本书归集世界上部分国家、组织、机构等研究、施行的项目评价相关模型,可在复杂项目评价理论研究和实践中借鉴、参考。

一、OPM3 模型

(一)模型简介

OPM3 模型是美国项目管理学会(PMI)的组织项目管理成熟度模型(Organizational Project Management Maturity Model,简称 OPM3)。1998 年,PMI 开始启动 OPM3 计划,OPM3 于 2003 年 12 月问世。

PMI 对 OPM3 的定义是:评估组织通过管理单个项目和项目组合来实施自己战略目标的能力的方法,也是帮助组织提高市场竞争力的工具。OPM3 的目标是"帮助组织通过开发其能力,成功地、可靠地、按计划地选择并交付项目而实现其战略"。OPM3 为使用者提供了丰富的知识和自我评估的标准,用以确定组织当前的状态,并制订相应的改进计划。

"组织项目管理"是指通过项目将知识、技能、工具和技术应用于组织和项目活动来达到组织目标。首先,"组织"扩展了项目管理的范围,不仅仅包括单一项目的成功交付,还包括项目集管理(Programme Management)和项目组合管理(Portfolio Management)。单个项目的管理可以认为是战术水平的,而组织项目管理上升到了战略高度,被视为组织的一项战略优势。OPM3 为组织提供了一个测量、比较、改进项目管理能力的方法和工具。

(二)模型架构

OPM3 模型的基本构成有以下要素:(1)"最佳实践"(Best Practices):组织项目管理的一套"最佳实践"是指经实践证明和得到广泛认同的比较成熟的做法(标杆);(2)能力组成(the Constituent Capabilities):能力是"最佳实践"的前提条件,或者说,能力集合成"最佳实践",具备了某些能力组成就预示着对应的"最佳实践"可以实现;(3)路径(Pathways):识别能力整合成"最佳实践"的路径,包括一个"最佳实践"内部的和不同"最佳实践"之间的各种能力的相互关系;(4)可见的结果(Observable Outcomes):这些结果和组织的种种能力之间有确定的关系,可见的结果意味着组织存在或者达到了某种特定的能力;(5)主要绩效指标(Key Performance Indicators):能测定每个结果的一个或多个主要绩效指标;(6)模型的范畴(Model Context):包括组织项目管理的过程和改进的步骤和梯级。

PMI 的 OPM3 模型是一个三维模型,第一维是成熟度的四个梯级,第二维是项目管理的九个领域和五个过程,第三维是组织项目管理的三个层次。如图 3-2 所示,成熟度的四个梯级分别是:(1)标准化的(Standardizing);(2)可测量的(Measuring);(3)可控制的(Controlling);(4)持续改进的(Continuously Improving)。

因此,组织就可以看出哪些最佳实践和组织项目管理成熟度最为密切相关,组织处于成熟度的哪一等级,如何进行改进。然而,OPM3 不仅仅用改进过程梯级来构筑它的内容,并且把这种框架延伸到了项目集和项目组合的管理层次。这个框架允许模型对管理进行逐步优化,使用者可以根据实际需要在组织项目管理三个层次由小到大逐步推广应用。这就需要搞明白每个最佳实践在三个层次中逐层扩展的含意。

(三)模型特点

PMI 的 OPM3 模型的主要特点有:(1)现实可信。该模型是根据广泛、深入和有效的试运行的结果而开发建立的,这些试运行又是在多个有代表性的组织中实施的。(2)实用。该模型给出了提升能力和实现结果的路线图,并且提供了进行投资必须建立的项目管理基础设施和能力培育的方法。(3)容易使用。具有高中学历的人经过学习就可以理解并使用它,用户不需要特殊的技能就可以进行自我评估,自动得出评估结果。(4)稳固有效。对从一个评估到下一个评估能提供稳固有效的指引,也可以对一个组织的次级组织进行评估和比较。(5)准确。该模型使用稳固的、可重复的方法查找证据、评估组织能力和结果,确定组织在项目管理成熟度模型中的位置。(6)着重基准测定和绩效提高。绩效改进和提高依赖于模型中的每种能力。(7)表明"原因和结果"。该模型定义了能力、项目成果和绩效指标之间的相互依赖和因果关系。

OPM3 目标是提供一种开发组织项目管理能力的基本方法,并使项目与组织战略紧密地联系起来。OPM3 为使用者提供了丰富的知识来了解组织项目管理,并给出了对照标准作为自我评估的工具,确定组织当前状况,以及制订改进计划。OPM3 可以有以下的用途:(1)通过内部的纵向比较、评价,找出组织改进的方向。(2)通过外部的横向比较,提升组织在市场中的竞争力。(3)组织通过评价、改进和宣传,提升形象。(4)顾客、用户、项目相关方要求组织按照 OPM3 模型的标尺达到某级成熟度,以便选择更有能力的投标人,并作为一种项目控制的手段。

二、DELTA 模型

(一)模型简介

DELTA 模型(金三角模型)是由国际项目管理协会(IPMA)开发的面向组织的项目管理能力国际认证评估模型,于 2001 年发布并推广应用。

模型认为组织能力是组织为达到利益相关方需要实现特定目标应具备的能力,也是某种情况下组织能够直接管理和利用的人员、机构和资源等属性的组合,是组织应对快速变化的环境,动态地构建、整合和重构资源等要素的能力。

(二)模型架构

该模型是在整合了 IPMA 项目经理能力评估模型(I 模型)、单项目和项目集评估模型(卓越项目模型-P 模型)的基础上,充分考虑了组织的治理结构、管理过程、管理人员和管理环境 4 个维度的要素(O 模型),统筹整合形成的组织项目管理成熟度模型。其中面向人员的 I 模型引用 IPMA 个人项目管理能力基准(IPMA Individual Competence Baseline,ICB);面向项目的 P 模型源于 IPMA 国际卓越项目管理评估模型,内容略有变动;面向组织的 O 模型重点评估组织支撑项目管理的能力,从组织治理结构、管理过程、管理人员、管理环境 4 个维度、24 个要素、104 个要点实施项目管理能力评估。

组织项目管理能力评估分为 5 个级别:第一级:个性化管理级,项目管理成效处于个体层面,某些个体执行效果良好,但是偶然的。组织未建立正式的项目管理标准、结构和流程。第二级:规范化管理级,组织已部分定义了管理标准、结构和流程,已部分应用于组织中部分项目的管理。第三级:标准化管理级,组织全面定义了管理标准、结构和流程,已绝大多数应用于组织管理各个方面。第四级:体系化管理级,组织全面定义了管理标准、结构和流程,已全面应用于组织管理各个方面,应用受到组织积极监控。第五级:持续优化管理级,组织全面定义了管理标准、结构和流程,已全面应用于组织管理的各个方面,应用受控有效,不断改进,持续优化。

(三)模型特点

IPMA DELTA 模型的主要特点:(1)系统全面,模型整合了组织中有关项目管理能力要素,评价综合性强;(2)兼顾性好,模型既关注过程,又关注结果。

三、CPEM 模型

(一)模型简介

中国项目管理评估起步较晚。2004 年,中国项目管理研究委员会(PMRC)组织专家赴欧洲考察、学习,并着手引进国际卓越项目管理评估模型和国际项目管理大奖。

2006 年,PMRC 正式推出中国卓越项目管理模型(Chinese Project Excellence Model,CPEM)。CPEM 是在国际卓越项目管理模型(PEM)的基础上,遵循"引进、消化、吸收、改进、创新"原则,借鉴国际项目质量管理标准(ISO10006)、欧洲质量奖评价模型(EFQM)、美国波多里奇国家质量奖模型(MBNQ)、日本戴明质量奖模型(DP)、中国质量奖模型和相关评估评价评奖模型及其活动实践,结合中国国情和中国项目管理实际情况创建的。

(二)模型架构

CPEM 具有兼容性、系统性、规范性、创新性等特点,共有 13 项评估标准、31 项子准则,共计 1200 分。模型主体为国际卓越项目管理模型内容,附加部分考虑中国项目管理现阶段实际情况和中国国情,增加了资源节约与环境友好、项目创新管理活动内容。

CPEM 主体部分 1000 分,其中项目管理(500 分)、项目结果(500 分),项目管理部分有 5 个标准,分别是:项目目标(140 分)、领导力(80 分)、人员(70 分)、资源(70 分)、过程(140 分);项目结果部分有 4 个标准,分别是:客户结果(180分)、人员结果(80分)、利益相关方结果(60分)、主要成就和项目结果(180分)。附加部分200分,项目管理部分100分,2项准则,分别是:资源节约与环境友好(60分)、项目创新管理活动(40分);项目结果部分100分,2项准则,分别是:资源与环境成果(60分)、项目管理创新成果(40)分。CPEM模型如图3-2所示。

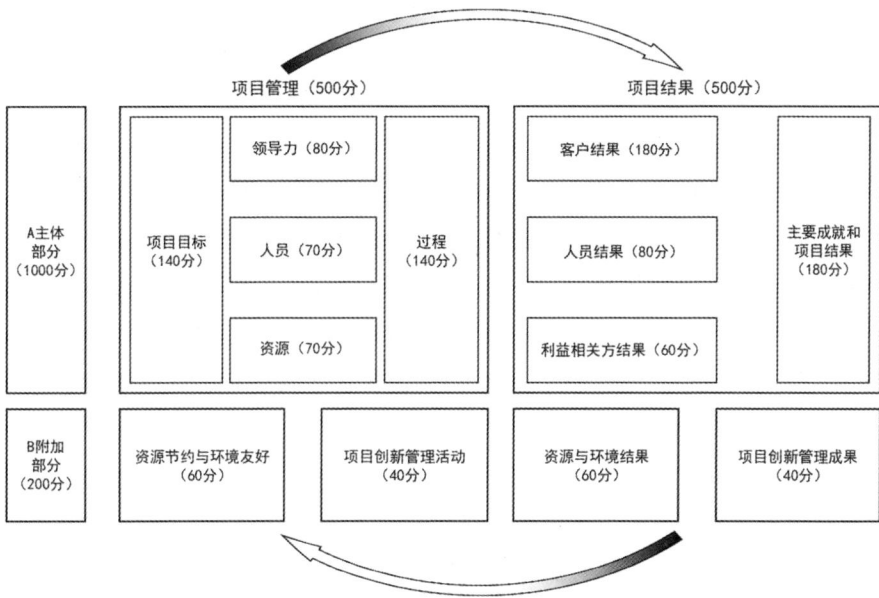

图3-2 中国卓越项目管理评价模型

资料来源:中国(双法)项目管理研究委员会:《国际卓越项目管理评估模型及应用》,电子工业出版社2008年版,第159页。

四、K-PMMM模型

(一)模型简介

K-PMMM(Kerzner Project Management Maturity Model)模型由美国著名咨询顾问科兹纳(Harold Kerzner)博士于2001年在其著作《项目管理成熟度模型——项目评估与持续改进的有效方法》(Strategic Planning for Project Management Using a Project Management Maturity Model)中提出。

科兹纳博士重新诠释了项目成功的定义:不仅要实现项目时间、费用和性能三大目标并让客户满意,还要使项目的进展具有最少的或者双方同意的范围变更、没有干扰组织的企业文化或者价值观以及工作进程等。这主要源于越来越多的企业开始由原来的面向职能、过程的管理转变为面向对象（即项目）的管理。因此，企业战略规划中项目管理这一环节就越发重要，企业项目管理能力的成熟与否直接影响到企业战略目标的实现。

（二）模型架构

K-PMMM 模型从企业的项目管理战略规划角度着手，分为 5 个梯级：

通用术语（Common Language）：组织了解项目管理的重要性。在组织的各层次、各部门需要进一步了解、使用共同的项目管理基础知识以及相关管理术语。

通用过程（Common Processes）：组织认识到自己需定义和建立通用过程。在一个项目上成功应用的管理过程，可重复地用于其他许多项目。

单一方法（Singular Methodology）：组织认识到了把组织所有方法结合成单一方法所产生的协同效应，其核心就是项目管理。用项目管理整合全面质量管理（TQM）、风险管理、变革管理、协调设计等各种管理方法以更好地控制项目。

基准比较（Benchmarking）：为了保持竞争优势，过程改进是必要的。将自己与其他企业及其管理要素进行比较，提取、分析比较信息，以项目办公室来支持这些工作，实现过程改进、完善。

持续改进（Continuous Improvement）：基于基准比较中获得的信息建立学习智库，组织经验交流，在项目办公室的指导下改进项目管理战略规划。

每个层次都有评估方法和评估题，可以汇总评估本梯级的成熟度，分析不足和制订改进措施，确定是否进入下一梯级。

（三）模型特点

K-PMMM 模型包含了五个层次，完成五个层次的顺序是不能改变的，但某些层次能够而且也应该重叠，重叠的程度取决于组织愿意承担的风险的大小。

第一个层次与第二个层次的重叠：这种重叠能够发生。因为无论是在通用术语的精炼过程中还是在培训过程中，组织都可能开发项目管理通用过程。

第二层次与第三层次的重叠：这种重叠发生的可能性不大。第二个层次被完成之前就开始第三层次的某些工作一般不大可能，一旦某个公司认可单一方法,那么在其他方法上的工作一般就终止了。

第三层次与第四层次的重叠:这种重叠发生是因为,当组织还在开发单一方法的时候,用于改进方法过程的开发计划也正在编制之中。

第四层次与第五层次的重叠:当组织越来越赞成基准比较和持续改进时,组织想进行变革的速度,可能会造成两个层次有较大的重叠。另外,从第五层次到第四层次和第三层次存在反馈机制,这就意味着这三个层次可以形成一个连续的改进环,而且,这三个层次都重叠在一起都是有可能的。

该模型的应用采用了与众不同的问卷调查方法,分不同层次给出若干客观自我评估题。针对第一层次,有80道类似PMP考试的选择题;第二层次有20道评分题;第三层次有42道选择题;第四层次有25道评分题;第五层次有16道评分题。通过这些问题的回答,可以分析、整理、判断出企业项目管理中存在的问题,为改善和提高企业的项目管理水平提供了依据。

(四)模型风险

K-PMMM模型各个层次都会有风险,风险可以分为低、中、高三类,主要是看企业文化的改变对于公司造成的影响。

低风险:对企业文化可能没有实质性的冲击,或者组织文化是动态的、能很容易地接受变革。中风险:组织意识到变革是必需的,但可能不知道变革带来的冲击。高风险:当组织意识到,实施项目管理所导致的变革将引起企业文化的变化时,高风险也就将随之而来了。

在成熟度模型五个层次中,第三层次具有最高的风险,因而对组织而言,它具有最高的难度,如表3-2所示。

表3-2　与K-PMMM模型相关的难度

层级	描述	难度(风险)
第一层级	通用术语	中
第二层级	通用过程	中
第三层级	单一方法	高
第四层级	基准比较	低
第五层级	持续改进	低

资料来源:符志民《航天项目评价》,中国宇航出版社2020年版,第126页。

一旦组织顺利实施了第三层次,那么后续的高层次成熟度所需的就是时间和努力,难度已经大为降低。然而要实现第三层次可能需要企业文化作出重大的转变。

五、P3M3 模型

(一)模型简介

P3M3(Project,Program,Portfolio Management Maturity Model)是英国商务部(OGC)项目组合、项目群和项目管理成熟度模型,它由英国政府商务办公室(OGC)开发,是行业公认的制定基线、衡量绩效改进和验证投资成效的最好办法。多年实践证明,采用 P3M3 作为诊断工具来评估组织能力,能更快地识别出改进机会,更好地帮助组织改善绩效。

英国政府商务办公室(OGC,现更名为英国内阁办公室)于 2005 年发布了 P3M3,旨在帮助公共部门提高采购的标准和能力。2008 年 6 月发布了第二版的版本。2010 年 2 月,内阁办公室发布了最新版本 2.1。新版本跨越多个行业的项目群管理的成熟度知识,并介绍了项目组合管理的定义。它与较早的版本完全兼容,所以那些已经采用第一版本的 P3M3 模型进行评估的组织将能够从改进的模型的评估中看到现在的改进计划的影响。

(二)模型架构

P3M3 模型包含:(1)3 个独立子模型,即项目组合、项目群和项目管理成熟度模型。每个模型都有支撑体系的方法论,比如,项目管理模型就是基于最佳实践指南和 OGC 的 PRINCE2 手册开发的。(2)3 个模型的 7 个核心维度。(3)3 个模型的 5 个成熟度级别。

模型成熟度级别为:

第一级,初始级(Awareness of Process),组织知晓项目,具有流程管理的初步认识,未建立架构。

第二级,可重复级(Repeatable Process),组织有了流程,流程具有可重复性。

第三级,已定义级(Defined Process),组织流程已经得到定义,保持了持续性。

第四级,可管理级(Managed Process),组织进行了流程评估,可管理,但是流程改进仍然是被动的。

第五级,可优化级(Optimized Process),组织进行了流程优化与改进,流程改进是主动的。

(三)模型七个评估维度

1. 管理控制

它涵盖了提案的内部各种控制机制及其在整个生命周期中是如何保持运行方向的,包括了控制主体在需要时能恰当停止或改变其方向的恰当的制动点。

管理控制的特征是:提案全生命周期中的领导、方向、范围、阶段以及项目群阶段、评审过程应存在定期的核查点和清晰界定的决策过程。应具备完整和清晰的目标,提案将交付什么应得到完整和清晰的描述。提案应清晰地描述产出;如果是项目群,应有蓝图(或目标运营模型)并界定了成果;如果是项目组合,应有组织蓝图(或目标运营模型)。

各种内部结构应整合以达成上述特征,控制的焦点是在容许偏差和边界范围内实现它们——容许偏差和边界由控制主体设定,并反映了更广泛的组织需求。问题应得到识别和评估,处置方法应采用结构化流程并做恰当的影响评估。

2. 收益管理

作为一个过程,收益管理是要确保预期的商业变革成果得到了清晰的界定、可以测量,确保其通过结构化的方法最终得到实现,并且在组织范围内有最终问责人。

收益应由负责交付它们的组织单元进行评估并批准。各项收益之间的依赖关系及其他需求应清晰地界定,提案产出的方式应满足这些需求。收益应恰当分类并从总体上考虑其含义,应具备相关证据。所有的收益都应该有最终问责人,具备实施计划,积极管理以确保其实现。运营方面的转变应得到关注,后续行动也应得到充分考虑,以确保组织对这些收益负最终责任并积极实现之。

3. 财务管理

财务是一项基本资源,对于提案的启动和控制来说会是一个关注焦点。财务管理确保提案所有可能的成本在正式的商业论证中均得到了捕捉和评估,在整个投资周期内成本均被分类和管理。

应有证据表明组织的财务部门恰当地开展了工作,在更广泛的组织层级中,审批机制是明确的。项目商业论证或类似的工作能为组织确定提案的价值,应该对可能的选择作出财务判断。就一个提案的生命周期而言,商业论证是决策的关键,它也关系到正式的评审阶段和其他替换行动的成本与收益。财务管理将对资金可用性进行计划,以支持投资决策。

4.利益相关方参与

对任何提案来说,利益相关方都是成功的关键因素。不同层次的利益相关方,不管是组织内部的还是外部的,都需要进行分析并使之有效地参与进来,以便达成其支持和参与的目标。利益相关方参与涉及制订沟通计划、有效识别并采用不同的沟通渠道,以及促成目标的技巧等。

利益相关方参与应视为所有提案均不可缺的过程,并且始终与提案生命周期和治理控制机制有着内在联系。

5.风险管理

它关注的是组织对于提案所面对威胁、所提供机会的管理办法。风险管理在威胁和机会之间取一个平衡,采取适当的管理举措降低或消除任何已识别威胁发生的可能性,或一旦发生则降低其影响,放大机会。它关注影响到提案的各种类型风险,包括内部和外部风险,并会重点监控产生风险的触发因素。

应创新且积极地应对风险,采取各种办法降低威胁、扩大机会。提案生命周期里应包含风险评审,应具备支持流程和结构以确保容忍度恰当、依托证据进行干预和变更来管理风险。

6.组织治理

它关注提案的交付是怎样服务于组织的战略方向的,包括启动和收尾控制机制是怎样应用于提案的,在其整个生命周期中提案又是怎样保持方向的。这有别于管理控制,后者关注提案在内部是怎样控制的,而组织治理维度关注的是外部因素对提案的影响是如何得到控制(或减轻)、促进最终结果的。有效的发起方式有利于其实现。

组织治理也关注组织的其他控制机制是怎样部署、标准是如何实现的,这包括法律方面和规范框架方面。它也考虑对利益相关方参与的分析层级、需求如何纳入产出及成果设计和交付的分析层级。

7. 资源管理

资源管理涵盖了为实施所需的各种类型资源的管理,包括人力资源、建筑物、设备、供应商、信息、工具和支持团队等。资源管理的关键因素是获取资源的流程和供应链怎样提高资源利用的效率。应有证据表明开展了能力规划和排序,才能进行有效的资源管理。绩效管理和机会挖掘也应得到开展。资源能力规划应考虑到运营方面为变革所储备的资源。

(四)模型用途

(1)对标一个标准而非其他组织;

(2)有助于判断达成愿景所需的能力级别;

(3)关注的是组织成熟度,而非个人、项目或者项目群;

(4)根据成熟度路径,为组织提供客观的劣势与优势评估;

(5)为进一步投资于项目群和项目管理的基础设施提供论证;

(6)有利于对后续进展的规划。

六、蜘蛛网模型

(一)模型简介

维也纳工商管理和经济学院的项目管理组为自我评定和为组织的项目管理能力进行标杆管理开发了项目管理模型即蜘蛛网模型(见图3-3)。

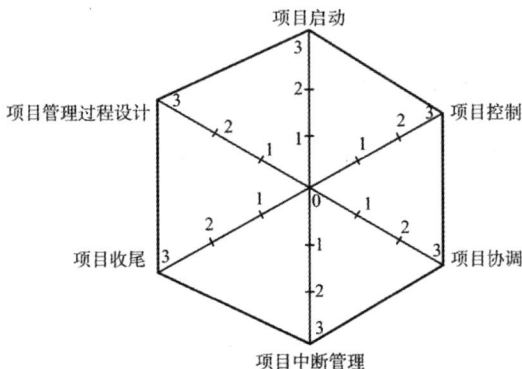

图3-3　组织项目管理能力的蜘蛛网模型

资料来源:罗德尼·特纳、斯蒂芬·西米斯特:《项目管理手册》,李世其、樊葳葳译,机械工业出版社2004年版,第487页。

（二）模型架构

模型将项目管理过程分为:项目启动、项目控制、项目协调、项目中断管理、项目收尾、项目管理过程设计六个方面。

模型多维地展示了项目管理能力,将不同项目管理子过程的成熟度形象化。一个组织或一个业务单元的项目管理能力由连接蜘蛛网上六个项目管理子过程项目管理能力点所构成图形的面积表征。

模型对项目管理子过程定义了 4 个能力水平,即:0＝未确定,为少数项目使用少数的项目管理方法;1＝部分确定,为许多项目使用少数项目管理方法;2＝确定,为许多确定的项目类型使用许多项目管理方法;3＝已标准化,为所有确定的项目类型使用所有要求的项目管理方法。

组织项目管理能力的评定基于信息技术支持的问卷调查,对不同的项目管理子过程因其对项目绩效的不同影响赋予了不同加权。项目启动过程的结果是所有其他子过程的基础,结果最重要。

七、（PM）2 模型

（一）模型简介

（PM）2（Berkeley Project Management Process Maturity Model）模型由杨春葵（Young Hoon Kwak）博士和威廉·伊布斯（C.William Ibbs）博士联合开发,（PM）2 模型提供一套系统的、递增的方法,从非成熟、无经验、不完善的层次推进至成熟的层次。每一成熟度层次包括项目管理主要的特点、因素、过程。

（二）模型架构

（PM）2 模型综合了先前成熟度模型开发特征,用于测评不同的组织和行业项目管理层次,模型提出了一系列步骤,有助于组织增量性地改革整体的项目管理效果。（PM）2 模型包含 5 级项目管理成熟度层次,采纳 PMI 项目管理知识体系,把项目管理过程和实践分解成 9 个项目管理知识区域和 5 个项目管理过程(见图 3-4)。高一级的项目管理成熟度,每一项目管理成熟度层次都含有项目管理的关键过程、组织特点和关键区域。

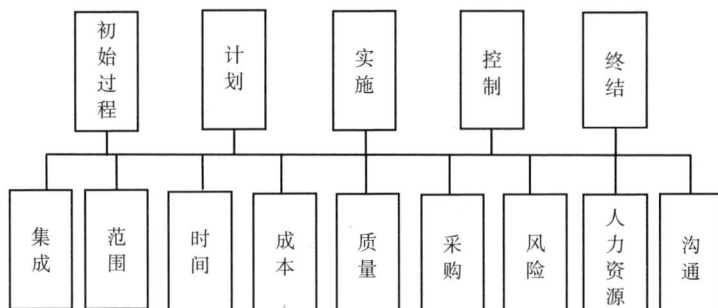

图 3-4　项目过程集成与项目管理知识区域

资料来源:笔者自制。

(三)模型特点

(PM)2 模型采用系统和增量的方法,鼓励组织和员工争取更高的项目管理成熟度。评估的结果有助于组织提出建议,改进组织对项目管理专业技术的应用,提供并指导获取项目管理成熟度高一层次所必须的过程和要求。5 级的(PM)2 模型如表 3-3 和图 3-5 所示。(PM)2 模型主要用途是给那些应用 PM 实践和过程的组织做一个参考点或尺码。(PM)2 模型和其一套评估方法已经成功地应用到不同的组织和行业中,并被证实非常有效。

表 3-3　(PM)2 模型关键项目管理过程、组织主要特征和关键重点区域

等级	关键 PM 过程	组织主要特征	关键重点区域
第 5 级	持续改进 PM 过程,完全知晓 PM 过程,优化并保持 PM 数据	项目驱动的组织,组织动态、充满活力、灵活能应变,持续改进 PM 过程和实践	以创新理念改进 PM 过程和实践
第 4 级	实施多 PM,一体化 PM 数据和过程、量化分析、测量和储存了 PM 过程数据	项目团队协同工作能力强,实施规范的项目管理培训	以专业化方式计划和控制多项目
第 3 级	实施了规范的项目执行和控制系统,实施了规范的 PM 数据管理	项目团队导向(中等),实施不规范的 PM 技能和实践培训	对单个项目实施系统的、结构化的项目计划和控制
第 2 级	定义了不规范的 PM 过程,识别了不规范的 PM 问题,收集了不规范的 PM 数据	项目团队导向(弱),组织在从事类似工作时有优势	实施了单个项目计划
第 1 级	没有持续实施有效的 PM 过程或实践,没有持续实施 PM 数据收集和分析	职能部门不沟通,项目管理缺少高层管理支持,项目成功取决于个人的努力	理解并建立 PM 基本的 PM 过程

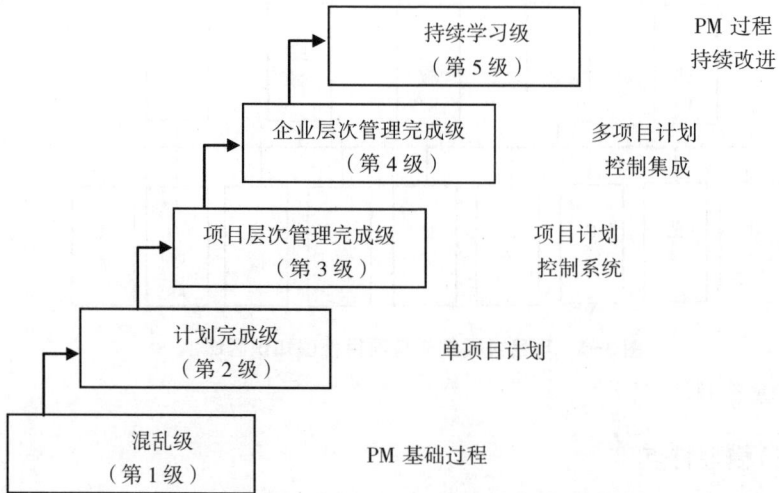

图 3-5 （PM）2 模型的等级

资料来源：符志民：《航天项目评价》，中国宇航出版社 2020 年版，第 133 页。

八、P2M 模型

（一）模型简介

P2M 模型是由日本工程发展协会（ENAA）开发的项目管理模型，得到日本政府部门的大力支持并在日本广泛应用，是世界上第一个企业项目（群）管理方法。

（二）模型架构

P2M 模型结合日本企业实际，从一个全新的企业角度而不是从传统项目的角度来进行项目（群）管理，着眼于培训具有宽广视野和较高视点的高级人才。

与美国项目管理指南不同的是，P2M 更加强调打破项目管理现状，进行变革创新和实践能力的培养，通过管理创新、系统创新和应用创新三者结合来实现新型商业模型的构建。

"打破现状，项目变革、创新"是基于计划型项目群的集成管理，该集成管理包括与当前知识社会的基础密切相关的"分组项目、商业构想、发展战略、组织结构、应用平台、价值评估"等部分，实践能力则划分为"目标、财务、信息系统、沟通"等 11 个子管理类别，如图 3-6 所示。

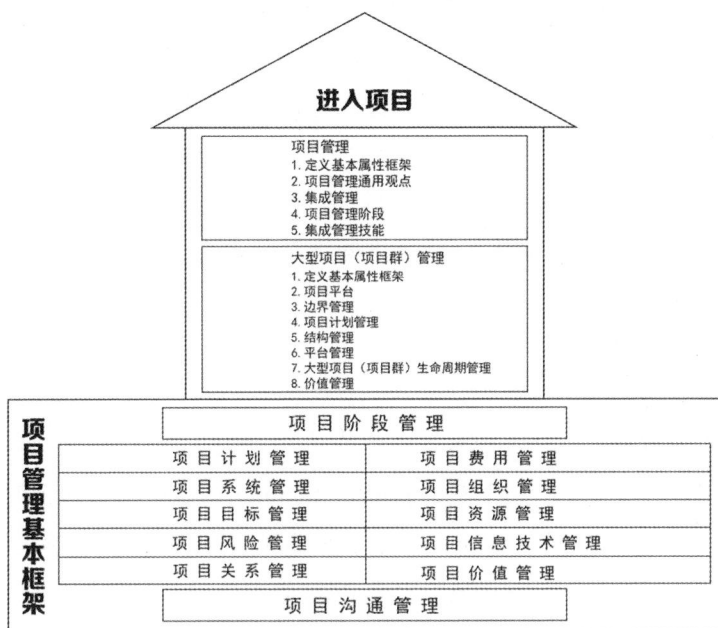

图 3-6　P2M 项目管理结构塔

资料来源:符志民:《航天项目评价》,中国宇航出版社 2020 年版,第 138 页。

九、组织中项目成熟度模型

(一)模型简介

组织中项目成熟度(Project Maturity in Organisations)模型由挪威安德森(Erling S.Andersen)、斯文·阿恩·杰森(Svein Arne Jessen)于 2002 年提出,模型以调查项目相关方在项目管理知识、项目管理态度和实际项目实践(行动)方面的差异来测试项目成熟度。

(二)模型架构

模型从对项目的态度、知识、行动三个维度表征项目成熟程度。

对项目工作的态度包括:(1)对风险和不确定性的态度(避免不确定性);(2)对权力共享和责任担当的态度(权力距离);(3)对软、硬价值观的态度(男性化和女性化);(4)对合作的态度(集体主义和个人主义)。

对项目管理知识包括:(1)了解假设(输入);(2)了解工作方式(工作流程);(3)了解期望的结果(输出);(4)关于整体的知识(整体)。

对项目行动包括:(1)在战略层面采取的行动(最高管理层,首席执行官层面);(2)在战术层面采取的行动(直线管理、项目集管理、项目组合管理);(3)在行政管理层采取的行动(行政支持职能);(4)在运营层面采取的行动(项目管理、项目参与者)。

依据上述体系架构,设计征询问题,通过答案选择、衡量标准分析、判断、得出被调查组织的项目成熟度、成熟度的维度分布特征及不同维度下的细分要素表征。

十、ERMMM 模型

(一)模型简介

ERMMM(Enterprise Risk Management Maturity Model)模型即企业风险管理成熟度模型是符志民于 2006 年开发的企业风险管理成熟度评价模型,模型针对企业风险管理状况,基于风险因素、风险管理要素和成熟度等级创建企业风险管理成熟度评价体系,旨在提供企业风险管理目标指引、指明企业风险管理活动改进途径、助推企业风险管理水平提升。

(二)模型架构

ERMMM 模型构建坚持系统性、科学性、逻辑性、适用性、操作性等原则。模型架构设计包含四个层次:等级目标、关键域、特定与类属目标、关键实践。ERMMM 评价要素及指标结构如图 3-7 所示。

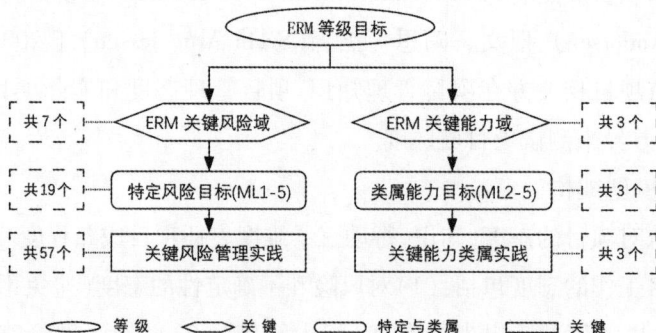

图 3-7 ERMMM 评价要素及指标结构

资料来源:《企业风险管理成熟度评价研究》,北京大学博士后研究报告,2008 年。

第一个层次为等级目标层:评价的目标是企业风险管理成熟度等级。

第二个层次为关键领域层:对企业风险管理成熟度要素类型进行识别与分析。确定了两类共十种要素作为评价的二级指标,包括如下内容:七个关键风险域:战略决策风险、产品实现风险、人力资源风险、市场营销风险、财务运营风险、外部环境风险和整体协作风险;三个关键能力域:风险过程管理能力域、风险人员管理能力域、风险制度管理能力域。

第三个层次为特定与类属目标层:对七个关键风险域的指标进一步细分为 19 个特定风险目标,贯穿一至五等级;对三个关键能力域的指标进一步明确其组织内部具有共同特性的目标,贯穿二至五等级,即类属能力目标,其中由于处于第一等级的企业风险管理混乱,因而这一等级的关键能力类属目标一般不做要求。

第四个层次为关键实践层:由关键风险管理实践和关键能力类属实践构成。关键能力类属实践是通过对企业在制度、人员、过程三个能力类属目标的实现中所提取的关键实践内容。关键风险管理实践是三个类属能力目标针对 19 个特定风险目标而提取用以具体评价企业对各风险因素管理水平的 57 个关键实践内容。

指标的设计主要依据企业风险管理中关键风险因素和关键能力要素的具体内容,同时借鉴了 CMM(能力成熟度)和 PMMM(项目管理成熟度)两类发展较为成熟并具有代表性的成熟度模型的评价测试指标,企业风险管理成熟度四级指标体系如下:

(1)一级指标:A——企业风险管理成熟度等级目标(五个等级)。

(2)二级指标:B1——关键能力域(3 个),B2——关键风险域(7 个)。

(3)三级指标:C——特定能力目标(3 个):C01——RM 过程方面,C02——RM 人员方面,C03——RM 制度方面。

S——特定风险目标(19 个):S01:决策能力风险,S02:决策依据风险,S03:技术应用风险,S04:质量控制风险,S05:资源保障风险,S06:人岗配置风险,S07:绩效管理风险,S08:需求预测风险,S09:营销渠道风险,S10:营销人员风险,S11:筹资风险,S12:投资风险,S13:运作成本风险,S14:自然风险,S15:政策法律风险,S16:经济环境风险,S17:供应商选择风险,S18:沟通管理风险,S19:信息安全风险。

(4)四级指标:四级指标由3个类属能力目标要素(三级指标)和19个特定风险目标要素(三级指标)组合生成57个关键管理实践要素(四级评价指标)。

ERMMM将企业风险管理成熟度划分为五层,根据风险管理的特点每个等级定义如下:

第一级:初始级,这是企业风险管理的最低级别。初始级企业风险管理过程是未加定义的随机过程,该过程的执行是不成熟的、无序的,甚至是混乱的,"不确定性"和"不可预测结果"为此等级的主要特征。在这个等级,企业在很少的相关运营环节上,针对风险进行了有意识的识别、评价和控制,还没有形成普遍被接受的经验;企业没有专门设置管理风险源的责任人,其管理责任由很少的相关管理人员自觉承担,其他人员没有意识也不承担风险的管理任务;企业没有针对风险源建立风险管理制度的意识,风险的管理完全依赖管理者的个人责任心和努力程度。

第二级:可重复级,这一等级的最大特征是安排了兼职的机构来进行风险管理。可重复级企业已经意识到风险必须加以管理才能充分提高企业抵抗风险的能力,安排兼职的管理部门进行风险管理,开始有意识地进行风险的收集和积累,被收集和积累的部分风险管理方法和措施可供重复使用,但是使用的程序仍然比较混乱。具体表现在:企业在较少的相关运营环节上,针对风险成功地进行了识别、评价和控制,并已有一些普遍被接受的经验;企业设置了针对风险源的兼职责任人,其管理责任主要由较少的相关管理人员自觉承担,其他人员不承担风险的管理任务;企业已有针对风险源建立风险管理制度的意识,风险的管理主要依赖于管理者的责任心和已有经验。

第三级:已管理级,这一等级最大的特征就是建立了专门的风险管理机构,并形成风险管理文档。已管理级企业建立了专门的风险管理部门,其风险管理过程已经文档化,被用来帮助风险管理部门和人员,使其工作更有效。在这个等级,企业在很多的相关运营环节上,已基本实现了对风险识别、评价和控制的有效性,并不断提高对该类风险成功管理的可靠性;企业成立了风险管理部门并专设了针对该类风险源的责任人,其管理责任主要由较多的相关管理人员义务承担,其他人员有风险管理意识并自觉对该类风险进行辅助管理;企业建立了包含该类风险源的风险管理制度,管理者能够依据管理条文,较好地执行该类风险的管理任务。

第四级:精确管理级,这一等级最大的特征就是形成可量化的风险管理方法。精确管理级企业为风险管理过程制定了量化的指标。风险管理活动是具有精确定义、连贯循环的量化的活动方式。这些评价方法为评估企业风险管理能力提供了一个量化的基础。企业在很多的相关运营环节上,已基本实现了对风险识别、评价和控制的有效性,并不断提高对风险成功管理的可靠性;负责风险源管理的责任人直接受命于风险管理部门主管,很多相关管理人员承担风险管理责任,较多的员工主动探讨风险管理经验并愿意担负有风险的管理任务;企业形成了包含风险源的较完善的制度体系,风险的管理任务能在制度的规范和引导下实现有效控制。

第五级:持续改进级,这一等级是风险管理的最高级别,最大的特征就是企业能够自我优化,不断创新。持续改进级企业几乎在所有相关运营环节上,针对风险已达到了理想的识别、评价和控制效果,并不断减少管理成本和提高管理效益;负责风险源管理的责任人兼负有指导其他职能部门主管实现部门目标的义务,风险管理部门成为企业的核心部门,几乎所有的相关管理人员承担风险的管理责任,几乎全部员工积极主动地担负力所能及的风险管理义务,形成了主动管理风险的文化氛围;企业依据新环境不断发展和完善包含风险源的制度体系,使其更加适合企业未来进一步的发展需要。

企业风险具有客观性、普遍性、随机性、多样性、不确定性和潜在性等特征,存在诱惑效应、约束效应和平衡效应,企业风险管理能力和水平对企业生存、发展的制约和影响已经受到广泛关注并形成普遍共识,国内外众多企业由于风险管理意识薄弱、风险管理和应对能力不足而破产、倒闭、衰败的案例不胜枚举。因此,企业应强化全员风险意识,培育优良的风险管理文化,系统推进企业全面风险管理;企业风险管理成效的有效提高依赖于必要的风险管理机制,应规范企业风险管理规章制度,建立包括预警防范机制、监督审核机制和评价激励机制等在内的有效风险管理机制;卓越的风险管理绩效需要企业借助各类风险管理载体得以实现。企业应构建由风险管理体系、管理机制和管理模式构成的风险管理载体,激励全员参与,实施全过程动态风险管理,提升企业风险管理能力和水平,实现风险管理的预期绩效。

十一、PMS-PMMM 模型

（一）模型简介

PMS-PMMM 模型是由美国项目管理解决方案公司（Project Management Solutions,Inc.）于 2002 年制定的 5 级项目管理成熟度模型，国际上称为 PM Solutions模型或 PMS-PMMM 模型。

PMS-PMMM 模型最初分为 8 个级别，目前已改为 5 个级别，从项目管理的 9 大知识范畴分别评级。美国项目管理解决方案公司商业实习中心（The Center for Business Practices）对 126 位高级项目管理从业者的调查结果表明，企业处于项目管理成熟度阶梯的底档。被调查者认为企业项目管理成熟度的平均级别是 2.40 级，而其实际结果却是 1.18 级；总体来说，不同企业规模，其成熟度几乎没有差别，只是小企业在商业需求定义上不太成熟，而大企业则在项目计划开发上不太成熟等。

（二）模型架构

PMS-PMMM 模型分为目标层、准则层和指标层三个层次。目标层表征评价指标为项目管理成熟度，准则层包括项目管理 14 个评价要素，指标层把准则层 14 个评价要素细化分解成 64 个指标。据此设计问卷，并进行调查，问卷采用 5 级测量方式，从非常不重要、不重要、一般重要、比较重要到非常重要 5 个选项。调查结果经过统计分析、信度与效度检查，剔除不重要的要素。

PMS-PMMM 模型维度 1 是成熟度等级，分别为：初始过程、结构化与标准过程、组织标准与制度化过程、已管理过程、优化过程，5 个等级相当于 5 个阶梯，反映了项目成长的进程，从第 1 级跃上第 2 级的特征是了解基本知识，第 2 级跃上第 3 级的特征是定义和规范过程，第 3 级跃上第 4 级的特征是过程成熟化，第 4 级跃上第 5 级的特征是实现过程优化；维度 2 是项目管理要素，即范围管理、时间管理、成本管理、质量管理、人力资源管理、采购管理、沟通管理、风险管理、集成管理。

十二、SW-CMM 模型

(一)模型简介

SW-CMM(Capability Maturity Model for Software)模型是由美国卡内基·梅隆大学软件工程研究所(SEI)于 1987 年开发的软件能力成熟度模型,是对软件组织在定义、实现、度量、控制和改善其软件工作的过程中各个发展阶段的描述,模型可以确定软件组织的现有过程能力、查找软件质量过程改进方面的关键问题(软件开发过程、软件开发方法),既为软件过程改进提供指南,又为软件过程能力评估提供依据。CMM 核心是把软件开发视为一个过程,对软件开发和维护进行过程监控和研究,以使其科学化、标准化,CMM 是一种软件开发过程能力成熟度评价模型。CMM 最早是应美国国防部委托开发的旨在评估软件契约承包商/供应商软件开发能力、监督承包商软件开发工作能力和状况、提高军用软件开发能力、保证军用外包软件项目质量的模型。

CMM 是一种用于评价软件承包商能力并帮助其改善软件质量的方法,侧重于软件开发过程的管理及工程能力的提高与评估。模型认为,只要集中精力持续努力去建立有效的软件工程过程的基础结构,不断进行管理的实践和过程的改进,就可以提高软件生产质量。CMM 是目前国际上最流行、最实用的一种软件生产过程标准,已经得到了众多国家以及国际软件产业界的认可,成为当今企业从事规模软件生产不可缺少的一项内容。分析模型评估应用的结果可见,当今整个软件企业现状:最多的成熟度为 1 级,较多成熟度为 2 级,少数成熟度为 3 级,极少数成熟度为 4 级,成熟度为 5 级的更是凤毛麟角。

CMM 为软件企业过程能力提供了一个阶梯式的改进框架,它基于过去所有软件工程过程改进的成果,吸取了以往软件工程的经验教训,提供了一个基于过程改进的框架。模型指明了一个软件组织在软件开发方面需要管理哪些主要工作、这些工作之间的关系,以及以怎样的先后次序,一步一步地做好这些工作从而使软件组织走向成熟。

许多能力成熟度模型是在 CMM 基础上开发或演变开发的,某种程度上 CMM 是能力成熟度模型的元模型。

（二）模型架构

SW-CMM 模型由成熟度等级（Maturity Levels）、过程能力（Process Capability）、关键过程域（Key Process Areas）、目标（Goals）、公共特性（Common Features）和关键实践（Key Practices）等要素构成。成熟等级作为一种层级结构，只有不断改进提高才能到达相应层级。关键过程域是指一系列相互关联的实践活动，这些活动反映了一个软件组织改进过程时必须集中精力改进的几个方面，在它们的共同作用下，各项重要目标得以实现。目标是指每一项关键过程都应有一个既定目标，它表达了一种必须实现的、存在的状态，这种状态必须高效地、持久地保持下去，否则过程无法正常运作，目标完成情况还是组织成熟度的标示器，目标还意味着关键过程区域的范围、边界及目的。共同特征是在关键过程执行中及过程标准化中所反映出来的共同属性，包括：执行决心、执行能力、具体活动、测量分析、执行检验。关键作业是指对关键过程区域的执行和制度化发挥着重要作用的实践活动和基础结构。

模型分为 5 个等级、18 个关键过程域、52 个目标、300 多个关键实践，除了第 1 等级外，其他每一级由几个关键过程域组成，每一个关键过程域都由公共特性予以表征。SW-CMM 给每个关键过程域规定了一些具体目标，每个公共特性归类的关键实践是按该关键过程域的具体目标选择和确定的。如果恰当地履行了某个关键过程域涉及的全部关键实践，这个关键过程域的各项目标就能达到，表明该关键过程域得以实现。

这种分级的思路在于把一个组织执行软件过程的成熟程度分成循序渐进的几个阶段，这与软件组织提高自身能力的实际推进过程相吻合。

SW-CMM 模式提供一套循序渐进的改善指导方针，让一个混乱、不成熟的软件组织演变得成熟、有制度，以下概略地叙述这五个成熟度等级：第一级：初始级，组织软件开发过程是临时的、未加定义的随意过程，有时甚至是混乱的。没有几个过程是被定义的，常常靠个人的努力来取得成功。第二级：可重复级，组织建立了基本的项目管理过程来跟踪软件项目的成本、进度和功能。这些管理过程和方法可供重复使用，可把过去成功的经验用于当前和今后类似的项目。第三级：已定义级，组织管理活动和软件工程活动的软件过程文档化、标准化，并被集成到组织的标准软件过程之中。组织所有的项目都使用一个经批准的、特制的标准过程版本。第四级：已管理级，组织软件过程和产品质量控制措施落实,管控精细、量化。第五级:优化级,组织优化技术设计、软件开发过程和产品创新,基准比较,并持续改进。每一成熟度等级组织的特征和关键过程区域如表3-4所示。

表3-4 每一成熟度等级组织的特征和关键过程区域

等级	描述	关键过程区域
初始级	软件过程的特点是无秩序的,偶尔甚至是混乱的。几乎没有什么过程是经过定义的,成功依赖于个人的努力	· 没有需执行的过程
可重复级	已建立基本项目管理过程,去跟踪成本、进度和功能性。必要的过程纪律已经就位,使具有类似应用的项目,能重复以前的成功	· 需求管理 · 软件项目计划 · 软件项目跟踪和监督 · 软件分合管理 · 软件质量保证 · 软件配置管理
已定义级	管理活动和工程活动两方面的软件已文档化、标准化,并集成到组织的标准化软件过程,全部项目采用一个经批准的、可供开发和维护软件用的标准化、可剪裁的软件过程版本	· 组织过程焦点 · 组织过程定义 · 培训大纲 · 集成软件管理 · 软件产品工程 · 组织协调 · 同行评审
已管理级	已采集详细的有关软件过程和产品质量的度量,无论软件过程还是产品均得到定量了解和控制	· 定量过程管理 · 软件质量管理
优化级	利用来自过程和来自新思想、新技术的先导性试验的定量反馈信息,使持续过程改进成为可能	· 缺陷预防 · 技术改革管理 · 过程更改管理

十三、CMMI 模型

(一)模型简介

CMMI(Capability Maturity Model Integration)是 SEI 于 1997 年开发的集成能力成熟度模型,目的是规避 CMM 仅关注软件过程改善和能力提高的局限,整合不同类似成熟度模型的最佳实践,改进模型过程,改进内容重叠的资源浪费和构架与原则差异的不适应,建立统一模型,覆盖不同领域,实现全面过程的改进和完善。

CMMI 主要针对智力密集、集成开发、管理系统复杂的知识密集型企业。

CMMI 模型的所有构件分为三大部件:必须部件(目标性的构件)、期望部件(实践性的构件)、信息部件(陈述性的构件)。CMMI 源模型有阶段式和连续式两种表达方式,包括阶段式的 SW-CMM 模型和连续式的 IPD-CMM 模型,阶段式用来描述组织上的整体成熟度,而连续式关注的是组织单个过程域的能力,如图 3-8、图 3-9 所示。选用哪种表达方式,须根据组织自身过程改进的实际情况来确定,同时需要判断应该涉及哪些具体知识领域。阶段式与连续式所包含的过程域是完全一致的,都是以 CMMI-SF/SW/IPPD 模型的 24个过程域为基础。两者的区别在于:在阶段式模型中,一个过程域只存在于单一的成熟度等级上,且从不跨越等级,因此阶段式模型的定义完全是按过程域的分组进行的,从 ML2 级到 ML5 级,每个等级含若干个过程域,形成 4 个阶梯等级组。在连续式模型中,一个过程域可以根据过程改进的需要跨越等级,为多个能力等级共享和服务。CMMI 的一个特点是尽量覆盖更多的领域,CMMI的任何源模型均包括四个领域:软件工程(SW)、系统工程(SE)、集成的产品与过程开发(IPPD)和采购(SS)。企业可以根据需要选择 SW 或 SE,也可以都选。IPPD 和 SS 主要是配合软件工程和系统工程的内容使用。如单纯软件开发企业可以选择 CMMI 中 SW 的内容;设备制造企业可以选择 SE 和 SS;产品集成企业可以选择 SW、SE 和 IPPD。

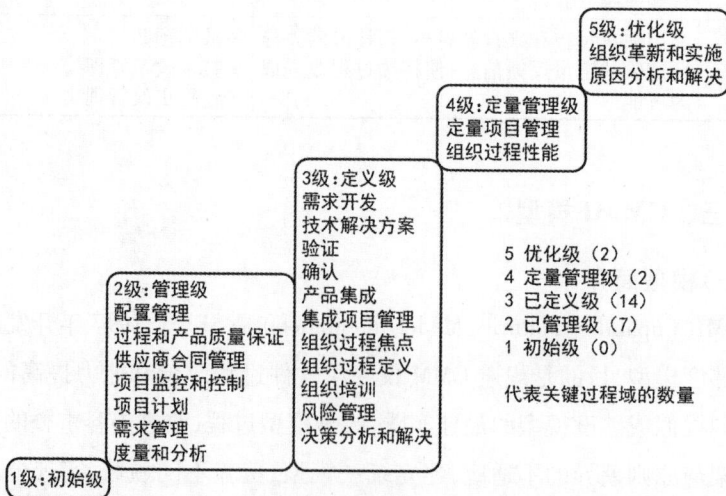

图 3-8　CMMI 模型阶段式表达

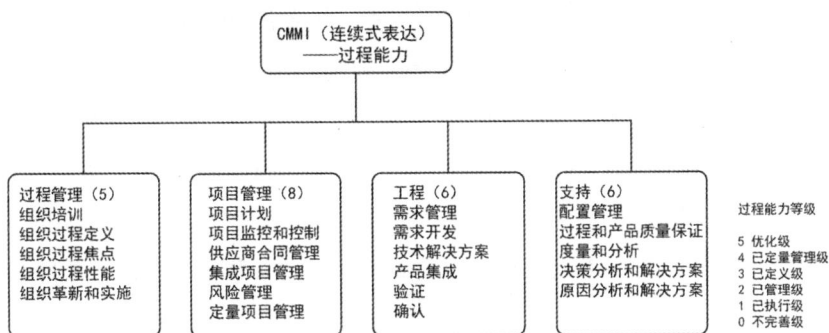

图 3-9　CMMI 模型连续式表达

（二）模型架构

CMMI 模型通过表现形式支持每一种途径。阶段表现形式用于最有效支持组织成熟度改进途径,将过程域分成 5 个成熟度水平,以支持和指导过程改进。连续表现形式,将过程区域分为四大类:过程管理、项目管理、工程以及支持,用于最有效地支持过程域能力改进途径,过程域采用 6 个能力水平。

CMM 适用于软件的组织成熟度测评。CMMI 适用于多种组织成熟度测评,其中 CMMI-SW 适用于软件。CMMI 相对 CMM 更完整,更适用于大环境。

每级关键过程区域有所不同。CMM 2 级有 6 个关键过程区域,在 CMMI 中增加了一个:度量与分析;最显著还是在 CMM 3 级中,原来的 7 个 KPA 改为 14 个。CMM 4 级有 2 个关键过程区域,在 CMMI 中也是 2 个,只是名称与内容有所改变;在 CMM 5 级中有 3 个 KPA,在 CMMI 中合并了,改为 2 个。

CMMI 提供了一个软件企业不断成熟的框架,2 级是解决质量管理体系从无到有的问题,使软件项目的基本管理可以重复;3 级是从特殊到一般的过程,提高质量管理的一个层次;4 级是从定性管理到定量管理的过程,通过定量控制达到结果可预测;5 级是从静态管理到动态管理的过程,解决技术和过程的更新,使质量管理体系持续改进和提高。

十四、PE 模型

（一）模型简介

PE 模型即卓越项目管理模型是国际项目管理协会(IPMA)设立的国际项目管理大奖评选的依据。IPMA 一直致力于研究卓越项目的管理特征,在积累了大量的成功项目数据的基础上,参考一些成熟的管理模型,推出了自己的大奖评估模型,从演变历史上,大奖评估模型经历了三次大的调整,自 2015年起,IPMA 正式发布了最新的评估模型,即为 PE 模型(IPMA Project Excellence Model)。模型具有包容性、系统完整性、循证性、规范性等特征。

PE 模型主要参考了基础质量管理标准和项目管理标准。从模型的理念和架构上,IPMA 主要基于全面质量管理(TQM)和欧洲质量管理模型(EFQM)完成了 PE 模型的设计工作。

在 PE 模型的设计上,除了参考通用的管理模型外,IPMA 依托多年积累的项目管理理论,将自身开发的多个项目管理模型有机融入到 PE 模型中,主要包括三大项目管理标准模型(PMBOK、OPM3、ICB)。

(二)模型架构

PE 模型的架构设计,着力从"项目管理"和"项目结果"两个方面对项目进行评价,共设 9 个评估标准,分为项目管理(500 分)、项目结果(500 分)两个部分,项目管理部分有 5 个标准,分别是:项目目标(140 分)、领导力(80分)、人员(70 分)、资源(70 分)、过程(140 分);项目结果部分有 4 个标准,分别是:客户结果(180 分)、人员结果(80 分)、利益相关方结果(60 分)、主要成就和项目结果(180 分)。国际项目管理协会 IPMA 的国际大奖评价模型如图 3-10 所示。

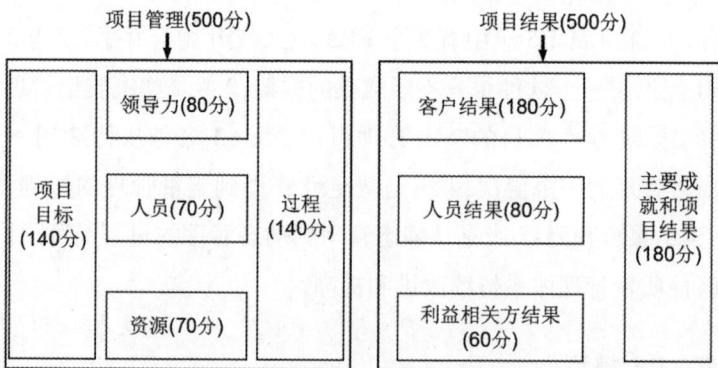

图 3-10　国际项目管理大奖评价模型

资料来源:中国(双法)项目管理研究委员会:《国际卓越项目管理评估模型及应用》,电子工业出版社2008 年版,第 26 页。

PE 模型通过三个层次来反映项目的全部管理状态。第一层次(基础层次):领域(Areas)——卓越项目的主要组成部分(人员及目标、过程及资源、结果)。前两个与项目管理状态直接相关,第三个与项目成果直接相关。针对领域的评估能很好地反馈出项目实施水平,全面展示项目实施成果的核心能力。第二层次(知识层次):标准(Criteria)——基于卓越项目的核心领域,针对领域中的关键要素,形成可测量、可持续发展、可及时反馈标准结构,这是企业最有价值的知识积累。第三层次(展示层次):案例(Examples)——第三层次主要是指实践中常见的优秀项目。通过对案例的分析研究,除提高项目团队的管理水平,不断改善企业的项目环境外,还能通过项目实践,不断改善项目标准(第二层次),最终提升项目领域的完善(第一层次)。

PE 模型的指标结构包括:3 个领域、9 个子领域、20 个评估标准、107 个要素标准及大量的案例、过程记录、证明文件等。领域 A——人员及目标:与人员及目标相关的管理领域是卓越项目模型的基础。优秀的管理人员、清晰的目标设定,对推动项目进步,达到既定标准至关重要。具体分为:(A1)领导力和价值观;(A2)目标和战略;(A3)项目团队,合作伙伴和供应商。领域 B——过程及资源:针对项目过程和资源的管理水平,代表着项目实施过程中的高效、可持续发展的管理模式。这一领域的成果也为项目管理水平的不断创新和改善提供了坚实的基础。具体分为:(B1)项目过程管理和资源管理;(B2)其他关键流程和资源管理。领域 C——成果:项目成果是项目卓越模型领域中的一个必要的证明,也是项目中各种利益相关者的实际收益的系统表现。对成果的评定将证明,在项目实践中,优秀的项目管理方法、高效的管理水平,必将获得所有利益相关方均满意的卓越项目成果。具体分为:(C1)客户满意度;(C2)项目团队满意度;(C3)其他利益相关者的满意度;(C4)项目的结果及对环境的影响。

PE 模型为组织和项目团队提供了科学的项目评估方法,使组织和项目团队能识别自身项目管理的现状,了解被评价项目在项目管理和项目结果方面的强项和弱项,依此对照最佳实践找到改进的方向。

十五、欧洲 EFQM 模型

欧洲质量奖由欧洲质量组织和欧洲质量管理基金会于 1991 年设立,它采用欧洲质量奖评价(European Foundation for Quality Management,EFQM)模型,该奖是欧洲最具声望和影响力的用于表彰优秀企业的奖项,为企业全面质量管理提供工具,帮助企业内部管理和质量审核。

该模型从组织能力和组织结果两个方面对组织进行评价,包括9个准则,如图3-11所示。组织能力方面500分,包括领导力(100分)、方针和战略(80分)、人员管理(90分)、资源(90分)和过程(140分)五个准则;组织结果方面500分,包括客户结果(200分)、人员结果(90分)、社会影响(60分)、主要经营绩效结果(150分)四个准则。对能力范围的评分从方法、展开两个维度进行,对结果范围的评估从结果的优良程度、结果的范围两个维度进行。EFQM模型突出强调了以人为本、员工满意度、对环境和公共资源的保护,以及企业所承担的社会责任等。

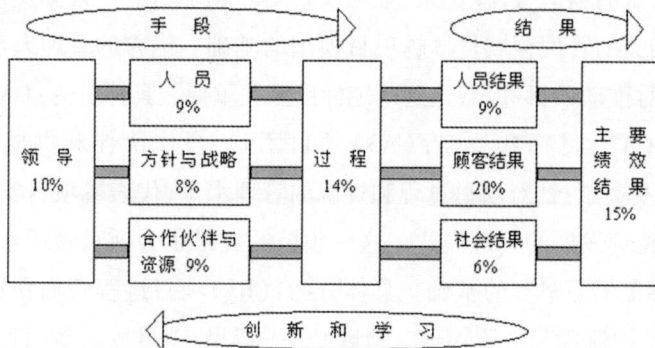

图 3-11　欧洲 EFQM 模型

资料来源:中国(双法)项目管理研究委员会:《国际卓越项目管理评估模型及应用》,电子工业出版社2008年版,第18页。

十六、中国质量奖模型

中国质量奖是中国在质量领域授予各类组织和个人的最高荣誉,分为中国质量奖和中国质量奖提名奖两个奖项,每两年评选一次。

中国质量奖的申报组织应当同时具备以下条件:一是在中华人民共和国境内合法注册的法人或者其他组织,近5年内无重大质量、安全、环保等事故,无违法、违规、违纪行为;二是在质量水平、创新能力、品牌影响力以及效益等方面取得突出成绩并达到国际领先水平;三是质量管理制度、模式、方法实现创新并具有推广价值。

中国质量奖的申报个人应当同时具备以下条件：一是对中国质量发展事业作出突出贡献；二是恪守职业道德和社会规范，无违法、违规、违纪行为。

中国质量奖申报材料由申报表、自我评价报告和证实性材料三部分组成。自我评价报告依据《卓越绩效评价准则》（GB/T 19580—2012），主要围绕组织的领导、战略、顾客与市场、资源、过程管理、测量、分析与改进、结果等内容，从采用方法、工作展开和实施结果三个方面用事实和数据说明实施卓越绩效的时间、过程、做法、成效和经验。卓越绩效评价准则基于：远见卓识的领导、战略导向、顾客驱动、社会责任、以人为本、合作共赢、重视过程与关注结果、学习、改进与创新、系统管理等基本理念，组织高层领导应运用这些理念引导组织追求卓越绩效。

中国质量奖充分借鉴了国内外卓越绩效管理的经验、做法以及质量奖评审的范式，结合了中国企业经营管理的实践，以《卓越绩效评价准则》作为质量奖的评价依据，引导组织追求卓越，帮助组织管理改进、提升和创新，增强战略执行力和竞争优势，不断提高产品、服务和发展质量，促进组织可持续发展，为组织的所有者、顾客、员工、供方、合作伙伴和社会创造价值，持续提高组织的整体绩效和管理能力，推动组织持续获得成功。

十七、KM-PMMM 模型

（一）模型简介

KM-PMMM 模型是由澳大利亚克纳谱和摩尔私人有限公司在 2000 年开发的 4 级项目管理成熟度模型。

（二）模型架构

KM-PMMM 模型从企业项目管理战略规划的角度着手，分为四个层次，即摸索级、觉醒级、胜任级、最佳方法级。在不同层次设计了若干客观自我评估题。针对第一层次（摸索级），有 80 道类似 PMP 考试的选择题；针对第二层次（觉醒级），有 20 道评分题；针对第三层次（胜任级），有 42 道选择题；针对第四层次（最佳方法级），有 24 道评分题。

KM-PMMM 模型把项目管理成熟度与项目成功率结合起来，更进一步地说明提高项目管理成熟度对项目的价值和对组织的重要性与意义。

第四章　复杂项目管理人员的能力

第一节　复杂项目管理人员能力结构

复杂项目管理人员的能力是指完成复杂项目管理任务、实现项目目标的必备条件。

管理不同复杂项目的项目管理人员和在项目中处于不同管理岗位的项目管理人员应该具备不同的能力。项目管理人员的能力既有核心要素，也有外在表征形式。项目组织应该建立系统、充分、科学、先进的项目管理人员能力体系、评价指标和考评标准，着力培养成功的项目管理人员所具备的能力。复杂项目管理人员的能力应具有相应的结构，可从自身层面的能力构成与融入社会范围需要的能力构成两方面来描述，如图4-1和图4-2所示。

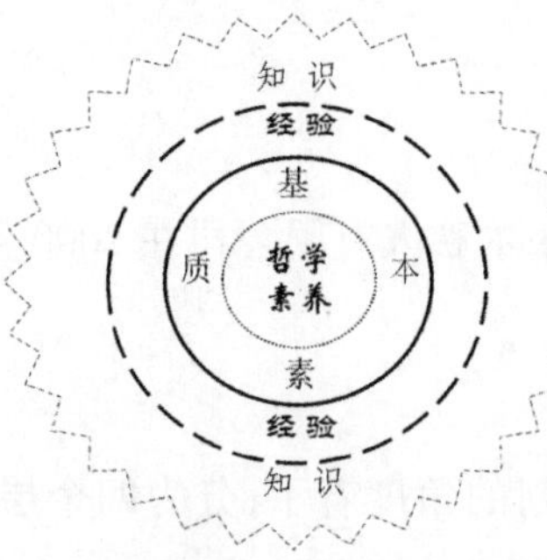

图4-1　复杂项目管理者自身能力结构 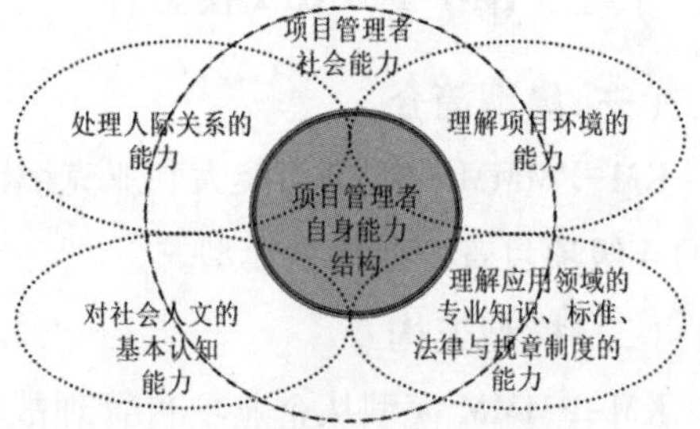　　图4-2　复杂项目管理者社会化能力结构

一、知识

知识是人类对客观事物理性、科学的认识的成果或结晶。知识可分为自然科学知识、社会科学知识和思维科学知识。复杂项目管理知识就是为了完

成复杂的项目管理所需要的理论、技术、方法、标准、规范、制度等。仅仅认为"知识就是力量"是不够的,只有知识的有效应用,才是现实的力量。

二、经验

经验是人们通过实践活动对客观事物的直接了解,是在感性认识过程中形成的,是人与客观事物直接相互作用的结果。间接的经验,是通过别人的经验来认识客观事物的途径。

经验不只是简单的经历和对已经做过事情的"拷贝"或"再版"。真正的经验,是把过去曾经做过的事的所得应用于当下和未来,并取得成功。如果没有处理解决后来事项的过程,这个所谓的"经验"只能称之为经历。

有经历并不一定能形成经验。要形成经验,必须经过自身强烈的体验,并对自己的体验进行反思、总结、提炼和再度成功运用。经验的获取需要经过"去粗取精,去伪存真,由此及彼,由表及里"的改造、加工、制作的过程。可以认为:经验=经历+总结+感悟+升华+再成功验证。

三、素质

狭义的素质是生理学和心理学意义上的概念,即"遗传素质"。素质是指人或事物在某些方面的本来特点和原有基础。在心理学上,指人的先天的解剖生理特点,主要是感觉器官和神经系统方面的特点,是人的心理发展的生理条件,但不能决定人的心理内容和发展水平。

广义的素质指的是教育学意义上的概念。是指人在先天生理的基础上,在后天通过环境影响和教育训练所获得的、内在的、相对稳定的、长期发挥作用的身心特征及其基本品质结构,通常也称为素养。主要包括人的道德、智力、身体、审美素质和劳动技能等。项目经理能力中的基本素质是广义的素质。

四、哲学素养

哲学素养是提取素质中归属于精神层面、决定于后天养成的部分,是人对哲学内涵的感悟和在哲学理论与实践方面的修养。

哲学素养包括但不限于:(1)良好的道德品质(真诚、勤奋、有使命感、责任感、情怀、奉献精神),正确的世界观;(2)健康的心态(追求卓越、积极地应对变化、平和地对待成功与失败);(3)丰富的人文社科修养(历史、社会、文学艺术底蕴、人际交往);(4)优良的思维模式和习惯;(5)科学的方法论和方法等。

第二节　复杂项目管理人员能力要素

一、能力要素

国际项目管理协会(IPMA)在项目管理能力基准(ICB4.0)中,定义个人能力是指综合运用知识、技能和才能以达成预期的结果。这个定义具有辨识度、易于理解,并得到广泛认可。知识是个人所拥有的信息和经验的集合,经验是对能力的佐证和提升,是个人成长的关键成功因素。技能是使个人能够完成一项任务的特定技术能力。才能是在特定的环境中运用知识和技能实现有效交付结果的能力。将能力分为技术能力、行为能力和环境能力三个维度。

(一)技术能力

技术能力是指项目管理人员获取技术、应用技术完成项目工作、解决问题、实现项目目标和效益的能力,是项目管理的基本能力。项目管理人员技术能力是致使项目成功而使用的具体的技术、方法和工具。ICB4.0(个人项目管理能力基准)中给出了技术能力的 14 个能力要素。

(二)行为能力

行为能力是指项目管理人员能够通过自己的行为行使权利和履行义务的能力。行为能力必须具备一定的条件和要求才能具备。

项目管理人员行为能力是指成功参与或领导一个项目所需的与人相关和与人际关系相关的能力。ICB4.0 中列出了行为能力的 10 个能力要素。

(三)环境能力

环境能力是指项目管理人员制定环境政策和形成环境行为准则,正确处理与环境关系的能力。

项目管理人员的环境能力是指项目管理人员正确处理与项目环境相关的各个要素关系的项目管理能力,特别是项目经理处理与项目所在组织环境中的直线型组织和职能型组织之间关系以及基于项目化管理的能力。ICB4.0中给出了环境能力的5个能力要素。

(四)三种能力要素的中国解读

根据我国项目管理者的实践和理论研究,可把这三种能力要素理解为:技术运用能力、沟通协同能力、治理管理能力更好一些。即:技术运用能力——类比于ICB的技术能力;沟通协同能力——类比于ICB的行为能力;治理管理能力——类比于ICB的环境能力。

二、项目管理人员与能力要素的对应关系

在复杂项目管理中,项目管理人员处于不同的管理岗位和管理层级,对不同层次管理者应具备的能力也必然是不相同的。

(一)不同层次管理者能力要求

专业技能指对制造产品或提供服务的特定知识、技术、方法和工具的掌握应用能力;人事技能指建立良好人际关系使群体成员一道高效工作的能力;思想技能指统筹策划、系统实施、洞察变化、整体把控的能力。不同层次管理者能力要求各异,具体如表4-1所示。

表4-1　对不同层级管理人员能力要素的要求权重

	专业技能 (%)	人事技能 (%)	思想技能 (%)	能力集合
高层 管理人员	25	35	40	洞察力、决策力、创造力、统筹力、批判力、领导力
中层 管理人员	30	40	30	判断力、协调力、沟通力、领导力、专业能力
基层 管理人员	60	25	15	专业能力、执行力、判断力、协调力、沟通力

(二)IPMP 对 A、B、C、D 四级项目经理能力要求

A 级:IPMA Leve-A,是特级国际项目经理,可以主持、领导和管理大型复杂项目集群、项目组合、国际项目和组织层级的项目;

B 级:IPMA Leve-B,是高级国际项目经理,可以主持、领导和管理复杂项目集群、项目组合、国际项目;

C 级:IPMA Leve-C,是国际项目经理,可以独立主持、领导和管理一般、

不太复杂的项目；

D 级：IPMA Leve-D,是国际项目经理助理,具有项目管理知识和一定的能力,可以在项目经理领导下,参与某一方面的项目管理工作。

不同项目管理人员对三种能力的要求,有一个可供参考的权重要求如表 4-2 所示。

表 4-2　IPMA 对不同级别项目管理人员能力要素的要求权重

	A 级 （%）	B 级 （%）	C 级 （%）	D 级 （%）
技术能力	40	50	60	70
行为能力	30	25	20	15
环境能力	30	25	20	15

这种项目管理人员能力要素的权重要求参考图 4-3。图 4-3 中的虚横线切割三个梯形形成的线段,可以示意性地表示左侧相应等级项目经理需要具备梯形内容能力的比例。可见,初、中级项目管理者需要较多的技术能力,而高级项目管理者需要较多的行为能力和环境能力,而且能力的总量也要多一些。

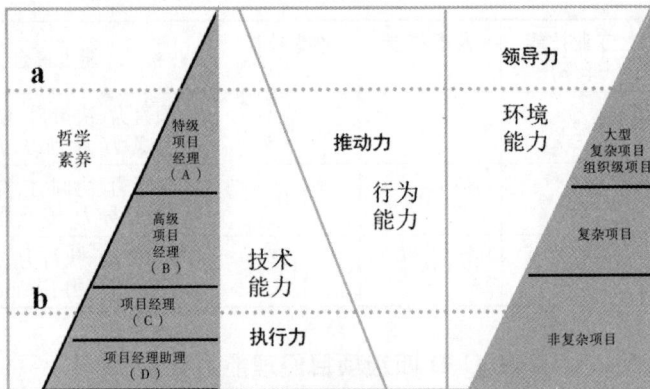

图 4-3　IPMA 对不同级别项目管理人员能力要素的权重要求示意

三、对复杂项目管理人员的核心能力要求

参考 IPMA 关于国际项目经理能力的要求和 PMI（美国项目管理协会）关

于项目经理胜任力的要求,提出以下可供参考的对复杂项目管理人员的具体能力要求。

复杂项目管理人员(特别是项目经理)的核心能力是能够管理复杂的项目组合、复杂的项目群或者复杂项目。具体而言:一是负责管理一个单位或单位子公司的复杂项目组合,或者管理一个单位的重要复杂项目群(大型计划);二是对战略发展作出贡献并向上级提出自己的建议;三是发展项目管理人员并培训项目经理,提高他们的项目管理能力;四是能在项目管理专业人员的协助下进行项目组合或项目群管理,指导项目组合或项目群队伍中的项目经理和团队成员;五是承担着领导或指挥项目管理能力和项目管理基础设施开发、建设的角色(例如,项目群或项目组合的流程、方法、技术、工具、手册及指南等);六是可以通过其他项目管理成员的支持,管理来自不同单位、不同专业的人员实施复杂项目、项目集群的管理。

四、复杂项目管理人员的能力体系

复杂项目经理的各项能力不应该是零散和杂乱无章的,应是一个有机的整体,这就是项目经理的能力体系。下面我们通过分析给出中国复杂项目管理人员能力体系的框架模型(见图4-4)。

该模型好似一棵参天大树,揭示了要素与系统的关系。项目管理人员的能力体系由核心(本质)能力、管理能力和体现能力三个层次构成。

(一)核心(本质)能力

核心(本质)能力以下简称本质力。本质力是项目管理人员能力之根,是最核心、内在实质的能力。是转化为管理力和体现力的基础。

(二)管理能力

管理能力以下简称管理力。管理力是项目管理人员的本质能力在项目管理方面与外界的相互作用,是核心能力在管理方面的转换。按照不同的管理层次,这种相互作用力又分为领导力、推动力和执行力。

(三)体现能力

体现能力以下简称体现力。体现力是项目管理人员在从事具体项目管理时(特定的管理项目、管理内容、管理时间阶段等)核心能力(通过管理力)在项目管理场合的各种各样的展示和体现,成为人们看到的成功项目管理人员色彩斑斓的能力。展示和体现的是事物的外部联系和表面特征,是事物本质的外在表现。

三种能力是由树根向树梢,由内向外,由内涵向体现,有机作用的统一体。

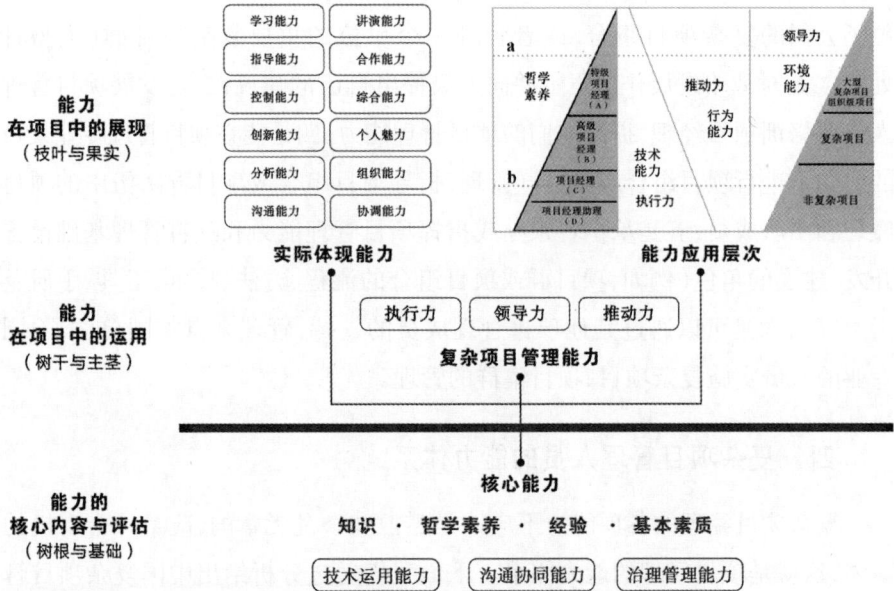

图 4-4　复杂项目管理人员能力体系框架模型

资料来源:笔者自绘。

第三节　复杂项目管理人员能力的特质细化认知

社会上常常不会完全基于上述能力的架构公式认识能力,而把素质和能力分开来解读,特别是复杂项目管理人员,有一些对其特别的要求,以下细分的认识可以作为复杂项目管理人员应具备能力的参考。

一、复杂项目管理人员的基本素质

(一)务实创新的思想观念

复杂项目管理需坚持结果导向、目标导向,复杂项目管理人员必须坚持实事求是,做人诚实,作风务实,责任落实,信息真实,项目工作踏实,讲实干、重实际,成果扎实,重实效、求实绩。复杂项目管理必须坚持与时俱进,适应数字化、信息化、智能化建设和发展的要求,创新复杂项目管理理念、管理制度、管理手段和管理方法。复杂项目管理应坚持求是、求真、求新原则,坚持资源约束、目标约束底线,尊重知识,尊重人才,尊重创造,包容失败,担当风险。

复杂创新项目要区别于严格定义目标、范围、预算、工期等的传统项目,适应 VUCA 时代特征,提升创新的可控程度是对复杂创新项目管理的最大挑战。项目创新需要质疑、突破、超越,打破常规、鼓励个性、允许失败,创新项目管理需要强有力的执行、注重效率、协调有序、成功交付。创新项目"自主管理"不等于"去管理",既要避免不遵循规律、不尊重人才,无诚信、迷信权力权威、领导导向、官僚化、形式化,也要规避妄为、乱为,不接受管理。

(二)恪尽职守的责任意识

复杂项目管理人员必须牢固树立责任意识、担当意识,忠于职守,来不得半点懈怠和疏忽,坚持依规管理、合规实施,注重体系化建设,强化关键过程重要过程控制,关注细节,把住关键环节,确保项目目标实现。

(三)精益求精的业务素养

复杂项目管理人员的业务素养既是保证复杂项目管理工作成效的关键,也是复杂项目管理人员工作水平和价值的重要体现。复杂项目管理人员必须按照项目管理专业能力标准要求,加强专业素养、专业技能和专业综合能力的培育和提升,注重实践锻炼,注重总结经验,注重核心能力形成,努力成为本专业领域的专家和领军人才。

(四)团结协作的职业修养

复杂项目管理是一个庞大的系统工程。复杂项目管理人员必须牢固树立团队意识,具备团结协作、密切配合的专业修养,想问题、出主意、办事情,以事业为重、以大局为重、以整体为重,自觉摒弃那些狭隘的、自私的观念和做法,合力推进项目建设高质量发展。

(五)清正廉洁的职业品德

复杂项目管理人员具有项目重大事项的决策权、项目供方的选择权、项目经费分配权与审核权等权力,这些权力运用是否得当,直接关系到项目建设的质量和效益。因此,复杂项目管理人员必须具有清正廉洁的职业品德,自觉遵守法律法规和项目章程,谋政、勤政、廉政。

二、复杂项目管理人员的基本能力

（一）统筹谋划能力

能够基于组织发展战略和项目目标，坚持系统观念，立足项目全局，应用系统思维方式思考问题、部署任务、策划工作。通过对工作任务的整体分析，理清内外部利益相关方及其需求、期望和关系，制订周密的工作计划。依据工作的轻重缓急，恰当合理配置与整合相应的人力、财力、物力等资源。全面分析项目技术、质量、费用、进度和管理风险，制定系统可控、切实可行的风险防范预案，将不确定事项带来的影响最小化。

（二）组织协调能力

能够根据项目工作任务，合理分配内部资源，充分协调外部资源，形成关键资源能力。针对项目团队成员的潜能、态度、人格和能力，授予相应工作角色，确定工作职责和权力。采取积极的、建设性的方式妥善处理项目管理工作中的冲突和危机，组织项目团队完成项目管理任务。

（三）技术管理能力

技术管理能力是对项目技术资源、技术组织和技术质量的有序管理、有效治理的能力。复杂项目管理人员应当具备项目技术管理策划、技术分解管理、技术状态管理、技术成熟度管理的能力，能对项目技术状态标识、技术状态控制、技术状态纪实和技术状态审核等活动实施指导、监督、检查、审核和评价，严格管控技术状态偏离和变更。

（四）质量管理能力

质量管理体系是项目组织在质量方面指挥和控制组织的管理体系，由管理职责、资源管理、产品实现、测量分析和改进四大过程以及组织结构、程序所构成。质量管理体系是确保质量策划、质量控制、质量保证和质量改进活动得以有效运作的根本保证。复杂项目管理人员应当具备对项目相关单位质量管理体系符合性、充分性、适宜性、有效性等实施评价的能力，能对项目实施过程质量进行监视、验证、分析和评价，掌握复杂项目质量管理的规定、标准、方法和程序，确保质量管理体系在项目中有效运行，确保项目交付质量。

三、团队组合与能力结构

复杂项目管理团队一般由项目管理人员、技术工程人员、经济商务法务人员等组成。

（一）团队组合

项目管理团队一般由项目经理、副经理、综合管理、工程技术管理、人力资源管理、质量管理、财务管理、采购管理等人员组成。

技术工程团队一般由总设计师、副总设计师、总质量师、总工艺师和工程技术人员（设计师、工艺师）、操作人员组成。

经济商务法务团队一般由经济人员、商务人员、法务人员，财务管理、采购管理、合同管理、法务管理等人员组成。

优秀的复杂项目管理团队组合一般由多谋善断的决策者、创新创造的引领者、利益关系的协调者、技术进步的推动者、企业文化的培育者等组成。

（二）能力结构

1. 项目管理决策人员能力结构

复杂项目管理决策人员必须具备战略规划能力、系统思维能力、技术领导能力、商务决策能力、文化创建能力。

战略规划能力是指对项目重大的、全局性的目标、方针、政策、任务的整体谋划，充分体现项目战略目标与企业发展战略目标的一致性。主要包括战略意图领会能力、战略任务转换能力、战略规划调整能力、战略行动执行能力和战略效果评估能力。

系统思维能力是指立足全局和整体，从整体与部分、系统与环境、结构与功能、横向与纵向、静态与动态的相互作用过程来认识和把握项目整体性、结构性、立体性、动态性、综合性的能力。

技术领导能力是指激励、指导和影响专业团队或组织的方向、行动过程和意见，不仅必须在技术上高度熟练，而且还必须具备在执行高技术项目时领导一个多样化的技术员工团队的技能。技术领导能力是领导能力与技术能力的有机集合。主要包括系统思维与批判性思维能力、系统复杂性分析能力、大局思维能力、培养战略和愿景的能力、促进创新和敏捷性的能力、建立利益相关方有效沟通的能力和技术规划能力、技术需求定义与分析能力、逻辑分解能力、产品验证和确认能力、技术风险管理能力、知识产权价值判断与激励能力。通过有效应用技术领导能力，技术领导创造有利于良好绩效的环境条件，支持整个项目团队共同理解、创新和解决冲突与问题。

商务决策能力是指对项目供应商选择、竞争策略、合同谈判、价格制定、分包方式的若干备选方案的科学性、合理性、可行性和效益性进行分析、评估、判断的能力。

文化创建能力是指在社会大文化环境下,领导者长期倡导和培养、全体员工积极创造、实践与认同的企业信仰追求、价值观念、道德规范、行为准则、经营特色、管理风格。

2. 技术工程人员能力结构

复杂项目科学技术工程人员必须具备系统工程能力、技术创新能力、质量保证能力、成本管控能力、应急应变能力。

系统工程能力是指从项目整体出发,统筹兼顾,运用系统工程理论、技术、方法和工具,强调需求分析、功能分析、总体设计、系统分解、设计综合、技术状态控制、工程专业综合、系统集成、系统验证鉴定评价等,实现项目技术指标匹配优化、整体性能优化的能力。

技术创新能力是指在项目实施过程中,以创新理念和思维,应用新技术、新工艺、新方法、新材料、新设备、新设施等,采用新的技术路线、技术途径,形成新的技术方案,实现性能提升,或降低成本实现同样性能,或缩短时间实现同样性能,或上述组合。主要包括知识应用能力、技术运用能力以及设计思想、技术路径、制造工艺等的创新能力。

质量保证能力主要包括质量管理体系审核评价能力、过程质量监视测量能力、产品质量评价判定能力、技术状态更改控制能力和技术质量问题归零能力。

成本管控能力是指采用挣值管理、价值工程、成本管理体系审核、阶段成本评审、费用效能分析等方法,开展项目合同成本管理控制的能力。

应急应变能力是指对项目实施过程中发生的意外事件和突发危机,能够迅速作出反应,寻求合适的应对方案,及时有效解决意外事件和突发危机的能力。

3. 经济商务法务人员能力结构

复杂项目经济商务法务人员必须具备系统策划能力、商务谈判能力、合同管理能力、价格管控能力、沟通协调能力。

系统策划能力是指围绕实现项目战略目标、技术价值和经济效益,系统分析和统筹策划供方选择、竞争策略、合同谈判、价格制定、分包方式等经济商务法务事项的能力。

商务谈判能力是指在项目商务谈判过程中,坚持底线原则,采取灵活策略,运用妥协艺术,寻求巧妙方式,达成互利共赢目标的能力。

合同管理能力是指充分运用技术、经济、法律等知识与技能,对项目合同订立、合同履行、合同评价、合同验收全过程实施有效管理的能力。

价格管控能力是指充分运用技术、经济、法律等知识与技能,对项目合同价格制定和项目全寿命周期费用控制实施有效管控的能力。

沟通协调能力是指在项目实施中,能够以积极心态和不懈努力对待冲突和矛盾,并运用恰当有效的沟通方式,妥善处理内外、上下关系,有效解决冲突和矛盾的能力。

第四节　复杂项目管理人员选拔、培育、考评和激励

一、复杂项目管理人员选拔

复杂项目管理人员选拔应根据项目章程、项目范围、项目合同、项目风险、项目管理计划等,规划、策划项目管理人员架构、需求和计划,系统覆盖综合管理、范围管理、时间管理、费用管理、质量管理、人力资源管理、沟通管理、风险管理、采购管理、相关方管理、技术管理、文化管理等项目管理领域。要确定好选人准则,应按项目定岗,以岗位定责,依岗位资质要求选拔。

复杂项目管理人员岗位资质资格的确定、确认是项目管理人员选拔的前提和基线。要综合考虑项目管理人员的素养(素质、修养),诚信,知识、能力、阅历,责任(管理使命,承担责任),激情(勇于实践),态度(主动、积极)等优选项目管理人员。复杂项目管理人员应有视项目成功为最高利益、忠实履行岗位职责(在其位、谋其职、执其政、负其责)、充分发挥项目团队积极性(功成不必在我,有我一定成功)、休戚与共(有问题共同商量,有困共同克服,有余量共同掌握,有风险共同承担)秉持正确意见、尊重不同意见、尊重顾客和合作伙伴、勇于担当、眼睛向内、主动承担责任等格局和境界。

建立完善项目管理人员竞争选拔机制。竞争是优化人才资源配置、提高

人才使用效益的重要手段。建立完善项目管理人员竞争机制,一是要改进完善项目管理决策人员和中高级专业技术项目管理人员公开选拔、竞争上岗办法,完善选任制,改进委任制,规范考评制,推行聘任制。二是要逐步扩大项目管理人员竞争选拔范围,重大项目管理决策人员、项目部门管理人员和重要岗位技术人员、商务管理人员等的选拔任用,可以扩大到本行业、跨组织范围内,乃至跨组织、跨行业、全社会公开选拔、竞争任用。

二、复杂项目管理人员培育

建设学习型、专业型、能力型、综合型复杂项目管理团队和队伍对项目管理成功、项目成功至关重要。项目所在组织、项目及其团队应建立面向项目各类各级项目管理者的岗位必备体系,包括岗位应知(法律、法规、政策、规章制度、标准、规范、知识等)、应会(理论、模式、技术、方法、工具、平台等)、应备(素养、技能、才能等),纳入组织教育培训体系和组织绩效考核体系,制定学习参考,编制培训教材。依据现代项目管理理论和实践等要求,按照专业化、职业化管理要求,借鉴国际项目管理人员资格制度,建立、完善复杂项目管理人员职业资格制度,制定复杂项目管理人员职业资格标准,统一施行复杂项目管理人员职业资格培训、考试、注册和管理工作。复杂项目管理人员职业资格是对从事复杂项目管理工作的人员所必须具备的知识、技术和能力等的基本要求,包括复杂项目管理人员从业资格和执业资格。从业资格是进入复杂项目管理人员队伍、从事复杂项目管理工作的起点标准,未取得复杂项目管理人员从业资格的人员不能进入复杂项目管理人员队伍、从事复杂项目管理工作。执业资格是复杂项目管理人员组织开展复杂项目管理工作的必备条件,未取得复杂项目管理人员执业资格的人员不能独立组织开展复杂项目管理工作。

正确、合理、有效使用好项目管理人员是对项目管理人员的良好培育,应尽力、尽可能做到人尽其才、才尽其用、用当其时,把合适的人用在合适的项目管理岗位上。对复杂项目管理人员的培育应对照项目管理人员资质资格分析其存在的差距,比对差距补充知识、丰富阅历、提高能力,在复杂项目管理实践中不断提高管理能力和管理水平。项目领导、项目团队和项目所在组织应及时帮助、提醒、告诫项目管理人员改进不足、缩减差距、提升能力与水平。

三、复杂项目管理人员考评

构建科学、规范、先进的考评制度,全面、客观、公正、准确地评价项目管理人员德能勤绩廉,避免考评简单化、程式化、表面化、低质化,是复杂项目管理队伍建设和管理的重点。

(一)建立科学规范的项目管理人员考评制度

建立科学规范的项目管理人员考评制度,是新时期复杂项目管理建设的必然要求。项目管理人员是否具备适应复杂项目管理所需要的素养、知识、专业技术水平和能力,应通过考试、考评对项目管理人员的德能勤绩廉作出全面、公正、客观、准确的评价。

建立科学规范的项目管理人员考评制度,是项目人事管理的内在要求。职位分类管理原则要求对数量庞大、种类繁杂的项目管理人员职位,按其工作性质的异同、工作繁简难易、责任轻重区分为不同的门类和等级,与此相适应,应根据不同项目管理人员职位的不同特点,制定不同的工作标准和考评体系。因事择人原则要求以符合一定条件的人所承担的职位为中心,通过考评,了解确定每一个职位在工作中的地位、责任、职能、作用和所需的任职资格条件。能位对应原则要求根据每个项目管理人员的才能,把其放在相应的职位。而对项目管理人员才能的正确评价,只有通过科学规范的考试考评来实现。功绩制原则要求将项目管理人员在工作中的德能勤绩廉表现与考评结果,作为项目管理人员升降、奖惩、培训、酬劳的基础和依据,从而最大限度地激发项目管理人员的积极性,为项目管理人员的使用和发展提供基本条件。

建立科学规范的项目管理人员考评制度,是落实项目管理人员"四化"方针的客观要求,即项目管理人员队伍职业化、知识化、专业化、能力化是培养和选拔任用项目管理人员的基本要求。如何确定各级各类项目管理人员的"四化"标准? 如何衡量项目管理人员"四化"尤其是知识化、专业化水平? 需要通过多种形式的考试、考评,综合评价项目管理人员的知识水平、业务能力、工作政绩、现实表现,真正选拔出有素养、有知识、有能力的优秀人才,形成项目管理人员队伍中人心思学、人心思进、比学赶超的良好风气和优秀人才脱颖而出的机制。

建立科学规范的项目管理人员考评制度,是合理配置人力资源,提高人才使用效益的必要前提。人才是当今社会最重要、最宝贵的资源,培养人才需要大量的投入,如何才能保证其产出的社会效益和经济效益最大化,合理配置和使用人才是最基本的要求,要做到这一点,必须通过全面的考试考评,充分了解每个人的特点、优势和劣势,扬长避短,人尽其才,才尽其用,用当其时,各尽其才。同时,还应根据人才所在组织内部成员的知识结构、专业结构、能力结构、年龄结构、气质结构和性格结构来谋求合理搭配,从而取得最佳的人才使用效益。

建立科学规范的项目管理人员考评制度,是克服项目管理人员选拔任用问题上的主观性、片面性和盲目性的重要保证。项目管理人员选拔要对项目管理人员进行公开、公平、公正、全面的考评,客观准确地反映项目管理人员的德才表现、工作实绩和发展潜力,提出项目管理人员的使用意见。防止任人唯亲、近亲繁殖、拉帮结派、以权谋私等种种腐败现象。

建立科学规范的项目管理人员考评制度,是激励项目管理人员积极工作、奋发向上的有效措施。目前,对项目管理人员来说,在其基本需求得到满足之后,更多追求的是事业的成功、社会的尊重和个人的全面发展及其个人价值的实现等。通过公正的考评,使项目管理人员的工作业绩得到社会的承认与尊重,从而满足项目管理人员对荣誉的追求,有利于调动项目管理人员的主动性、积极性和创造性。通过考评对项目管理人员的能力和水平作出实事求是的评价,并根据考评结果适时调整岗位、兑现绩效薪酬,实施有效激励。

科学规范的项目管理人员考评制度,应该包括先进的考评思想,明确的考评目的与原则,科学的考评标准,规范的考评内容,正确的考评方法。

(二)明确考评目的与原则

项目管理人员考评是项目人力资源管理的关键环节。考评的结果,既是认识、评价项目管理人员的基础,又是项目管理人员培训、调整、升降、奖惩等激励的基本依据。考评工作应遵循以下原则:

1. 全面、公正、客观、准确

全面,就是要从历史与现实、领导与群众、定性与定量的结合上,对项目管理人员进行多方面、多层次、多角度的综合考察。公正就是要求考评者以实事求是的品格、公道正派的作风和熟练的业务技能,履行考评职责,使被考评者心悦诚服。客观,就是实事求是地反映项目管理人员在思想、工作、学习、生活等各个方面的情况及实际表现。准确,就是要求考评者统一衡量尺度,严格考评标准,注意克服主观片面性,防止以偏概全和"先入为主"。认真分析考评材料的真实性、全面性,去伪存真,由表及里,力求得出准确的考评结果。

2. 注重实绩

坚持注重实绩,考评结果与使用一致的原则。实绩即项目管理人员通过主观努力,为社会作出并得到社会承认的劳动成果。它是一个项目管理人员知识、能力、责任、态度和完成工作的数量、质量、效益等综合素质的反映。注重实绩原则即要求对项目管理人员做考评结论和决定升降奖惩时,以其工作实绩为基本依据。考评结果应与使用一致,以考评结论来正确地实施项目管理人员的任免、奖惩、培训等。

3. 民主公开

民主公开原则即公开考评目的、内容、标准、方法与结果,通过征求意见、民主评议、民意测试等方式,公开对项目管理人员进行考察,以增强项目管理人员工作的透明度,接受民主监督,确保考评质量。

4. 科学、规范考评内容、标准、方法

(1)考评内容

项目管理人员的考评内容以其履行岗位职责和完成年度工作目标为基本依据,主要包括德、能、勤、绩、廉五个方面。

德是指思想素质和道德品质。考试注重理论与实践的结合,着重测试项目管理人员运用理论知识分析问题、解决问题的能力。考评着重关注项目管理人员的职业素养、诚信以及在社会公德和职业道德方面的表现。

能是指项目管理人员是否具备胜任现职工作的业务知识和工作能力。考试着重测试项目管理人员学习掌握项目管理知识、专业知识、相关知识和现代高新科技知识的情况。考评的重点内容包括项目管理人员的技术操作能力、组织协调能力、表达能力、创新创造能力以及潜在的发展能力。

勤是指项目管理人员的工作态度和勤奋敬业精神。包括事业心、责任心、工作热情与干劲。着重考评项目管理人员的积极性、纪律性、协调性和项目管理人员工作的准确性、完整性、明确性、独立性程度。

绩是指项目管理人员的工作实绩与贡献。包括项目管理人员工作的数量、质量、管理可靠性、效益及其作用与影响。着重考评项目管理人员完成任务的时间、数量和质量,是否达到工作目标和要求。

廉是指项目管理人员是否按照所在国家、地区、民族等法律、法规、习俗等实施项目工作,是否按照项目章程、规章制度、标准、规范等实施项目工作,是否客观、公正、公平地实施项目工作,是否在项目工作中失职渎职,是否因上述行为给项目工作完成、项目目标实现、项目成功等带来影响、损失,是否因上述行为谋取本人利益。

(2)考评标准

考评标准是根据项目管理人员所在职位的要求和明确性、独立性、可操作性等原则,对各级各类项目管理人员的德能勤绩廉等要素量化的标准。量化标准的确定因项目管理人员工作性质、类别、职务层次不同而各有侧重,但都必须客观、简洁、符合统计学的要求。按工作类别不同可分为项目管理决策人员、科学技术工程人员、经济商务法务人员的考评,同一类别项目管理人员又有高级、中级、初级之分;按项目管理人员所处能级层次可分为决策层、协调层、执行层项目管理人员的考评;按工作性质可分为定性和定量考评;按时间可分为平时、年度、项目节点、项目周期等考评。

(3)考试方法

考试方法主要有以下三种:

笔试,主要测试项目管理人员岗位必备:应知、应会、应备体系的掌握能力和掌握程度。

面试或答辩,主要考查项目管理人员达到具备职位规范规定所需素质与能力的要求,可以较直接、准确地测试项目管理人员分析问题的深度、语言表达能力、学术研究能力、交际能力、随机应变能力以及性格、仪表、态度、知识面等。

模拟操作,即根据工作岗位的特点、性质和要求设计一种与其近似的情境,让项目管理人员置身其间处理和协调有关事务,观察其工作情况,考察其工作能力的考试方法。主要有"环境适应法""公文处理法""综合评价法"等。

(4)考评方法

考评方法主要有以下几种:

上级考评与群众评议相结合。这是贯彻民主原则和上下结合的具体运用和体现。

平时与定期相结合。平时考评,主要是考评项目管理人员日常履行岗位职责、工作表现和工作实绩的情况。定期考评,是对项目管理人员一个年度、项目节点、项目周期里的德能勤绩廉所进行的全面考评。平时考评是定期考评的基础,定期考评是平时考评的集中反映。

定性与定量相结合。定性考评是对项目管理人员的工作表现与工作实绩作出的定性评价。定量考评是对项目管理人员的德能勤绩廉状况进行全面量化分析测评,并运用计算机等现代化手段对考评结果进行标准化处理。定量是定性的基础,定性是定量的出发点和结果。

领导和专家评鉴法。直接领导对下属项目管理人员的工作状况和德才表现比较了解,领导的评价意见很重要。而对项目管理人员尤其是专业技术项目管理人员的专业知识、技术水平和工作实绩及其作用与影响的评价,一般采取专家考评评鉴的方法。

民主评议与民主测验法。民主评议是在项目管理人员个人述职的基础上,采取召开考评评议会、填写测评表等方式,评议考评项目管理人员的德能勤绩廉。民主测验是用以了解群众对其所关心问题的态度、意见的方式。正确地使用民主评议和民主测验的方法,有利于最广泛地听取群众意见,强化项目管理人员的事业心和责任感,实现考评制度的民主化。

四、复杂项目管理人员激励

影响人的积极性的因素是复杂多样的,它既受社会政治、经济、文化等各种客观因素的制约,又受个性、品质、兴趣、气质、意志等主观因素的影响。因此,激励项目管理人员的积极性、主动性、创造性的途径很多。

(一)建立完善项目管理人员激励机制

激励是调动和激发项目管理人员主动性、积极性和创造性的有效措施。建立完善项目管理人员多样化的激励机制,一是要建立健全与项目管理人员工作业绩紧密联系、鼓励人才创新创造的分配制度和激励政策,探索实施项目绩效激励、项目分红等制度。二是要坚持精神奖励和物质奖励相结合的原则,充分发挥经济利益和社会荣誉双重激励作用,用事业激励人才,用感情凝聚人才,用待遇吸引人才。三是要实行项目管理荣誉勋章、立功奖章、参与重大活动纪念章等制度,开展项目管理创新、促进技术创新、质量提升、成本降低、成果评价等激励活动,不断激发项目管理人员立足本职建功立业的热情和干劲。四是多种激励结合、融合,激励模式、激励方式多样化,系统实施物质激励、精神激励、荣誉激励、岗位激励、休闲激励、正向激励、负向激励等。五是全面推行"倾斜"激励措施,既向取得管理绩效的管理人员倾斜;又向创造知识产权、有价值的科技人员倾斜;也向一线承担急难险重任务的项目人员倾斜;还向从事基础工作默默无闻的项目人员倾斜。六是重点激励产生增值、净值,创造新价值,节约资源,减少损失,正常提前完成任务,主动发现项目相关方问题、解决问题,对正常完成项目工作的项目人员原则上不予以激励。七是激励系统化、及时化、适度化。激励对象、激励方式、激励形式等要系统、全面、完备,切不可挂一漏万。一定要在准确的时刻激励项目团队、项目管理者,过早、过后效果都不好;激励要适度、适量,过大、过小都达不到效果;激励应客观、公正、公平、公开,应规则在前、尽可能少临时动议与修改规则;激励应与时俱进;激励要关注平衡。

对工作合规,不发生低层次、重复性、人为责任问题的人应予以鼓励。在复杂项目激励中,要让想干工作的人有机会发展,让会干工作的人有舞台施展,让多干工作的人有待遇,让干好工作的人有地位。

(二)建立体现项目管理人员价值的制度和文化

一是必须让项目管理人员真正拥有管理、监督和决策的权力,增强他们的参与意识,并注意培养其行使这些权力所必须具备的相应知识与能力,使项目管理人员表现出强烈而持久的责任感。二是通过长期不懈的教育与培养,逐步形成一种具有优良作风的项目文化。

(三)建立合理的利益分配制度和制约方式

一是把项目管理人员的收入和其为项目创造的价值量直接挂钩,即项目管理人员创造的价值量越多,其收入就越多,反之则少。使项目管理人员的个人收入与项目绩效、组织发展相联系。二是以个人贡献率作为评价项目管理人员绩效、调整、升降项目管理人员职务和薪酬的主要指标,使项目管理人员的利益目标和非物质目标与组织目标、项目目标内在地结合起来,融为一体。

(四)培养也是一种激励

为良好个性的充分发挥创造尽可能好的客观条件和提供尽可能多的发展

机会,也是一种激励。个性是别人对自己行为的感受,是一个人经验、教育和培养而得的行为属性。领导者应当根据下属不同的个性,抱以不同的期望,设以不同的成长条件,赋以不同的发展机会。同时,耐心细致地做好思想工作,深刻认识每个人的个性心理特征,并通过多层次、多方面、多渠道来培养与每个人的个性心理特征相适应的个性行为。

在培养过程中有两点要注意:一是层次性,即根据每个人所处的管理能级层次(决策层、协调层、执行层),施以相适应的培训内容和教育方式,使具有相应才能的项目管理人员及时用在相应能级的岗位。二是差别性,即根据每个人工作岗位的差别(项目管理人员、科学技术工程人员、经济商务法务人员)和个性差别来因人施教。在个性行为表现过程中,要善于把握处于动态过程中的人的个性心理运动轨迹,在此基础上,采取相应的激励方法,充分挖掘每个人的智力潜能、道德潜能和思想潜能,使每个人的行为发挥出最佳的社会效益和经济效益。

第五章　复杂项目管理哲学

第一节　复杂项目管理哲学概述

一、复杂项目管理哲学源起

任何一门成熟的管理学科都有哲学内涵作为其核心支柱,复杂项目管理学科也不例外。特别是复杂项目管理面临的易变性、不确定性、模糊性和复杂性,很难仅仅通过零打碎敲、碎片化、细枝末节、"头痛医头、脚痛医脚"的方式解决系统性的复杂管理问题。

没有管理哲学的指导,复杂项目管理科学就会失去灵魂,在对实践指导方面也会大打折扣。在现实中,常见到许多人看似都学过了某些管理理论,也会运用一些管理方法,但管理效果却不甚理想,可能原因有很多,但是没有了解和掌握项目管理哲学的真谛,一定是重要原因之一。做好复杂项目管理知识,不仅要学习和运用复杂项目管理的理论、模式、知识、技术、方法和工具,更要掌握和运用复杂项目管理哲学。以复杂项目管理哲学指导项目管理,会使项目管理者在复杂的项目管理中,不仅能够纵观全局、高屋建瓴,正确、灵活、事半功倍地应用各种方法,还可以举一反三、触类旁通,创造出许多新的方法,多、快、好、省地开展复杂项目管理工作,成功地实现复杂项目目标。

习近平总书记在《求是》杂志 2019 年第 1 期上发表重要文章《辩证唯物主义是中国共产党人的世界观和方法论》。文章指出,辩证唯物主义是中国共产党人的世界观和方法论,我们党要团结带领人民实现"两个一百年"奋斗目标、实现中华民族伟大复兴的中国梦,必须不断接受马克思主义哲学智慧的滋养,更加自觉地坚持和运用辩证唯物主义世界观和方法论……增强辩证思维、战略思维能力,把各项工作做得更好。其中特别强调,要学习掌握世界统一于物质、物质决定意识的原理,坚持从客观实际出发制定政策、推动工作;学习掌握事物矛盾运动的基本原理,不断强化问题意识,积极面对和化解前进中遇到的矛盾;学习掌握唯物辩证法的根本方法,不断增强辩证思维能力,提高驾驭复杂局面、处理复杂问题的本领;学习掌握认识和实践辩证关系的原理,坚持实践第一的观点,不断推进实践基础上的理论创新。

中华优秀传统文化蕴含着丰富深邃的管理哲学。无论是中国"儒释道"的经典理论,还是"不畏浮云遮望眼,自缘身在最高层"(王安石),"横看成岭侧成峰,远近高低各不同。不识庐山真面目,只缘身在此山中"(苏轼)等思想家、文学家基于哲学的诗文形象表达,都实证了中国人在历史长河中、在自然科学和社会科学方方面面,有效而卓越运用哲学指导实践的佳绩。

在复杂项目管理领域,国内外的学者、专家近年来才开始深入关注此问题,如本书部分作者近年来参加国际学术研讨会(2014 年的不同文化背景项目管理研讨会,2015 年巴拿马国际项目管理协会 50 周年庆典及学术会)以及2020 年美国项目管理协会编写的《项目管理知识体系指南(第 7 版)》。中国的专家、学者和项目管理工作者,在该领域多年实践和理论研究的基础上,于2007 年 7 月由殷瑞钰院士、汪应洛院士和李伯聪教授编写出版了《工程哲学》(高等教育出版社),2014 年由马旭晨、马尔航主笔的《项目管理哲学简论》(2015 年被译成英文,在香港出版),这些著述是我国在该领域的国际首创,得到了国际学者、专家、同行的认同、支持和赞赏。

复杂项目管理哲学核心依据是哲学本源,复杂项目管理哲学来源于复杂项目管理实践的需要,立足和应用于复杂项目管理领域,涉及和借鉴管理哲学和工程哲学的相关内容,其知识体系是上述学科相关内容的交集、整合。复杂项目管理哲学是管理哲学在复杂项目管理领域的理论研究成果与实践应用,复杂项目管理学科的发展、复杂项目管理实践与应用水平的提升,都需要复杂项目管理哲学。复杂项目管理哲学是一门跨学科、综合性、边缘性的新学科。这种关系如图 5-1 所示。

图 5-1　复杂项目管理哲学的构成示意

资料来源:笔者自绘。

　　复杂项目管理哲学就是对应于哲学中的世界观、思维规律和方法论的核心内容,解决每一位复杂项目经理都会遇到的"怎么看?""怎么想?"和"怎么办?"的实际问题,其关系如图 5-2 所示。

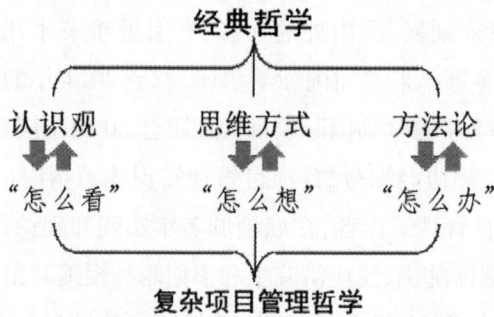

图 5-2　复杂项目管理哲学与一般经典哲学对应关系示意

资料来源:笔者自绘。

二、复杂项目管理哲学定义

　　复杂项目管理哲学是有关复杂项目管理认识观、思维方式和方法论等的哲学。复杂项目管理哲学是研究复杂项目管理与自然科学、社会科学和思维科学关系的学问,是运用系统思维理念和历史唯物主义与辩证唯物主义认识观、思维方式和方法论,认识和提升复杂项目管理人员行为能力、技术能力、环境适应能力,从而高屋建瓴、醍醐灌顶、更有效地指导复杂项目管理的一门学问。

　　复杂项目管理哲学也可以通俗地表述为是对复杂项目管理中,具有共同的、本质的和一般规律性的"怎么看"(认识观)、"怎么想"(思维方式)和"怎么办"(方法论)相关问题的回答。

　　复杂项目是人类适应、改造自然和社会最重要的一类活动,指导复杂项目获得成功,以满足人们日益增长的物质文化需要的复杂项目管理哲学,发挥着越来越重要的作用。近年来,国际项目管理界在总结项目管理实践和经验中,越来越注重复杂项目管理"软管理""软技术"的研究,其中涉及的众多内容均与复杂项目管理哲学相关。

三、复杂项目管理哲学与复杂项目管理的关系

　　复杂项目盘根错节,复杂项目管理工作千头万绪。复杂项目管理者应"不畏浮云遮望眼,自缘身在最高层",这个最高层就是复杂项目管理哲学的站位、视野、眼量、格局和水平。

　　充分发挥复杂项目管理哲学的作用,可以使复杂项目管理者运用科学的思路,用哲学的本体论、认识论、方法论去解决复杂项目实施中遇到的各种问题。

　　近年来,综观工程建设领域,国防工业,研发制造业、软件开发和大型社会公共活动诸方面的复杂项目管理,项目管理者都离不开要回答和解决项目管理中的"怎么看?""怎么想?"和"怎么办?"等诸项问题。而要解决这些问题,仅仅依靠单纯的、具体的项目管理或复杂项目管理的理论、技术、方法、手段是远远不够的。如果不理解复杂项目管理的灵魂理念、科学思维和先进方法论等哲学内涵,而只知道具体的技术、方法、手段,当遇到了复杂项目管理的新情况、新问题将不知道如何去认识、去思考分析,如何运用具体的技术和方法;而理解了复杂项目管理哲学内涵,掌握了复杂项目管理的理念、思维方式和科学方法论,可为我们提供正确实施复杂项目管理,处理好项目管理中复杂矛盾、纷繁关系的立场、观点、思路和方法。

　　复杂项目管理哲学具有"顶天立地、逻辑衔接"的特点。顶天就是从哲学层次、依据哲学基本观点和方法思考复杂项目管理科学;立地就是追求将复杂项目管理哲学落脚于解决复杂项目管理实践的需要;逻辑衔接就是理论联系实际,去粗取精、去伪存真、由此及彼、守正创新、判断推理,理顺复杂项目管理

哲学与相关复杂事项的关系。

学好并能恰当地运用好复杂项目管理哲学,面对纷繁复杂、变幻莫测的复杂项目,会能成为复杂项目管理胜任者。

四、复杂项目管理哲学框架

复杂项目管理哲学主要内容如图 5-3 所示。

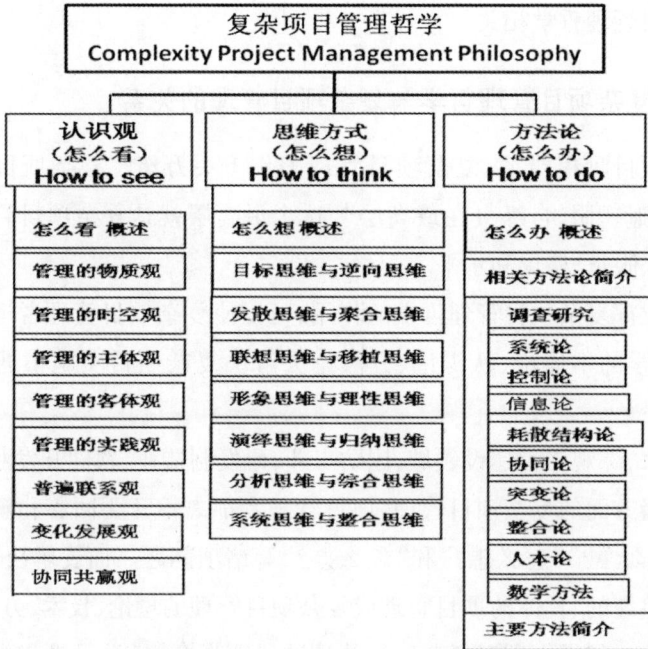

图 5-3　复杂项目管理哲学框架示意

第二节　复杂项目管理哲学之"认识观"

一、复杂项目管理哲学之"认识观"的内涵

复杂项目管理哲学之"认识观",指人们对复杂项目管理领域相关要素及管理者与复杂项目管理关系总的看法和根本观点。复杂项目管理中的认识观,是认识观在该领域的具体体现——复杂项目管理的认识观包含于认识观

之中。复杂项目管理认识观符合马克思主义哲学关于认识的来源、本质及其规律的学说，它坚持反映论的观点，认为客观的不依赖于人的意识而存在的物质世界是认识的对象和源泉，认识是主体对客体的反映，是客观世界的主观映象。

复杂项目管理哲学中的认识观——怎么看，体现于在复杂项目管理中对物质、时空、主体、客体的看法和关系处理，以及对复杂项目管理中的普遍联系、变化发展、协调和谐等现象、过程、要素和关系的看法与处理等诸方面。

二、复杂项目管理哲学之"认识观"的体现与导向作用

复杂项目管理哲学之"认识观"包括但不限于：复杂项目管理的物质观、时空观、主体观、客体观、实践观，普遍联系观、变化发展观、协调共赢观等方面。

（一）复杂项目管理的物质观

复杂项目管理的物质观认为：复杂项目本身就是为了实现可交付成果而进行的活动。这个成果可以是产品、服务、事件或其他人类为改善自身生存、生活条件，满足物质和文化需求的物质实在。复杂项目管理物质观关注：在项目范畴及相关领域内，注重项目相关资源和目标物质性的属性及其对项目管理成功的重要性。项目管理者要既从客观实际出发、实事求是，又要发挥人的主观能动性，认识客观世界及其规律，处理好人类精神世界与客观世界的关系。复杂项目管理哲学的物质观是指导复杂项目管理的基本观点，能坚定有效管理复杂项目的信心。

复杂项目管理物质观的体现与导向作用，一是复杂项目管理应务实。物质决定精神，存在决定意识，从复杂项目立项的可行性研究开始，就要始终贯穿尊重客观实际，不能单纯靠拍脑袋、主观臆想，要正视和分析拟要设立的复杂项目是否具备客观的物质基础。二是复杂项目管理须获得复杂项目可交付成果，复杂项目虽然复杂、易变、不确定和具有模糊性，但是也不是不可知的。只要科学论证、评估和决策，可以确定复杂项目是否可行。对于经过科学论证的复杂项目，其交付成果是可以通过项目实施者的认识、实践——即通过"知行合一"的努力来实现的。

（二）复杂项目管理的时空观

复杂项目管理的时空观，就是对复杂项目管理中的人、时间和空间关系的看法，在中国传统文化上，表现为天、地、人的"天人合一"的关系。对于复杂项目管理而言，其中的天，赋予时间的含义——复杂项目管理通常是总体与分层次有机结合、按时间维度展开的；地，是指地点、场所、位置和领域——在每一个时间段、某一地域需要管理什么，是管理的领域；人，是复杂项目活动和复杂项目管理活动的主体、主导和最重要的因素；再加之贯穿和运动于其中的物质流、信息流和能量流，就基本涵盖了复杂项目管理所在时空的全部。

复杂项目管理的时空观，就是指：复杂项目管理者要充分考虑复杂项目管理活动的时间、空间、环境、人和相关的各种要素与复杂项目成败的关系，进而给予统筹妥善处理，以保证复杂项目管理的成功。

（三）复杂项目管理的主体观

复杂项目管理是一个复杂的系统，包括管理主体、管理客体、管理活动和管理手段诸要素。管理主体是实现管理目标、从事管理活动的承担者、责任者，在管理中居于主导地位。

对于同一个复杂项目在其项目管理中，会有不同的主体参与和实施管理，构成复杂项目管理主体的范畴体系。如对一个复杂的建设工程项目，其管理主体就会有：业主方（投资方、甲方）、总承包方（乙方）、分包方（设计方、施工方、供应方）、监理方和咨询服务方等。

在具体的管理中，主体又是有分工和分层次的，如在管理职能分工方面：有决策、计划、执行、监督和咨询等；在管理层次上，又可分为高层、中层和基层等。识别和分析各管理主体和不同管理层次管理者的责、权、利和作用，对实现复杂项目的成功管理至关重要。

复杂项目管理的主体观是要识别、分析复杂项目的不同管理主体及其能力、不同管理层次管理者和参与者的责权利，统筹整合、恰当地发挥各自的作用，处理好各管理主体的关系，保证项目的成功，得到项目各利益相关方的认可与赞赏。

复杂项目管理主体观主要体现于对复杂项目的利益相关方管理、人力资源管理和恰当地选择和运用合适的项目组织，对项目参与方的恰当、合理授权，考核、激励和奖罚，使之各司其职、各尽其责。需要统筹管理，需要"上下同欲者胜,同舟共济者赢",构建复杂项目命运共同体。

(四)复杂项目管理的客体观

在复杂项目管理系统中,与管理主体相对应的就是管理客体。管理客体是指管理主体的行为所指向的一切对象和内容。从哲学角度看,管理的主体是人,管理的客体是人、财、物、信息、技术等资源以及过程和活动等。

人作为管理主体的同时又是管理客体,也是管理客体的中心,因为财、物、信息、技术、过程和活动等都要靠人去认识、掌握、实施和运用。特别是在复杂项目管理中逐渐强化了"以人为本"的管理,强调对人的更细化、更本质的管理——对人的知识、智力、经验、技能和创新能力的管理,也称为"能本管理"。

复杂项目管理的客体观是指对复杂项目管理对象的看法和关系处理,包括但不限于要识别、分析不同的管理客体(包括被管理的人在内的各种资源)对复杂项目成功的地位、作用和影响,处理好管理主体和客体之间的关系,统筹兼顾、全面整合、动态优化,通过"人尽其才、物尽其用""资源节约、环境友好",实现复杂项目的成功。

复杂项目管理客体观体现于复杂项目的全生命周期。项目前期的项目论证、评估与决策的客体是拟设立的项目,是项目管理客体观应该尤为注重的阶段和内容。因为项目概念、规划阶段的立项错误,就是在决定干不该干的事情,会导致根本上的资源浪费、劳民伤财。

注重复杂项目的收尾管理,保留完善、可靠的项目管理资料,可以为项目实现后的应用提供保障和服务,必须重视;总结本项目管理的经验教训,进行组织过程资产(无形资产)归档,搞好项目全生命期的知识管理,可以实现"前人栽树后人乘凉",是最大的资源节约。

复杂项目管理客体观体现于复杂项目管理的各个领域。在复杂项目管理过程中,项目范围管理、风险管理、计划与控制(包括时间、资源、费用的优化)、资源与费用管理、质量管理、人力资源管理、采购管理、信息管理、变更管理、知识管理、创新管理、利益相关方管理、整合管理以及恰当地选择和运用合适的项目组织,都体现了对复杂项目管理客体的识别、分类、综合、动态和有效的管理。

（五）复杂项目管理的实践观

复杂项目管理的实践是复杂项目认识的起点，也是认识的归宿，是全部认识的基础，并在高层的总体上发挥系统性的指导作用。

复杂项目管理理论来源于复杂项目管理实践，复杂项目管理理论服务于复杂项目管理实践，复杂项目管理理论在复杂项目管理实践中接受检验，复杂项目管理理论在复杂项目管理实践中得到发展。如此"实践、认识、再实践、再认识，这种形式，循环往复以至无穷"，持续完善和深化了复杂项目管理理论，提升了复杂项目管理实践的水平。

（六）复杂项目管理的普遍联系观

复杂项目具有系统特征，复杂项目管理是对具有多种关联的要素构成的项目的管理。

复杂项目管理普遍联系观认为：复杂项目管理必须正确认识、分析、把握和处理好项目各要素之间、项目管理与项目环境之间所存在的普遍联系关系，既要在管理的高层通观全局、通盘安排，又要层层落实、务实处理，以保证复杂项目管理的成功。

复杂项目管理普遍联系观要求要客观地用联系的观点看问题，既要看到复杂项目各要素之间的联系，也要关注复杂项目与环境的关系——纵向到底，横向到边，内外联动。正确认识和处理复杂项目现象与本质、原因与结果、普遍性与特殊性、必然性与偶然性、可能性与现实、全局与局部、内容与形式等等相互联系、影响和制约关系，关系到复杂项目管理的成败。

（七）复杂项目管理的变化发展观

复杂项目从无到有，在有中不断变化，再从有到无，或者转为运作或其他形态，完全遵循物质的运动、变化发展规律。某种意义上讲项目管理就是对变化的管理，复杂项目管理更是亦然。

复杂项目管理的变化发展观是指：从总体上认清复杂项目及其管理具有运动、变化、发展的本质和规律，复杂项目管理者应该客观、从容、积极、有效地应对复杂项目管理中的变化，通过项目管理促进项目的变化朝向有利于实现项目目标的方向发展。

复杂项目管理者应该客观地认识复杂项目的变化与发展，主动认识复杂项目的多变性，从容、积极、有效地应对复杂项目管理中的变化，通过管理促进复杂项目的变化朝向有利于实现项目目标的方向发展。

复杂项目管理的变化发展观体现于复杂项目的各个阶段和管理的各个过程,如在立项阶段对复杂项目可行性研究,运用技术经济分析时,既需要做静态分析,更需要做动态分析;在确定初步可选方案后,还必须做不确定性分析,不确定性分析就是考虑了可能发生变化情况下的分析,符合哲学基本原理和实际情况。

在规划阶段,首先是确认和细化已经批准确认了的可行性研究和复杂项目章程,再确认项目的目标等重要事项。这是因为从可行性研究到要实际实施项目,也会因时因地有一定的变化,不能机械的、静止的、全部照搬照套前一个阶段的结论。在遵循批准的项目章程的大原则下,考虑变化、具体条件和利益相关方的利益,再分析、细化,把利益相关方的需求,转化为相对可靠的项目目标。此时其目标可能不会一次就确定得十分清晰、准确。基于变化发展观,一些项目的目标在规划阶段,乃至项目实施中才会逐渐清晰,也是客观、符合实际的。

在实施阶段,是从计划到执行的过程,更不会是一成不变的。从某种意义上说,项目管理就是对变化的管理。管理变化是项目管理的主要特征之一。复杂项目管理尤其是如此。复杂项目管理者不应抱怨"计划赶不上变化",而应该积极地应对变化。也正是基于这一点,复杂项目管理需要特别注重对项目的控制和变更管理。

在收尾阶段,在验收交付成果的同时,要特别注意记录、总结和传递变化。项目的实现和管理的过程,必然发生一些变化,如何处理的,变更后状况如何,必须收集、记录、总结,如果项目变更的结果与原设计的方案、图纸和资料不同,必须按变化后的实际进行更改,要将真实反映最终成果的资料交付、存档、传递下去,通过复杂项目的知识管理,为后期可能再发生变化处置时提供无形资产。

复杂项目管理理论是在实践的基础上不断变化、修订、完善和发展的。积累、总结实践经验、进而形成新的理论也是一个运动、变化和发展的过程。高瞻远瞩的复杂项目管理者也应该注重这方面的工作。

(八)复杂项目管理的协同共赢观

协同在复杂项目管理中不仅是人与人之间的协作,也是不同子系统之间、不同资源之间、不同技术之间、不同情景之间、人与管理对象之间等全方位的协同。

复杂项目管理的协同共赢观是指为了实现复杂项目目标,对复杂项目及其管理的各项工作、各类活动等管理对象进行统筹、协调、匹配,进而促成、实现系统各子系统/要素相互协同,形成超越原各自功能总和的新功能,进而达到整体指标匹配、性能最优,使项目各利益相关方满意。

复杂项目管理协同共赢观体现于复杂项目全生命期,如:在立项过程中确立项目目标,处理好利益相关方的不同需求,力争资源节约、环境友好,处理好项目与自然及社会公共利益的关系,必须坚持协同、共赢的理念,善用沟通、协商的方法。在规划阶段必须从坚持协同、力求共赢的理念出发,落实项目实施目标、管理目标,编制各种计划,组建项目团队等,在过程中注重沟通、协商。在实施阶段是需要沟通、协同、协商的工作量最多,考虑共赢的方面最广泛的阶段。

通过协同、追求共赢。一是要求复杂项目管理者在日常工作中妥善处理好上级、同级、下级、团队内外等各利益相关方的关系,使其减少摩擦,调动各方面的积极性。二是要处理好与复杂项目之外的、包括项目所在组织(单位)的环境(职能部门、所在组织的高层领导),组织外部环境(项目所在地的社会机构、政府部门、合作与制约单位)及自然环境等需要协同的关系,构建项目生存和健康发展的共赢环境。一个优秀的项目管理者为了项目成功,必须要有健康的协同、共赢理念,良好的沟通、协商、统筹能力。

复杂项目的收尾阶段直接关系到全局的胜负。为了"完美收官",获得各利益相关方的认可或赞赏,在这一阶段必须坚持共赢的理念和行动,坚持充分沟通、协同、协商的做法。信守合同,遵循共识,尊重科学,求大同存小异,多为对方着想;顾大局、识大体,相互包容,兼顾目前和长远利益,反复协商,寻求多赢、共赢等,都是复杂项目管理协同共赢观的具体体现,对项目善始善终、获取成功,具有重要意义。

第三节　复杂项目管理哲学之"思维方式"

一、复杂项目管理思维内涵

复杂项目管理哲学中的"思维方式"就是"怎么想",具体体现于复杂项目管理中对总体性问题、客观性问题、辩证性问题、实践性问题、反思性问题等的客观反映、科学思路和理性认识等方面。

复杂项目管理思维是指在复杂项目管理活动中,依据对复杂项目管理的认识(怎么看),指向和围绕项目管理行为以及与之相关的领域所进行的特定范畴的系统思考活动。

复杂项目管理思维是面向复杂项目管理,参考科学思维、工程思维等的一种管理思维,是兼有体现"构建性思维""实践性思维",但更聚焦于"管理性思维"的实践理性认识。在表达"思维与现实"的关系方面,复杂项目管理思维主要围绕对复杂项目的"管理",集中体现思维与现实的"管理性"关系。

科学思维是形成并运用于科学认识活动,对感性认识材料进行加工处理的方式与途径的体系,是人类实践活动的产物。在人类认识活动中,科学思维必须遵守三个基本原则:在逻辑上,要求严密的逻辑性,达到归纳和演绎的统一;在方法上,要求辩证地分析和综合两种思维方法;在体系上,实现逻辑与历史的一致,达到理论与实践的具体的历史的统一。科学家和各领域专家的科学思维是"反映性思维""发现性思维",体现着理论理性的认识。在表达"思维与现实"的关系方面,科学思维主要着眼于"发现",集中体现思维与现实的"反映性"关系。

工程思维是反映有关工程问题的规律、范畴和概念,以及概念的演变规律,进而进行引导性、前瞻性的思考,是一种具有大格局、大创意特点的工程哲学思维方式,是体现"构建性思维""设计性思维"和"实践性思维"的实践理性认识。工程思维以现实世界作为思维对象和参照目标。工程思维具有科学性、集成性、实践性、艺术性、逻辑性和价值性等基本性质。在表达"思维与现实"的关系方面,工程思维具有主要致力于"创造",集中体现思维与现实的"构建性"关系的特征。

在复杂项目管理思维中,项目管理者应善于运用逻辑性思维、非逻辑性思维等基本方式,也可运用究根思维——把一件事物分成若干部分,找出其中最关键的部分;发散思维——从一件事物出发,找出与之联系的各个事物,基于普遍联系观念;线性思维——由一件事物经过演变而发展成另外一件事物,基于运动与发展观念;辩证思维——从一件事物的两个对立面找出其关系和平衡点,基于对立统一观念;系统思维——从事物的全局以及其构成要素的相互关系中分析认识事物,基于整体观、相互联系观念。

西奥多·冯·卡门(Theodore von Kármán)说:"科学家发现(Discover)已经存在的世界;工程师创造(Create)一个过去从来没有存在过的世界。"从哲学意义上看,复杂项目管理者管理(Management)的是一个过去从未存在过的世界。

复杂项目管理思维具有系统综合性、动态开放性、实践针对性和自觉创新性等主要特征,在复杂项目管理思维中,应系统运用哲学科学方法论、一般科学方法论和具体科学方法论等,采用正向思维法、逆向思维法、发散思维法、聚合思维法、联想思维法、移植思维法、形象思维法、抽象思维法、演绎思维法、归纳思维法、分析思维法、综合思维法、整合思维法、系统思维法等思维方法。

做好复杂项目管理固然需要知识,但有两个问题需要引起我们关注:一是知识的范围是非常广泛的——平常之人不可能全部囊括掌握;二是知识的有效性是暂时的、相对的,随着科技的进步和人类社会的发展,总会有些知识会过时,需要修正、完善和更新。

思维(思想)的有效性是相对长效的,只要掌握了基本的观点、基本的思路,养成科学、良好的思维方式和思维习惯,在面对新项目、项目管理的新情况之时,就能做到头脑清醒、思路清晰、高屋建瓴,以不变应万变。科学的思维可以指导人们认识本质、正确判断、科学推理,作出正确的决策。可以使人们在行动中明辨是非、处变不惊,有以善处、处之怡然,以取得项目管理的成功。

复杂项目管理思维的体现及其指导作用,通过多种思维方法体现,应用在复杂项目生命周期的各个阶段,以及复杂项目管理的各个领域。

二、复杂项目分析思维和综合思维

(一)内涵

复杂项目管理中的分析思维法就是为了实现项目的综合目标,把整体分解为部分,把复杂的事物分解为简单的要素(项目生命周期的不同阶段、项目管理领域、项目管理过程、项目组织和技术、方法、工具等),分别加以研究和具体实践的思维方法。

复杂项目管理中的综合思维法则是通过具体分析、处理具体的项目和项目具体管理活动,把各单一、离散的要素(项目生命期的不同阶段、项目管理领域、项目管理过程、项目组织和技术、方法、工具等)统筹整合、综合集成,致力于项目目标的实现,进而获得项目成功的思维方法。

综合与分析是分不开的,二者互相依存、互相渗透、互相联系和互相转化。

(二)体现与导向作用

1.在管理领域

近年来,中国项目管理的专家、学者和管理者已经运用分析思维与综合思维,研究和指导实际的项目管理。比如:运用分析思维与综合思维方式认知美国《项目管理知识体系》,分析与综合如图5-4和表5-1所示。这种应用对理解项目管理很有帮助。人们也可以借鉴这种思维分析复杂项目管理的相关内容。

图5-4　对复杂项目管理知识体系的分析与综合

资料来源:笔者自绘。

表 5-1 基于分析与综合思维的项目管理知识体系与要素概况

序号	方面	内 容
1	一组目标	尽量使利益相关者满意(获得利益相关方的认可与赞赏)
2	二个层级	组织层级;项目层级
3	三个层次	科学、艺术、哲学;(基层管理、中层管理、高层管理)
4	四个阶段	概念阶段、规划阶段、实施阶段、收尾阶段
5	五个过程	启动过程、计划过程、执行过程、控制过程、结束过程
6	六项控制	范围、组织、风险、质量、时间、费用
7	七个问题	是什么、为什么、谁、哪里、时间、怎么做、多少
8	八种资源	人力、资金、装备、材料、信息、技术、环境、时间
9	九种技术	系统论、控制论、信息论、价值工程、评估、WBS、网络计划、挣值法、沟通
10	单项目十大管理领域	范围管理、沟通管理、采购管理、风险管理、时间管理、费用管理、质量管理、人力资源管理、整合管理、利益相关方管理
11	项目集十二大管理领域	项目集治理、项目集利益相关方管理、项目集财务管理、项目集范围管理、项目集沟通管理、项目集采购管理、项目集风险管理、项目集时间管理、项目集费用管理、项目集质量管理、项目集人力资源管理、项目集整合管理
12	十三项标准	目标、领导力、人员、资源、过程、资源节约环境友好、管理创新、客户结果、人员结果、其他利益相关者结果、资源节约环境友好成果、管理创新成果、项目主要成果
13	二十九个能力要素	技术能力要素(14 个)、行为能力要素(10 个)、环境能力要素(5 个)
14	多个管理过程主体	投资方、总承包方、分包方(设计、实施、监理……)
15	全过程评估	立项前、项目中、项目管理、项目结果、项目后评价

资料来源:笔者整理而成。

2. 在项目生命周期各阶段

(1)概念阶段

项目立项的论证,特别是详细可行性研究报告的编制,是项目管理的分析思维与综合思维综合运用的过程;在论证与评估基础上的项目决策更离不开分析思维与综合思维。

(2)规划阶段

规划阶段在项目目标的确认,项目范围明确、工作分解结构的建立、团队组建、资源的准备与调动、各种计划的编制等方面,均需要面向项目的综合目标,把整体分解为部分,把复杂的事物分解为简单的要素,分别加以研究和具体实践,无一能离开项目管理的分析思维方法。

规划阶段应把项目生命期的不同阶段、项目管理领域、项目管理过程、项目组织和技术、方法、工具等各单项要素的策划、分析、计划工作,面向项目目标的实现,进行统筹整合、综合统一,为获得项目成功奠定基础,用的就是项目管理的综合思维方法。

(3)实施阶段

实施阶段的主要工作是对照项目的计划和总体、分项管理要求,分析相关的项目管理执行、监控工作,交替、融合地运用项目管理的分析与综合思维方法,指导形成各项具体工作的实施方案和具体办法并具体实施,是该阶段的主要工作。在思维方法的具体运用方面,实际上也在和其他思维方法(如发散与聚合、形象与抽象、演绎与归纳等)在互相渗透、交叉、结合运用。

(4)收尾阶段

项目综合成果是由各个组成部分构成的,衡量项目管理的结果是否达到了预定的目标,需要在项目的最后阶段,反复分析、研究、梳理项目的各个子项目标、工作是否达到了要求,进而汇总对比项目的总目标是否实现,项目各利益相关方是否认可或赞赏,最后评价项目是否成功。这个过程的主要思维又离不开项目管理的分析思维与综合思维。

三、复杂项目系统思维与整合思维

(一)内涵

复杂项目管理的系统思维是把项目和项目管理视为系统,考察和正确处理项目生命周期的不同阶段、项目管理领域、项目管理过程、项目组织和技术、方法、工具等各个要素之间的相互联系、相互作用;统筹时间和空间各个维度,追求"整体大于部分的简单总和"的优化效应,以获得项目总体目标实现的思维方法。

复杂项目管理的整合思维是从项目全局的层面、整体的角度把项目系统中的人力、资源、能量、信息等各种项目管理要素和活动,统筹、协调、处理,以求最优化实现项目目标的思维方法。

（二）在项目管理中的体现与指导作用

1. 复杂项目管理系统思维的研究和应用

项目管理的系统思维是针对被管理对象的全局所做的系统、首要和统一的筹划：预测—计划—实施—指挥—掌控，即"统筹兼顾""和谐"。这种系统统筹思维，注重在差异中求平衡、权衡中求兼顾、协调中求发展，目的是实现主体、客体与环境相统一；相容性与取向性相统一；成功、优化与良性循环相统一；人与时间、空间相统一；这其间的联系是与之相互贯通的信息流和物流，是中国传统的"天、地、人"合一系统思想，在复杂项目管理系统思维上的具体展现。

2. 复杂项目管理整合思维的研究和应用

复杂项目管理整合了单项目管理、项目集管理以及相关的具有复杂性的管理。对于单项目管理而言，项目整合管理的思维就是为尽量满足各利益相关方的需求，识别、定义、组合、统一与协调项目管理过程组和项目中各领域管理活动所涉及的过程和进行的活动。在单项目管理中，"整合"就是在相互冲突的目标或可选择的目标中权衡得失、评估与决策。"整合"兼具统一、整理、合并、协调、连接和一体化的作用，是一项综合性、全局性的至关重要的工作。目的是"快、好、省"地实现项目的目标。具体思维过程可以由：制定项目章程、制定项目初步范围说明书、制定项目管理计划、指导与管理项目执行、监控项目工作、整体变更控制和项目收尾构成。

单项目整合管理思维与行动主要限于项目内部，项目集整合管理有更大范围的系统性，更注重于在各子项目之间的统筹与协调，指导各子项目的管理，以获取单独管理各子项目不能获得的收益。项目集整合管理有以下过程：(1)启动项目集；(2)制定项目集管理计划；(3)制定项目集基础结构；(4)指导和管理项目集执行；(5)管理项目集资源；(6)监控项目集绩效；(7)管理项目集问题；(8)结束项目集。

（三）复杂项目生命周期各阶段的指导作用

1. 概念阶段

复杂项目在立项的程序中需要通过拟定多个方案进行比较论证，研究项目(如：以一个新工厂建设为例)的规模、工艺、技术方案、原材料及能源供给、设备选型、厂址选择、投资估算、资金筹措和偿还、生产成本等各种要求与制约因素,分析和评价项目:建立的必要性,技术上的可行性,经济上的合理性和社会发展的效益性等要素之间的相互联系、相互作用,把项目目标、过程、要素、相互影响、优化等一系列问题作为一个整体,统筹时间和空间等多维度,最后提出项目可行或不可行的结论,这是典型的复杂项目管理系统思维的运用。

从是否需要立项的全局层面、整体的角度,把复杂项目立项系统中涉及的人力、资源、能量、信息等各种项目管理要素和活动,统筹谋划、协调、平衡,以求最优化实现项目目标,这些都体现了复杂项目管理的整合思维方法。

2. 规划阶段、实施阶段、收尾阶段

依据复杂项目整合管理实践案例,参考复杂项目管理的相关理论,对贯穿于规划阶段、实施阶段、收尾阶段的项目管理系统思维和整合思维分析如下:

(1)启动复杂项目——站在系统、全局、全过程的层面,从确认需要该复杂项目、初始定义复杂项目的目标开始,结束于复杂项目章程被批准。这是重要的前期准备工作,目的是充分、有效地获取制订复杂项目计划的相关信息。

(2)制定复杂项目管理计划——基于系统的思维,制订一个作为执行、监控和收尾复杂项目的全局的、统一的计划。基于整合的思维,确定复杂项目管理计划的内容:主要是将所有的子计划、辅助计划整合成一个复杂项目的管理计划,更新复杂项目管理路线图。

(3)制定复杂项目基础结构——从复杂项目的全系统层面,运用统筹整合的思维识别、评估和制定支持复杂项目所需的基础结构。

(4)指导和管理复杂项目执行——运用发展项目管理的系统思维和整合思维,全程和全领域管理复杂项目管理计划的实施,以实现复杂项目的目标。

(5)管理复杂项目资源——基于复杂项目管理的系统思维和整合思维,在复杂项目生命期内全程跟踪、评估和调整各类资源的使用。

(6)监控复杂项目绩效——从系统和整合层面,通过监控复杂项目的执行以满足复杂项目管理计划中确定的绩效目标。

(7)管理复杂项目问题——从重点和整合思维的角度,处理可能影响复杂项目计划方向的初始没有识别的风险和事件。风险经评估后,依据情况如果必要,提出变更请求解决,或者纳入风险管理过程。

(8)结束复杂项目——立足于复杂项目管理的整体、全局,思考、检查、完成跨复杂项目管理过程组的所有活动,从成果验收交付、结束合同、管理收尾等方面系统地正式结束复杂项目。

第四节　复杂项目管理哲学之"方法论"

一、复杂项目管理哲学之"方法论"概述

（一）复杂项目管理方法论

复杂项目管理方法论是为了实现项目目标，基于"做正确的事，正确地做事，获取正确的结果"的思路，在复杂项目的全生命期和复杂项目管理的各个领域中，面对问题的有效解决，所研究和运用的相对系统的一整套方法。复杂项目管理方法论涉及借鉴和运用一些在其他管理领域（包括传统项目管理）行之有效的相关方法。

研究复杂项目管理中的方法论，对完善项目管理学科建设具有醒脑活血、强筋健骨的作用；对于项目管理学科的发展具有系统化整理、凝练、深化，充分发挥其潜力的作用；应用项目管理方法论，对于项目管理实践而言是"授人以渔"，有利于指导管理者"提纲挈领"、事半功倍地解决实际问题。深入研究与有效应用项目管理方法论，可以从根本上提升项目管理的效益和效率。

（二）与复杂项目管理相关的方法论

在项目管理方法论中，可能涉及的内容很多，如：调查研究、专家咨询、文献研究、相关分析、模型抽象、模拟仿真、沟通共识等。但非常重要的是以系统论为核心的一系列方法论，包括系统论、信息论、控制论、耗散结构理论、协同论、突变论、整合论、人本论等。

20世纪初系统论、信息论、控制论等系统理论逐步形成和完善，且在科学、技术、工程和管理诸领域的实践中发挥了重要作用。随后，耗散结构理论、协同论、突变论等非平衡自组织理论，也逐渐产生和发展起来，给科学技术方法论的研究和应用带来革命性的变化。其中系统论、控制论和信息论被称为"老三论"（SCI论），耗散结构论、协同论和突变论被称为"新三论"（DSC论）。

近年来，以新、老三论为核心基础，正在构建和形成现代系统科学体系，这一切也对项目管理等应用管理科学发生着越来越深刻的影响。

二、复杂项目管理中的"老三论"

20世纪40年代以后,系统论、信息论、控制论等系统理论逐步形成和完善,随后耗散结构论、协同论、突变论等非平衡自组织理论也逐渐产生和发展。

(一)复杂项目管理中的系统论

1. 内涵

复杂项目管理的系统论是指:按照复杂项目和项目管理的系统性质,从系统观点出发,针对复杂项目和项目管理,从整体与要素、整体与环境之间相互联系、作用、制约的关系中综合考察复杂项目管理和处理复杂项目管理相关问题,以达最佳结果的方法。

对复杂项目管理而言,系统论是解决项目管理的全面、分解、分层、优化和局部保全局问题的关键方法论。复杂项目管理系统论是系统工程和复杂项目科学的有机组成部分。其关系如图5-5所示。

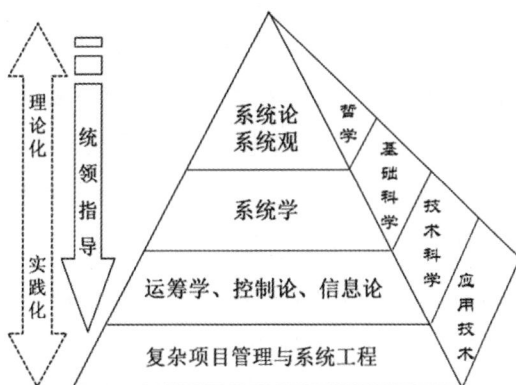

图5-5 复杂项目管理与系统科学的关系

资料来源:笔者自绘。

2. 体现与导向作用

项目管理中系统论在项目管理中的应用体现于全领域、全方位、全过程。

在项目立项阶段,决定是否设立项目,是通过项目论证、评估与决策的系统工程。包括技术、经济、效益、重要性、可能性和可行性等全方位多因素分析论证,这一切都是系统论的运用。

在项目规划阶段,确认项目目标,是全面识别和分析项目的利益相关方及其需求,协调确定的结果,是系统论的典型应用;细化与确认项目的里程碑计划、为了确定项目的范围并把确定下来的工作层层分解落实,运用的主要方法和工具是项目分解结构(PBS)和工作分解结构(WBS),这是系统论的具体应用;编制项目进度计划应用网络计划技术,进行网络优化,更是系统论的具体应用;项目全面实施前的风险分析、评估和应对措施的制订,还是系统论应用的过程,如此等等,该阶段的管理几乎都离不开系统论。

项目实施阶段,对项目利益相关方的管理,各合作伙伴的工作沟通、协调,对各类计划的统筹执行、全面落实,采用的是系统论方法。

在项目收尾阶段,为了保证交付的是项目的全部成果,落实、检查、补充、完善各项工作,需要从项目系统的全局着眼,从项目的每一个局部着手,逐项落实,这是局部保全局的系统论的最终应用过程。

(二)复杂项目管理中的信息论

1. 内涵

复杂项目管理的信息论是指:以项目和项目管理为系统,运用信息论的理论和方法研究项目管理过程以实现项目目标的一门具体化了的信息论分支。

复杂项目管理职能的实现,必须借助于信息过程;复杂项目管理的信息论,一方面,促进了信息论原理的普遍化,拓宽了信息论的应用范围;另一方面,增进了复杂项目管理理论的科学化,使项目管理的原理和原则有了更坚实的科学基础,丰富了项目管理理论的内容。

复杂项目管理信息论的主要内容解读:(1)研究如何建立有效的管理信息系统,明确搜集和加工整理信息的方式、方法;(2)根据信息传递规律,确定项目管理组织结构的设置原则。信息交流是组织的一个基本特征,要根据信息运动的规律来建立和变革组织;(3)研究反馈信息和控制的关系,以及如何建立可靠的、高效的信息反馈系统,以保证能够进行及时而有效的控制;(4)研究项目组织内部信息流通状况对于人际关系、组织士气等的影响,以便加强信息沟通,增强组织的凝聚力,改善上下级之间的关系和各职能部门与项目团队之间的关系,提高各层次领导决策的科学性、增强团队成员和组织成员的参与感。

2. 体现与导向作用

在复杂项目生命期的各个阶段,项目管理活动都离不开信息,从某种意义上说,项目管理就是对项目信息的管理。近年来,在传统单项目管理、项目集管理和组织层级项目管理中,项目管理信息系统的建设和应用、项目管理软件的开发和应用,取得了长足的进步,这些无一不是新时期项目管理信息论的新发展。信息论在项目管理中的应用,还扩展到了知识管理,已经有项目管理专家和项目管理实际工作者对此做了一些研究和应用。复杂项目管理信息论就是在此基础上结合复杂项目管理的特点,进一步发展起来的。

(三)复杂项目管理中的控制论

1. 内涵

复杂项目管理的控制论是指:为了确保项目的目标得以实现,各级项目管理人员在项目执行过程中,根据事先确定的标准、计划,对本级及下级的实际工作进行测量和评价,在出现偏差时及时纠正;或者根据项目内外环境的变化和项目利益相关方需求的变更,对原计划进行修订或制订新的计划,调控项目管理工作的过程。

项目管理中控制论应用的控制图,如图5-6所示。

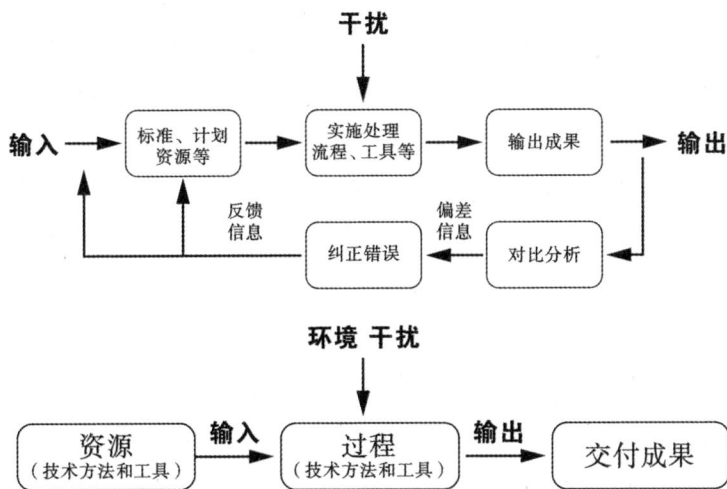

图5-6　项目管理中控制论应用的控制图

资料来源:笔者自绘。

项目管理活动中的控制工作,是一完整的复杂过程,也可以说是管理活动这一大系统中的关键子系统,是项目管理工作中重要的一环。

从管理控制工作的反馈过程可见,管理活动中的控制工作与控制论中的"控制"基本上是一致的,但也有一些不同。

(1)一致性

二者的基本活动过程相同。即(1)确立标准;(2)衡量成效;(3)纠正偏差。

管理控制系统实质上也是一个信息反馈系统。通过信息反馈,揭示管理活动中的不足之处,促进系统进行不断的调节和改革,以逐渐趋于稳定、完善,直至达到优化的状态。

二者都是一个有组织的系统。它根据系统内、外的变化而进行相应的调整,不断克服系统的不肯定性,从而使系统保持在稳定状态。

(2)差异性

控制论中的"控制",实质是一个简单的信息反馈,它的纠正措施往往是即刻就可付诸实施的。而且,若在自动控制系统中,一旦给定程序,那么衡量成效和纠正偏差就往往都是自动进行的,而管理工作中的控制活动远比上述内容更为复杂和实际。管理人员需要衡量实际的成效,并将它与标准相比较以及明确地分析出现的偏差和原因。为了随之作出必要的纠正,管理人员必须为此花费一定的人力、物力和财力去纠正偏差,以达到预期的成效。

简单反馈中的"信息"往往是比较单纯的,是物质、能量、信息及其属性的标识。对于管理控制工作中的"信息"来说,它所包含的信息种类繁多、数量巨大,常常是经过了分析整理后的信息流或信息集,这种管理信息和管理系统结合一起,形成了一个系统——管理信息系统。这种系统要有较多的功能,如:信息处理及时、准确,控制计划和相关管理职能等。

2. 体现与导向作用

在项目管理中没有控制是不可想象的。控制,在项目管理中占有重要位置,如果我们用 PM 表示项目管理,PP 表示项目计划,PE 表示项目执行,PC 表示项目控制,那么项目管理的公式就可以这样来表示:$PM \approx PP+PE+PC$。

在风险管理、进度管理、费用管理、质量管理、采购管理、人力资源管理等诸多项目管理知识领域中,无一不包括控制的内容。

在经典的项目管理理论书籍和标准中,项目管理的每一个知识领域中的表达方式的精髓都是控制论的体现:输入—工具和方法—输出;或者依据—处理—结果。可归纳如图 5-7 所示。

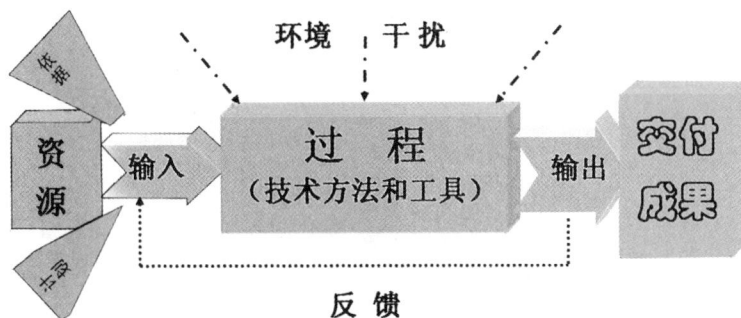

图 5-7　项目管理控制论示意

资料来源:笔者自绘。

在项目管理中十分强调管理过程,项目管理有五大管理过程组:启动过程组、规划过程组、执行过程组、监控过程组和收尾过程组。监控过程在其中占有核心和关键的地位,复杂项目管理更是如此。

在复杂项目的实施中特别强调监督、控制,其中被有效应用的"挣得值法"(也称赢得值方法、获得值方法)是项目管理控制论中有效的方法之一。

(四)复杂项目管理中的"老三论"比较

系统论、信息论和控制论被称为系统科学的"老三论"。其核心是系统论,三者的比较如表5-2所示。

表 5-2　系统论、信息论和控制论的比较

	研究对象及目的	产生基础	主要内容	研究方法
系统论	系统存在的规律,确立适用于系统的一般性原则	机械论、有机体论等,生物学还原论,运筹学、网络计划技术等	一般系统论是对整体和完整性的科学探索,要求把事物作为一个整体来研究并用数学模型去确定系统的结构和行为,系统是一般系统论的核心内容	运筹学、网络计划技术等
信息论	系统存在的规律,不同系统中信息传递以及控制,实现系统功能最优化,能更准确、更迅速、更经济地传递信息	类比方法、统计方法、信息方法	信息论是用概率论和数理统计方法,从量的方面来研究系统信息如何获取、加工、处理、传输和控制的一门科学,信息是信息论最重要的内容	只考虑形式而不管内容,使问题简化,并建立一般通信过程的系统

续表

	研究对象及目的	产生基础	主要内容	研究方法
控制论	系统存在的规律,不同系统中信息传递以及控制,研究系统控制方面的共同规律和控制方法,实现系统整体功能最优化	自动控制技术通信工程、电子技术、计算机科学等多种学科相互渗透的基础上产生的多学科链接	控制论的研究重点是带有反馈回路的闭环控制系统,其首要观点是反馈,从反馈的观点看,反馈就是控制的调节行为,另一个重要的观点是信息,从信息的观点出发,可以认为控制论所说的反馈实指信息反馈	功能模拟方法;黑箱—灰箱—白箱法

资料来源:笔者自绘。

三、复杂项目管理系统论之"新三论"

随着科学技术和经济社会的发展,"老三论"在实际应用中也显现了一些不足,因而在"老三论"基础上又发展了一些新的理论来丰富系统科学,这就是"新三论"。

耗散结构论、协同论、突变论是 20 世纪 70 年代以来陆续确立并获得极快进展的三门系统理论的分支学科。它们虽然时间不长,却已是系统科学领域中年少有为的新军,故合称"新三论",也称为 DSC 论。

(一)复杂项目管理中的耗散结构论

1. 内涵

复杂项目管理的耗散结构论是指:不仅要把复杂项目及其管理看作一个系统,更要看作一个开放的复杂系统。为了确保项目的目标得以实现,各级项目管理人员在项目执行过程中,遵循"非平衡是有序之源""涨落导致有序"等规律,注重项目与外界环境的物质、信息和能量交换,正确处理好各种关系,趋利避害,从开始的无序状态转变为一种时间、空间或功能的有序状态,直至项目结束、交付。

复杂项目及其管理,是项目管理者面对的复杂开放系统。系统论所要寻求的是这种具有有序性的稳定结构,耗散结构论更深入一步,注重了系统与外界的关系和不平衡与有序的关系,从这个意义上说,耗散结构论与系统论对复杂项目管理有异曲同工之妙。

2. 体现与导向作用

耗散结构理论研究和运用的对象是一个远离平衡态的开放系统,复杂项目及其管理系统实质也是一个开放系统,通过不断地与外界交换能量与物质,从开始的无序状态转变为一种时间、空间或功能的有序状态,直至项目结束,交付之后的项目呈现出另外新的系统状态。项目管理的实践表明,注重环境对项目管理的影响是非常重要的,耗散结构理论对复杂项目及其管理具有重要指导作用。

复杂项目管理要求抓好项目团队建设的五个阶段——组建、磨合、规范、成效和结束阶段,有针对不同阶段要采取的工作方针、策略;要求制定相关的管理流程,控制变更,等等,从本质上正是遵循了"非平衡态是有序之源""涨落导致有序"等耗散结构理论的规律。

在复杂项目管理中特别强调了与单项目管理不同的两大管理领域——项目治理和财务管理,正是认识到大型复杂项目是一个复杂的开放系统,更应该考虑"耗散结构论"的作用,而明确了相关的管理要求。

(二)复杂项目管理中的协同论

1. 内涵

复杂项目管理协同论是指:应该把复杂项目及其管理看作是一个"大系统",关注和研究其中子系统的相互作用、协同效应,趋利避害,获取"1+1>2"的积极效果;关注大系统中可能产生的"序参量"的支配行为,因势利导,掌握全局,主宰有利于实现项目预期结果的系统演化的整个过程;在注意处理好项目和环境关系的同时,关注和利用项目和项目管理这一大系统中通过大量子系统之间的协同作用,而形成新的时间、空间或功能有序的自组织功能,以确保项目的目标得以实现。

2. 体现与导向作用

项目和项目管理是一个复杂的开放系统,尤其复杂项目管理系统这一特点更为凸显。复杂项目管理需要把多个有相互关系的子项目放在一起协同管理从而增加收益,复杂项目的生命期需要遵从其所在组织对复杂项目治理的需要,保证期望的收益可预测、可协调和保证实现。复杂项目管理涉及众多的利益相关方,其管理的主要内容就是对各利益相关方进行协同,以实现项目的目标并得到他们的认可与赞赏。

复杂项目管理的主要模式——建造总承包(如 EPC)和项目管理总包(如 PMC),其中要求处理好的最重要管理内容都是协同。复杂项目的高层管理者必须关注和协调好复杂总包系统中,在外来能量的作用下或物质的聚集态达到某种临界值时,子系统之间的协同作用。这种协同作用能使系统在临界点发生质变产生协同效应,趋利避害,使系统从无序变为有序,从混沌中产生某种稳定结构,保证项目和项目管理的健康发展。

(三)复杂项目管理中的突变论

1. 内涵

复杂项目管理的突变论是指:把项目和项目管理看作是一个包含多因素的"复杂系统",存在着突变式质变过程,研究和揭示出项目管理系统突变式质变的一般方式,注重研究和控制可能会引起项目管理系统状态发生突变的某些参数变化,关注、引导和控制某些参数在项目和项目管理中引起突变的自组织演化过程,因势利导,趋利避害,使项目和项目管理可能产生的自组织过程向有利于实现项目目标的方向发展。

2. 体现与导向作用

在项目立项阶段的可行性研究中,一项重要工作是在技术经济论证时的不确定分析,其重要一项就是敏感性分析,分析出敏感性因素,论证它的变动幅度对论证结论的影响,分析中就会发现有的要素变动达到一定的临界值时,会导致前期论证结论的颠覆,必须引起特别注意,这就是突变论在复杂项目中的典型体现和应用。

在项目的规划和实施阶段,会发现很多的变更,有的是渐变的,有的是突变的,项目管理者必须分析、发现可能导致突变式质变的因素和变更,结合控制论、协调论的应用,协调各利益相关方的需求和关系,避免对项目成果毁灭性的影响,确保项目的成功。

在项目收尾阶段,项目管理者要特别注意收口管控。这时若有具有突变性的参数出现,一定要分外关注,切实加以解决,否则后果不堪设想。

"防患于未然""未雨绸缪",风险管理、健康、安全和环境管理(HSE 管理)中的风险识别、分析、评估以及事先作出应对措施、预案等都是突变论在项目管理中的体现和应用。

随着项目管理的发展,对于复杂的项目管理,如:项目集和项目组合管理等,已经不同于单项目管理,其中为了实现组织的战略和额外的收益,有时组织变革是不可避免的。而这种变革有时是突发的、激进的、彻底背离变化前的状态的。这种变化结果往往导致原有组织的既得利益变化,业务流程和管理流程的重组,这种类型的变化是"非连续的",可能是全新定义另一个稳定状态的突变,要借助运用突变理论,慎重对待。

近年来,有的企业为了管理企业中多项目、大型复杂项目中可能出现的突变,特别赋予了企业中的"项目管理办公室"运用突变论管理突变的任务。

从事项目和管理工作,是在做没有做过的事,本质是创新。推动我们创新的力量,并非完全来自过去经验的累积,更重要的是会有一些颠覆性的、非连续变化,突变与项目的创新性紧密相关。

项目管理注重把每一件工作落实于"工作包",而且要求做细,细节决定成败。其关注点之一也考虑到细节中会存在影响事物转化临界点的引起突变的参数,面对项目一次性和失败无法挽回的特点,运用突变论的思维和相关方法论,尤为重要。

(四)复杂项目管理中的"新三论"比较

耗散结构论、协同论、突变论是 20 世纪 70 年代以来在"老三论"基础上发展起来的三门系统理论的分支学科,是系统科学领域中的新军,是对"老三论"的补充和深化。耗散结构论、协同论、突变论三者之间也有一定的关系,如表 5-3 所示。

表 5-3　耗散结构论、协同论、突变论的比较

	研究对象及目的	产生基础	主要内容
耗散结构论	探索耗散结构微观机制的关于非平衡系统行为的理论	进化与退化开放系统的第二系统	耗散结构理论在本质上研究的是系统演化的理论,它试图对系统由一种结构向另一种结构的演变问题作出正确的解释
协同论	研究复杂系统的结构,提供处理复杂系统的一种策略,建立一种用统一的观点去处理复杂系统的概念和方法	突变论、信息论、耗散结构论等现代科学理论	研究事物是从旧结构转变为新结构的机理的共同规律上形成和发展的,主要特点是通过类比对从无序到有序的现象建立了一整套数学模型和处理方案,并推广到广泛的领域

	研究对象及目的	产生基础	主要内容
突变论	通过对事物结构稳定性的研究,来揭示事物突变性质变规律的理论	拓扑学、奇点理论和稳定性数学理论	通过描述系统在临界点的状态,来研究自然多种形态、结构和社会经济活动的非连续性突然变化现象,并通过耗散结构论、协同论与系统论联系起来,并对系统论的发展起到推动作用

资料来源:笔者自绘。

四、"新三论""老三论"的关系

从总体来说,"新三论""老三论"是同宗同源,基础与发展;互相衔接、互相补充,互相依赖的关系。具体而言:

(1)"新三论"与"老三论"共同发源于"系统"概念,并相互统一。

(2)互为补充而形成不可分割的系统整体世界观和科学方法论。

(3)系统论是横贯"老三论"的实质和核心内容,信息论是"老三论"方法的基础和联系媒介,控制论是揭示"老三论"方法的关键和调控机制。

(4)"新三论"超越"老三论"稳定、平衡、有序的框架,对动态、非平衡、混沌、自组织等方面开展深入的探讨和研究,更广博精深,适应性更广。

(5)新、老三论在发展过程中互为基础、互相促进、不断渗透、交替前进,也呈现出"你中有我,我中有你"的错综复杂关系。相关内容如表5-4所示。

表5-4 "新三论"与"老三论"的关系

	老三论	新三论
内容	控制论、信息论、系统论	耗散结构论、协同论、突变论
研究目的	着眼于整体的功能,使整体与部分有机协调,最终达到最优化的目标	试图找到一个在系统自发形成过程中起支配作用的原理
学科基础	古典经典力学和平衡态热力学	非线性理论范畴,稳定性数学理论
研究对象	系统的整体性,相干性,组织性及功能	开放系统的演化,自组织
二者关系	老三论是新三论的基础,新三论是老三论的发展,它们互相衔接、相互依赖	

资料来源:笔者自绘。

五、如何理解项目管理的"新三论""老三论"

"老三论"和"新三论"极大地促进了世界科学图景的改观、人类思维方式的变革和当代哲学观念的深化,特别是它们之间错综复杂的关系、互相渗透的趋势、高度综合的特点和向社会科学的扩张已经引起了人们的极大关注,也为项目管理提供了更为有效的方法论。

"新三论"和"老三论"是系统科学体系的主要构成部分,其内容科学而相对深奥,特别是"新三论"涉及了更广泛的科学发展新成果,不做专门深入研究,很难全面理解。

第五节　复杂项目管理数字化转型与数学方法

一、复杂项目管理的数字化内涵

数字化生活给复杂项目管理带来了挑战,同时也带来了很多机遇,具有数字化特征的仿真技术等的应用,更加趋于协同化和系统化——数字化技术在当代社会时空两个方向上的协同,成为自然科学、社会科学和思维科学发展的主要方向之一。项目管理者需要与时俱进,将数字化技术、方法作为新时代的科学方法,服务于复杂项目管理。

数字时代对复杂项目管理不只是要求项目管理中简单地应用数字技术、互联网、大数据等资源,更是需要领会数字时代的本质内涵,即:基于数字化转型从理念到思维、从组织到流程、从方式到手段、从领导者到员工,进行全时空、全方位变革创新。目前,数字化影响项目管理的理论研究和实践,还刚刚起步,但这已经与有效的复杂项目管理关系密切。

数字时代的数字技术、数字化转型等相关理论为复杂项目有效应对VUCA挑战,实现管理变革,赢得企业组织和项目更好地生存和发展提供了理论支撑、技术方法和管理创新的抓手。数字时代基于数字化转型是项目管理的又一次理论升华和实践突破。

复杂项目数字化管理是指利用计算机、通信、网络化、大数据、云化、智能化等技术、方法、工具、手段和平台,实现对复杂项目管理对象与管理行为的数字化、智能化管理。

复杂项目数字化管理要对项目数据进行挖掘、采集、统计、分析、处理,管理者需要及时分析复杂项目管理领域、管理过程以及相关数据。根据这些数据,作出正确的判断和决策。数据管理对应于内容管理、竞争情报、知识管理、商业智能、资源状态,通过权衡效益和成本,综合各个业务子系统的信息,实现良好的数据管理,而不是凭感觉、印象,囿于经验、想当然地处理复杂项目管理的相关问题,是所有复杂项目管理者需要适应和习惯的新工作,也是复杂项目管理者需要修炼的新基本能力。

复杂项目管理信息系统,是整体平台化、数字化转型成功与否的关键要素,如何不断培养数字化文化理念,激发创造活力、创新热情,为员工营造好的环境,为组织和个体赋能,让组织内领导者和团队成员能够积极拥抱数字化,通过数据来改变传统的管理思路和模式,习惯用数据说话,用数据决策,用数据管理,用数据创新,是复杂项目管理组织的新的核心竞争力。

复杂项目数字化管理借助数字化平台扩大管理范围(平台支撑),以数据推动业务模式和项目生态发展(数据驱动),打破固有的业务边界让项目相关方充分参与(满足项目相关方的需求及其期望)。

复杂项目实行数字化转型,第一,项目组织、项目团队及其成员实行思想革命,建立数据驱动的文化,将数字化嵌入组织、项目中,适应组织和项目管理模式变化。不仅是项目组织、项目的领导要主动革命、适应变化,而且项目组织、项目要实行变革,项目管理模式要适应变革需求,组织员工及项目成员还要积极转变观念、适应组织和项目变革、变化要求;重新定义组织、项目商业模式(交易结构:交易价值、成本、风险等)、管理模式(组织、计划、人力、领导、控制等),模式设计要及时改进、跟进并完善,适应组织战略、项目模式及策略的调整和提升。重组项目、员工的工作方式(项目数字化)、行为方式(敏捷化),重塑创造价值、获取价值的方式,构建新的范式,创造项目相关方不一样的项目数字化体验。第二,组织、项目的资产、资本、资源、项目/运营实行数字化,组织及项目的有形资产、无形资产,静态资产、动态资产,技术、管理,过程、结果等都要实行数字化。第三,组织、项目的数字资产能够流动化、价值化,组织、项目的内部数据、价值链数据、利益相关方数据、外部数据等都应流动、产生价值,组织、项目应全过程、实时采集数据、分析数据、挖掘数据、治理数据,实现数据共享,确保数据价值化。第四,组织、项目的管理对象、项目、产品等实现模型化,建立、健全基于模型的系统工程、产品实现过程、组织管理流程、项目管理过程;构建完整的设计模型、工艺模型、制造模型、检测模型、质量模型、管理模型、保障模型等。第五,组织、项目要建立全要素、组织与项目融合的数字化管理共享平台,做到数字化、网络化、智能化、云化。

二、复杂项目管理的数字化体现与导向作用

组织在线。复杂项目管理组织架构完全实现在线化、扁平化,让组织架构的每个层级实现科学配置、有效治理。

沟通在线。复杂项目管理组织、团队、成员信息互通、资源共享,实现高效工作。

协同在线。复杂项目管理实现任务协同、流程协同、人员协同、相关方协同,实现复杂项目与知识、经验、资产、能力的沉淀和共享。

业务在线。复杂项目管理业务流、业务行为实现在线化,帮助企业和复杂项目管理团队在业务中实现基于大数据的决策。

生态在线。复杂项目管理组织实现以足迹为中心的上下游在线化链接,基于数据的实时、无缝链接,推动管理效率不断提升。

三、复杂项目管理数学方法

(一)数学方法简介

数学方法是以数学为工具进行科学研究的方法,即用数学语言表述事物的状态、关系和过程,并加以推导、演算和分析,以形成对问题的解释、判断和预言的方法。数学方法是从量的方面揭示研究对象规律性的一种科学方法。它只抽取出各种量、量的变化和各量之间的关系,而撇开研究对象的其他特性,以形成对研究对象的数学解释和预测。科学思维的最后产物往往是数学形式体系。

无论自然科学、技术科学或社会科学,为了要对所研究对象的"质"获得比较深刻的认识,都需要作出"量"的方面的表达,这就需要借助于数学方法。在现代科学中,运用数学的程度,已成为衡量一门科学的发展程度,特别是衡量其理论成熟与否的重要标志。

（二）数学方法的基本特征

一是高度的抽象性和概括性；二是高度的精确性；三是逻辑的严密性及结论的确定性；四是应用的普遍性和可操作性。

（三）数学方法的主要作用

一是提供简洁精确的形式化语言；二是提供数量分析及计算的方法；三是提供逻辑推理和科学抽象的工具；四是提供辩证的辅助思维工具。

（四）数学思想

数学思想较之于数学基础知识及常用数学方法又处于更高层次，它来源于数学基础知识及常用的数学方法，在运用数学基础知识及方法处理数学问题时，具有指导性的地位。常用的数学思想有：数形结合思想，方程与函数思想，建模思想，分类讨论思想和化归与转化思想等。数学思想方法主要来源于：观察与实验，概括与抽象、类比、归纳和演绎等。

数学思想对于项目管理具有重要意义。

（五）复杂项目管理的数学方法内涵

复杂项目管理的数学方法是数学方法在项目管理中的具体应用。

复杂项目管理的数学方法是指为了实现项目和项目管理的目标，在项目全生命周期中以数学思想为指导，用语言表述项目和项目管理相关事务的状态、关系、过程和结果，并加以推导、演算和分析，以形成对问题的解释、判断、预言和评估评价，保证和提升项目管理的"质"和"量"的方法。

（六）复杂项目管理中数学方法的体现与导向作用

复杂项目管理中数学方法的体现与运用主要表现在两个方面：一是数学思想的建立和应用，二是具体数学方法的应用。

在数学思想的建立和应用方面，主要是结合项目管理的需要，建立定性与定量相结合管理的理念，运用数形结合思想、方程与函数思想、建模思想、分类讨论思想和化归与转化思想，通过观察与实验，概括与抽象、类比、归纳和演绎等，思考与处理项目管理问题，提升项目管理的成熟度和管理水平。

在项目管理过程中，数学方法应用于项目生命周期各个项目管理领域，如：在项目概念阶段，项目机会研究中运用 SWOT 分析涉及数学方法，项目可行性研究中技术经济分析涉及资金的时间价值的相关计算，现金流量的计算，投资回收期和投资收益率的相关计算，不确定性分析中的各种计算，方案比较的相关计算等,都离不开数学方法。

在项目规划阶段,利益相关方需求分析的量化比较,项目目标的指标类计算,计划编制的网络计划技术中的相关计算(工期估计与计算,网络参数计算、有关工期、资源和费用网络优化的计算等),资源量化分析与计算,费用估计与计算,风险的量化分析与评估,各种计划编制涉及的量化等,也离不开数学方法。

在项目实施阶段,项目执行过程中产生的数据处理、信息量化分析,项目控制方面的变更分析,编制变更方案涉及的计算,进度跟踪、费用跟踪计算,挣得值的计算,反映项目进行状况的各种量化的表报,项目工程的信息处理,绩效考核,在项目管理全过程费用管理涉及的匡算、概算、预算、结算和决算等,都与数学方法紧密相关。

在项目收尾阶段,项目目标完成程度的核算和量化分析,项目资料和项目数据的统计归集,项目过程管理、项目要素管理、项目综合管理、项目结果的评价(如应用国际卓越项目模型、中国卓越项目管理评价模型,或项目业主、承包方等自己设计的评价模型)等,都需要数学方法。

第六章　复杂项目管理案例

　　本章所介绍的案例,不是学校里的教学案例,但具有某些教学案例的特征。案例选择时,主要涉及复杂项目管理的方方面面。希望案例提供者尽量做到:案例描述时主要包括:(1)案例概述;(2)案例复杂性描述;(3)案例应用的项目管理思想、理念、模式,理论、技术、方法、工具,组织模式等;(4)案例项目管理创新点;(5)案例项目管理过程中遇到的重大风险、应对举措及应对结果,面临的重大问题、解决方案及结论;(6)案例项目过程管理、项目结果是否符合要求、是否达到预期项目目标,项目成功与否;(7)案例警示、启示等,以做到"它山之石,可以攻玉"。

　　本书提供的案例基本上是编制者自己亲历的、参与的、知悉的、咨询的,其本质都是真实的。

　　本书所展示的案例是具有典型性的复杂项目管理实践。能够由个体表征总体、个性体现共性。这些案例具有启示意义,是复杂项目管理某一领域、某一方面的典范,能说明某些道理,给人以启发,引起思考。

第一节　北斗卫星导航系统项目管理

本案例描述了北斗卫星导航系统研发复杂项目管理实践。

一、系统概况

　　北斗卫星导航系统(以下简称"北斗系统")是我国着眼于国家安全和社会经济发展需要,自主建设、独立运行的卫星导航系统,是为全球用户提供全天候、全天时、高精度定位导航授时服务的国家重要时空信息基础设施,是联合国认可的四大全球卫星导航系统之一。2020年7月31日,习近平总书记在北京人民大会堂郑重宣布,北斗三号全球卫星导航系统正式开通。

北斗系统按照"三步走"发展战略推进实施。第一步,2000年建成北斗一号系统,为中国和周边地区用户提供有源定位导航授时服务(RDSS)。第二步,2012年建成北斗二号系统,为亚太地区用户提供无源定位导航授时服务(RNSS),以及更广覆盖的RDSS服务。第三步,2020年建成北斗三号系统,为全球地区用户提供定位导航授时、星基增强、地基增强、精密单点定位、区域短报文通信、全球短报文通信、国际搜救等服务。

北斗系统是我国迄今规模最为庞大的全球航天系统,是星—星—地复杂组网的天地一体化网络。工程由卫星、运载火箭、地面运控、测控、星间链路运行管理、发射场、应用验证等7大系统组成,20余个国家部门、400余家科研院所、30余万科技人员共同参与建设。工程共研制建设59颗卫星、44发运载火箭、近100个地面站、100余种类型应用芯片和终端,目前有45颗在轨卫星提供服务。

北斗系统广泛应用到交通运输、现代农业、渔牧业、气象测报、减灾救灾、车载导航、大众出行等各个领域,2021年国内卫星导航与位置服务总产值达4690亿元,产生了巨大的经济社会效益。被联合国认可为全球卫星导航系统四大核心供应商,是我国建成的首个面向全球提供公共服务的重大空间基础设施,已进入国际海事、民航、移动通信、搜救卫星等国际组织,应用基础产品出口至百余个国家和地区,"一带一路"沿线国家和地区就达30余个。

二、系统复杂性

(一)涉及领域广、系统规模大

北斗系统由20余个国家部门、400余家单位、30余万人员参与建设,涉及国家政治、经济、科技、外交、教育、信息、交通等诸多领域,层次高、领域广、综合性强。系统是由40余颗卫星、近100个地面站,以及卫星与卫星、卫星与地面、地面与地面间数百条链路构成的巨型复杂航天系统,规模庞大。

(二)技术跨度大、指标要求高

北斗系统工程建设、应用服务、国际合作三大任务交叉耦合,系统技术跨度相当于国外卫星导航系统40多年的发展历程,新技术新产品占比高达

70%,星间链路、多轨道混合导航星座、三频导航等多项技术为填补空白的国际首创;按照世界一流的目标制定指标体系,定位性能、空间信号精度、卫星中断次数、星间链路测距性能等核心指标国际领先,实现难度大。

(三)建设周期紧、要素耦合紧

北斗三号系统自 2009 年立项,2020 年全面建成,建设周期只有国外同类系统的一半。要在 10 年内完成总体设计、关键技术攻关、试验验证、18 箭 30 星和 40 余个地面站的研制建设、组网发射、集成联调、性能评估等任务,时间紧迫、任务艰巨。北斗系统星座有 GEO、IGSO、MEO 三种轨道,提供的服务有定位导航授时、短报文通信、国际搜救等多种类型,组网链路涵盖不同频段,下行信号有三种频率 10 余个信号,复杂度高。

(四)质量控制难、风险程度高

北斗三号系统要在两年半的时间内完成 30 颗卫星高密度发射组网,其间任何一次卫星、运载火箭质量问题,都将影响后续的组网发射部署与计划,高密度组网建设对质量管理提出了很高要求。北斗系统潜在风险包括进度风险、指标实现风险、发射风险、组网风险、稳定运行风险、频率与轨位风险等,风险类型多、程度高。

(五)稳定运行难、中断影响大

北斗系统面向亿万用户提供全天时全天候高精度的定位导航授时服务,为国民经济运行、国家基础设施提供时空基准保障,面临长期连续使用的严苛考验,尤其是太空高能粒子辐射的恶劣环境影响,系统稳定运行难度大且至关重要,一旦故障将造成严重后果,还会降低品牌声誉乃至影响国家形象。

三、系统管理创新

北斗系统肩负工程建设、应用服务、国际合作三大任务,在工程管理上面临涉及领域广、系统规模大、技术跨度大、指标要求高、建设周期紧、要素耦合紧、质量控制难、风险程度高、稳定运行难、中断影响大等诸多难题和挑战,需要在传统航天系统工程管理模式的基础上,运用系统工程的新方法和新理念,在组织、技术、建设、质量、运行上进行管理创新,建立适应北斗特点的工程管理体系,如图 6-1 所示。

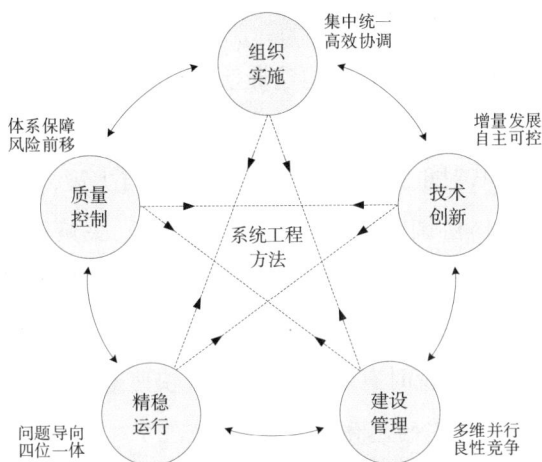

图 6-1 北斗系统工程管理体系

（一）"集中统一、高效协调"的组织实施体系

1."集中统一、分级负责"的组织机构

建立由中国卫星导航系统委员会、牵头组织单位、系统管理办公室、实施执行机构和任务承担单位构成的组织机构，成立总设计师系统、专家咨询机构和技术支撑机构，如图 6-2 所示。在卫星导航系统委员会的统一领导下，在系统管理办公室的具体组织下，各机构分级负责，建立了运行顺畅、协调高效、规范有序的管理运行机制，将政产研学等多维力量进行有效整合，实现了管理—工程—技术的有机融合，确保了资源、要素的优化配置和工作的顺利推进。

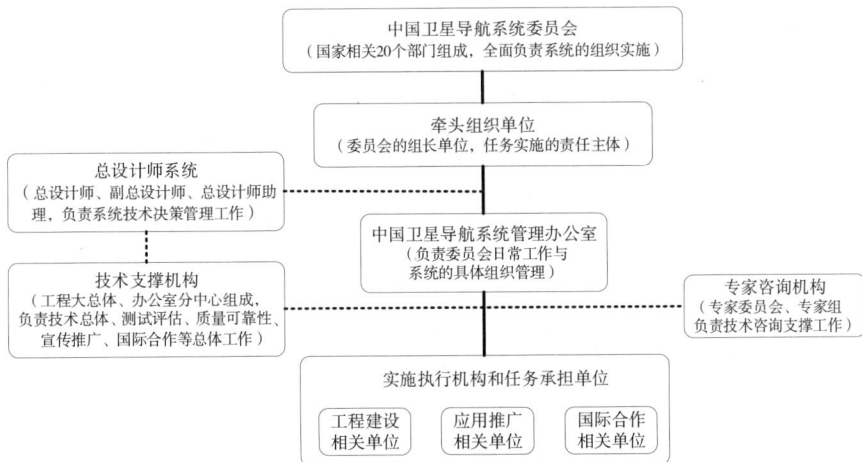

图 6-2 北斗系统组织机构

2."多层次、高效率"的协调机制

为确保组织机构的高效运转,构建导航委员会会议、大总体协调会、总师办公会和专题协调会等多层次、近实时的协调机制。导航委员会会议由卫星导航系统委员会组织,对重大问题集中协调、研究与决策,审议年度工作与计划等重点事项;大总体协调会由牵头组织单位组织,决策重大技术和管理问题;总师办公会由系统管理办公室组织,协调决策重要技术问题,给出管理问题的建议;专题协调会由工程大总体组织,及时协调决策专门问题。该机制的建立,确保了数千个问题及时有效解决,为系统快速推进提供了有力支撑。

3."小核心、大外围"的总体设计部

钱学森先生提出,总体设计部在系统工程中发挥着重要作用,是整个系统研制工作中必不可少的技术抓总单位。卫星导航系统是以活性演进为主要特征的巨型航天系统,更需要建立强大的总体设计部。本项目创新提出了跨行业、跨领域的"小核心、大外围"总体设计部构建模式,建立以系统管理办公室及所属中国卫星导航工程中心为小核心,以5个专家组、9个分中心、10余个优势科研院所等为大外围的总体设计部,如图6-3所示。在北斗系统协同优质高效建设中发挥了重要作用。

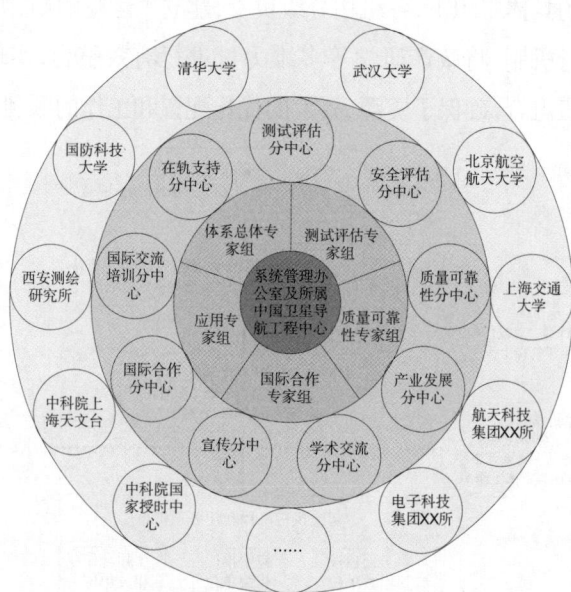

图6-3 "小核心、大外围"的北斗工程总体设计部

（二）"增量发展、自主可控"的技术创新体系

1."增量发展、渐进提升"的演进路线

在北斗三号系统的建设与发展中,探索并实践了航天系统增量发展的新模式,为北斗三号系统状态不断迭代演进、始终追求更优提供了科学方法论。战略规划上,按三步走战略,历经北斗一号、二号、三号,技术体制从区域有源、区域无源、到全球无源,能力水平从解决有无、追赶国外到比肩超越。总体方案上,北斗三号系统总体方案从 2011 年开始,迭代演进了多个版本,逐步确立从比肩到超越国外系统,实现世界一流的目标。工程实施上,北斗三号 30 颗卫星分三个批次,根据前序批次卫星在轨表现情况和总体方案的升级情况,逐批次升级技术状态要求,不断提高卫星性能。技术体制上,服务类型从北斗二号的两种拓展至北斗三号的七种;从星地组网发展至利用星间链路的星间星地一体化组网;系统运行由依托地面控制发展至星座自主运行。

2."顶层优化、融合一体"的技术体制

卫星导航系统的技术体制决定功能和性能。北斗系统从顶层对技术体制进行了优化设计,突破了多业务一体化、星间链路、异构混合导航星座、星载原子钟、下行导航信号等核心技术,为服务功能和性能全面提升奠定了基础。创建了导航定位/全球报文通信/星基增强/国际搜救/精密单点定位等多业务融为一体的卫星导航新体制,极大地丰富了服务功能;建立了全星座星间链路,实现了星与星间的信息传递,卫星轨道测量精度达到厘米级,实现了不依赖海外地面建站的全球高精度导航;创新设计了国际首个地球同步/倾斜地球同步/中圆多轨道的全球异构混合星座,拓展了卫星导航系统的服务功能;研制了具有自主知识产权的星载氢钟和星载铷钟相结合的主备份卫星钟体系,确保了高精度测距与授时;设计了具有自主知识产权的下行导航信号调制模式,提升了北斗三号信号的抗多路径和抗干扰能力。

3."创新突破、自主可控"的攻关体制

关键技术自主创新方面,针对工程建设的技术难点和核心关键,成体系安排 160 余项关键技术攻关。为确保攻关取得成效,由工程大总体作为甲方负责所有项目协调管理,由国内优势单位作为乙方开展具体研究攻关,由工程相关大系统作为丙方监督攻关成果;同步建立地面与在轨试验数字孪生系统,充分验证关键技术攻关成果,不断迭代完善,确保成果快速全面转化。

国产化器部件自主可控方面,超前布局制定"工程型号引领、应用验证促进、分阶段实现、规模化带动"的自主发展路线,建立了"决策、咨询、执行"三层管理体系,成立专门协调机构来负责总体决策、统筹研制、应用等各项工作;由专家咨询机构负责标准规范制定、基础性技术研究及技术问题协调等工作;由工程各系统负责元器件研制、验证与应用,研制过程中不断提出产品优化改进意见,有效促进产品研制成熟。自主可控实施以来,实现了关键器部件百分之百国产化。

4."六位一体、全程闭环"的状态控管模式

针对北斗系统特点,建立了"设计、试验、评估、集成、运行、协调"六位一体的状态控管模式,"设计"输出状态,"试验"验证状态,"评估"掌握状态,"集成"确认状态,"运行"优化状态,针对过程中出现的技术问题,一般问题直接协调解决,复杂问题经分析、研究和验证后协调解决。该模式实现了北斗系统技术状态的闭环控制与管理,如图6-4所示。

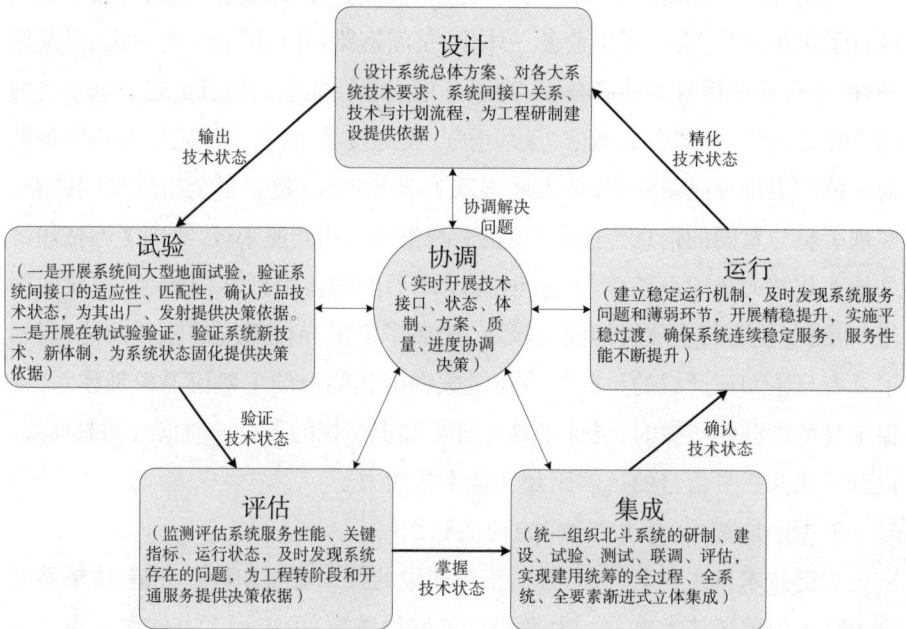

图6-4 六位一体的实施模式

（三）"并行推进、择优竞争"的建设管理体系

将总体设计、关键技术攻关、试验验证、研制组网、运行服务等工作流程优化，并实现高度并行、快速迭代，同时引入竞争择优机制，调动全国优势资源进行集智攻关。为此，建立了"并行推进、择优竞争"的建设管理模式，创造了两年半发射18箭30星、提前半年建成北斗三号系统的"中国速度"。

创建宇航产品组批生产新模式。在传统单星单箭科研生产管理模式的基础上，建立"集中设计、统一状态，全面投产、分批验收、流水作业、滚动备份"的宇航产品组批生产新模式，实现了星箭高密度按计划出厂。

研制流程全面优化。建立卫星发射场远程测试模式，优化运载火箭发射场测试流程，并行开展多种服务的测试评估，将星地对接时间缩短50%，测试评估时间由90天缩短至28天。

试验验证保障成体系推进。构建了"星地一体、虚实结合、准确可信"的数字孪生试验评估体系，统筹开展在轨测试、星地对接、在轨试验、性能评估等工作，建立了"研制—测评—改进—再验证"的迭代演进模式，不断优化完善系统状态和性能，实现了"建成即服务、服务即见效"。

引入竞争择优机制，集智攻关。研发队伍构建上，建立从总体到分系统，再到单机的多层次、多定点良性竞争格局。按照"同型异构保研制，实时递补保进度"的原则，安排两家卫星总体、两家载荷总体、两类卫星平台、多家关键单机进行多定点。推进策略上，30颗卫星采用综合评估、招标择优的方式，按批次分比例落实任务，既充分保持竞争压力，又最大程度调动各方积极性。

（四）"体系保障、风险前移"的质量控制体系

1. "四个体系"的质量可靠性保障

传统航天质量管理主要面向航天器，注重全过程质量控制和精细化质量管理，北斗系统质量管理坚持"覆盖全面、预防为主、控制源头、常抓不懈"理念，贯穿大系统—工程各系统—分系统及单机，增加了第三方评估监管和基础保障，建立"可靠性设计、测试验证、评估监管、基础保障"四个体系的质量管理模式，如图6-5所示。

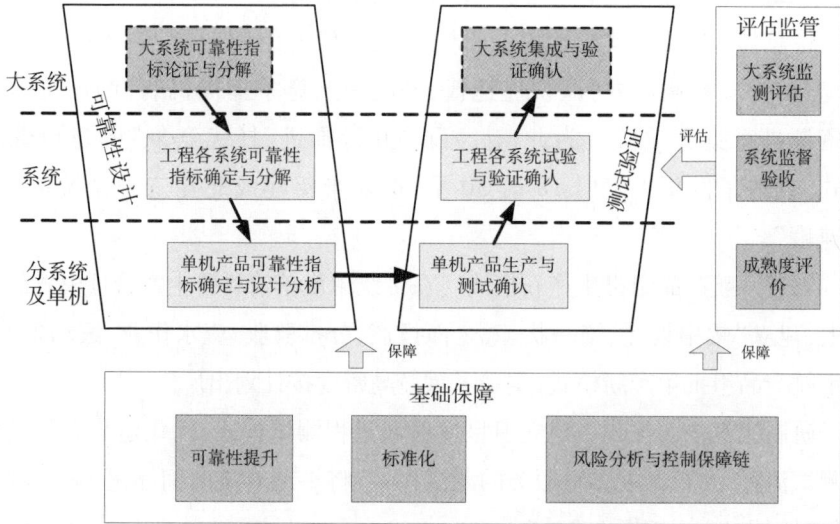

图 6-5 "四个体系"的质量管理模式

可靠性设计主要针对大系统、系统、单机等不同层次,开展可靠性指标的设计与分解,建立可用性、连续性、完好性等质量特性指标体系。测试验证自下而上逐级开展各类仿真、测试、试验等,验证大系统、系统、单机等不同层次是否满足指标要求。大系统层面,建立地面试验验证系统,对总体方案及关键指标实现情况进行测试评估;系统与单机层面,开展单机级、分系统级和系统级测试验证工作,确保测试覆盖全面、体系完整有效。评估监管主要依托第三方对工程的可靠性设计、测试验证等全系统、全过程研制活动开展质量监督评价。大系统层面,建立全球连续监测评估系统,对北斗系统的服务性能开展监测评估;系统与单机层面,建立产品监督验收体系,实施关键单机、部组件成熟度评价。基础保障实施可靠性专项提升,实现单机、分系统、系统、大系统可靠性增长;成立北斗标准化技术委员会,构建北斗标准体系,促进导航产业健康发展。

"四个体系"质量模式的建立,实现了北斗产品研制"零缺陷"、组网发射"零故障"、运行服务"零中断"的质量目标,确保了北斗三号工程 18 箭 30 星发射组网百分之百成功。

2. "控制保障链"风险分析与防控机制

针对进度、研制、发射、稳定运行等方面存在的多类风险,创新建立了"多源数据融合风险认知分析、定性定量相结合风险动态评估、分级传递和提前防范风险预警控制"的风险控制保障链,形成了风险"识别—评估—防控"闭环控制,实现了由传统"质量前移"向"风险前移"的成功转型。

多源数据融合风险认知分析,利用不同层次(大系统、系统、单机产品)、不同时域(初样、正样、试验阶段)、不同空域(地面、在轨)的多源数据,综合采用质量交集分析法、风险矩阵评估法等,进行多维度、全方位、全过程的风险识别与分析。定性定量相结合风险动态评估,采用定性分析与定量计算相结合的方法,对于识别出的风险进行综合评估,判断风险的发生概率、影响对象、危害程度等,并进行分类分级,根据风险因素变化情况和控制保障措施落实情况,持续开展风险评估,动态调整风险等级。分级传递和提前防范风险预警控制,将各个风险自上而下传递,分类分级制定防控和保障措施,及时发布风险预警信息,狠抓控制保障措施落实,在产品验收、系统转阶段、出厂评审等关键环节,对风险防控情况进行专项审查。

(五)"问题导向、四位一体"的精稳运行体系

为确保系统连续稳定服务,构建了"运行维护、监测评估、精稳提升、平稳过渡"为一体的全流程、多手段精稳运行体系,如图6-6所示。该体系以问题为导向,通过"监测评估"发现问题、预判问题,通过"精稳提升"研究解决问题,通过"运行维护"落实问题解决措施,通过"平稳过渡"实现系统服务稳定、性能提升,实现了长期的精稳闭环控制。

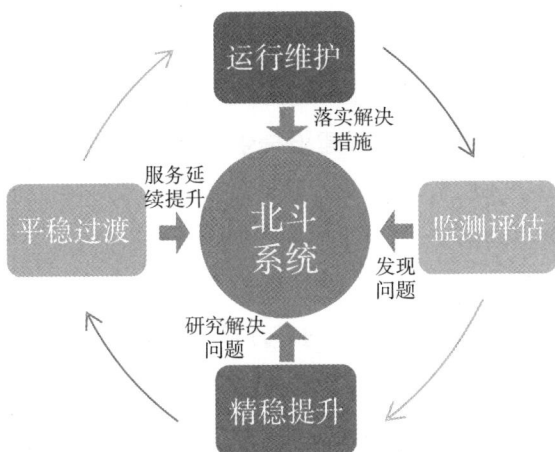

图6-6　北斗系统精稳运行体系

运行维护创建运控、测控、星间、卫星等系统"多方联保"机制,构建"内环(系统运行服务数据)+中环(产品研制状态数据)+外环(外部监测评估数据)"的三环数据融通体系,实施基于大数据、云计算、人工智能技术的智能运维,实现系统实时在线评估、快速故障诊断定位、故障预测与预警、辅助决策支持,提升科学化、智能化运行管理水平。监测评估构建全球分布监测评估网络,对系统服务性能与运行状态开展常态化监测评估,及时发现系统存在问题和薄弱环节。精稳提升针对监测评估发现的问题,分析深层原因、研提解决方案,开展关键技术攻关与工程改进。平稳过渡从空间段、地面段、用户段、信号段等方面,有序实施北斗二号向北斗三号系统平稳过渡,保障系统过渡中亿万用户不受影响。

自 2012 年年底北斗二号系统提供服务以来,系统 9 年来连续稳定运行从未发生中断,定位精度从 10 米提高到优于 5 米,为全球提供优质服务。

四、启示

(一)坚决贯彻党中央决策意图,始终保持北斗系统建设发展正确方向

建设发展北斗系统是党中央着眼国家安全和发展全局,为增强我国经济实力、科技实力、国防实力和民族凝聚力而作出的重大战略决策。系统建设发展过程中取得的每一项重大成绩、每一项重要成果,都得益于党中央的坚强领导和亲切关怀。通过坚决贯彻党中央的英明决策,为北斗系统建设发展立起了旗帜引领、划定了时代坐标、注入了不竭动力。

(二)坚持统一领导、统筹协调,实践发展横向到边、纵向到底的集约高效组织管理模式,为重大工程建设提供成功样板

成立中国卫星导航系统委员会,建立常态化高效协调推进机制,强化党中央重大战略部署贯彻落实,强化重大问题协调、研究与决策。依托系统管理办公室,狠抓各项工作贯彻落实,实现对卫星导航领域有关工作的归口管理。建强工程总体和"两总"研制队伍,平均每月召开 1 次总师办公会、专题协调会,及时高效解决各大系统、分系统、单机、器部件等全领域计划和技术问题。通过坚持高标准集中统一领导,实现了各类资源、各种要素的优化配置和有效集中,为北斗系统建设发展提供坚强组织保障。

（三）坚持自主可控、追求卓越，牢牢把握创新跨越发展主动权，实现系统性能世界一流

北斗系统作为国之重器必须自主可控，最关键最核心的技术必须立足自主创新、自立自强。在系统研制建设过程中，充分发挥我国社会主义制度集中力量办大事的政治优势，在全国范围内调集 400 多家单位、30 余万科技人员共同参与，塑造良性竞争、相互促进格局，先后攻克百余项"卡脖子"的核心关键技术，实现混合构型全球星座、满星座星间链路组网运行等多项国际首创；突破 500 余种国产化器部件研制件，实现卫星核心关键器部件百分之百自主可控；自主研发北斗导航基带射频芯片、天线、软件等基础产品，实现用户设备全面国产化。通过坚持自主可控追求卓越，设计了一流的方案、研制了一流的产品、建成了一流的系统、提供了一流的服务、实现了世界一流发展目标。

（四）坚持体系布局、整体推进，实现系统建设发展多阶段多要素协同推进和闭环管理

坚持"多位一体"发展布局，整体推进工程建设、稳定运行、应用推广和国际合作，按照国际规则和标准开展系统建设，边建边用、以建带用、以用促建，实现系统建成即对全球开通、开通即投入应用。在工程建设过程中，并行推进总体设计、关键技术攻关、试验验证、研制组网、运行服务；在应用推广过程中，构建政策法规、标准规范、知识产权相结合的北斗产业环境保障体系；在国际合作过程中，统筹推进兼容互操作、频率轨位协调、加入国际标准、多双边合作、国际化应用等工作。通过坚持体系布局整体推进，确保北斗系统建设应用全面推进、协调发展。

（五）坚持动态优化、迭代发展，实施增量工程，最大限度发挥系统效益

探索形成北斗系统"三步走"发展战略，紧紧围绕国民经济发展和国家利益拓展需求，稳扎稳打、循序渐进，走出了在区域快速形成服务能力、逐步拓展为全球服务的中国特色发展路径。创新建立需求牵引、技术推动、增量发展、渐进提升的系统建设模式，10 年内 6 次迭代升级系统技术状态，多轮次比测升级应用基础产品，确保系统建设及应用始终紧扣需求、始终紧跟技术前沿。通过坚持动态优化多轮迭代发展，大幅提高系统建设效率和应用成效，不断提

升系统性能水平,实现了系统高标准高质量高效益发展。

（案例提供单位：中国卫星导航系统管理办公室；编制者：杨长风；审核者：中国卫星导航系统管理办公室）

第二节　高科技研发项目管理

本案例描述了一项国家高科技装备研发复杂项目管理实践。

一、案例概述

21世纪初,为适应高技术条件下局部安全保证的需求,完成国家赋予的防御任务,某科研机构自主创新,立足国内核心技术,融合国际先进的装备发展思路、技术,开展了某型防御装备(以下简称"A型号")的研制工作。A型号由导弹、地面作战装备和支援保障装备等组成,涉及系统总体、电子、机械、信息、光学等各个工程技术专业,是典型的大型复杂系统工程项目。A型号历经方案、初样、试样、定型等四个主要研制阶段,研制工作"十年磨一剑",克服了几十项技术难题,是国内少数采取正向研制思路、完全自主创新的装备,技术指标达到世界先进水平。为全面考核A型号的指标和性能,某科研机构在用户的组织指导下,开展了大量的试验验证工作,创新提出了多项试验理论和方法,并建设了完整的试验条件设施,通过了上百项的地面试验、飞行试验和综合复杂环境试验的考核。经过全国几十家单位、多名科技工作者十余年的艰苦奋斗,胜利完成了A型号的定型工作。

二、案例复杂性

（一）项目组织管理体系的复杂性

A型号与其他简单工程装备的开发与运用不同,具有系统复杂、技术密集、风险大、研制周期长等特点。这些特点要求实施项目管理时必须建立一种新的组织管理机制,用新的思想、理论和技术方法进行研究、开发和运用。项目伊始,在遇到技术问题的同时,也遇到了组织问题。众多工程技术人员,分布在隶属于不同工业集团的几十家单位里,空间上分布于全国各地,单位性质也各不相同。在项目实施过程中,遇到了各种难题,有技术上的考虑不周,也有很多管理上的策划不全、协调不力。因此,为实现某项目建设的预期目标,需要采用一种"组织管理系统的规划、研究、设计、制造、试验和使用的科学方法"——系统工程技术与方法。

(二)项目技术的复杂性

A 型号整体工作量十分浩大,主要有三个模块的工作:一是理论设计,这是项目的龙头工作,因是自主创新,没有正确可行的理论设计,就无法进行后续的制造工作;二是制造,很多制造工艺、工装设备需要按照项目要求同步设计实施;三是试验,试验条件和方法要与产品设计与研制同步开展。每个模块的工作内容又包含了很多子方面的工作,这些不同分支的工作涵盖不同的学科和技术内容,通过对每个方面子集工作的继续拆分,可以将一个复杂的大工程逐级分解成不同的小工程,将小工程进一步拆分成不同的科研任务落实到各个相应研究机构或生产单位。尽力将复杂的问题简单化、集成问题分解化,提高问题解决的效率,有效利用人力、物力等资源。

(三)高投入和高风险

A 型号研制投入巨大,并且技术特殊性、创新性、系统性强,部分产品在制造过程中,会因其特殊工艺的不可逆性而存在较大技术风险,如发动机的推进剂浇注过程中,有可能出现药柱不均匀,有微裂纹、空隙等难以检测的缺陷,使用时极易造成灾难性的爆炸。即使一个细小的问题,如短路、虚焊、某个元器件失效或者软件缺陷等,都可能造成发射的失败或飞行器的失效,从而带来巨大的经济损失、声誉下降。

(四)供应链的复杂性

A 型号研制需要数以百万计的原材料和元器件,涉及行业达三十多个、几百家供应商,分布于全国各地,供应商的企业性质、行为模式、管理标准各不相同。此外,为满足 A 型号的技术需求,还有部分新品需要开展研制,需要牵引其供货单位尽快完成新品的研制鉴定工作。这些因素均导致 A 型号的供应链建设和管理极为复杂。

三、项目管理应用的理论和方法

由于项目的复杂性,本项目采用了以总体设计为龙头的系统工程方法,从而保证了从整体目标出发,充分发挥各专业技术优势,相互之间有效协调,实现整体目标,表现出强大的大型复杂技术系统研制能力。具体内容包括如下:

（一）系统寿命周期和研制程序

系统寿命周期包括概念研究、可行性论证、初步设计、详细设计以及生产、部署与使用等阶段。概念研究阶段从应用需求或者技术发展机遇出发,探索新原理、新技术、新概念,提出新项目。可行性论证阶段对符合战略发展方向的项目进行任务分析,提出大系统方案,开展关键技术攻关,进而进行经济、技术可行性论证,提出使用要求和技术指标。初步设计阶段(方案阶段)根据使用要求确定系统级的功能、性能要求,建立功能基线;将系统级要求分解到分系统,完成系统方案设计,建立研制基线。详细设计阶段研制工程样机,进行功能、性能测试以及各种环境试验(初样阶段);完成系统详细设计,建立生产基线,进行正样产品的生产和验收试验(正样/试样阶段)。生产、部署与使用阶段进行航天系统的生产,经过真实环境下的演示验证试验,航天系统部署使用。研制程序是研制循序渐进、管理分阶段进行决策和控制的过程。

（二）反复应用的系统工程过程

系统工程过程(SEP)是一个结构化的分析—设计—验证过程,包括要求分析、功能分析、设计综合和试验验证。反复迭代应用的系统工程过程体现了分解—集成的系统方法,在各阶段的应用都要以全寿命周期的视野,考虑到其他阶段的功能要求。系统工程过程使认识不断深化,将要求逐步转变为满足全寿命周期要求的系统产品。

（三）总体的引领和协调作用

型号总体设计单位从需求/要求和上层系统的约束条件出发,通过任务分析和总体设计,按照系统顶层体系结构和一组功能、性能参数,根据研制对象的特点,把系统分解到分系统、部件,直到可以进行制造或采购的层次。经过从部件、分系统到系统逐级研制、试验和界面协调,总体进行系统集成和系统试验,最后得到满足使用要求的系统产品。

总体和各分系统、单机承研单位的总体设计人员组成的系统工程师体系,对系统工程活动起着技术和管理上的引领和协调作用,是系统工程方法的实践者和各层次的技术决策者。面对高水平的指标要求,各种前沿的专业技术,复杂的使用环境,系统工程师借助知识、经验和才智,精细设计和协调系统、分系统及环境在信息、能量和物质交流界面上的关系,开发出满足要求、整体性能优化的系统,实现整体功能和性能的"1+1>2"。

(四)定量的系统工程方法

系统论证和研制过程利用数学仿真、半实物仿真或实物仿真试验,可以在产品实现之前分析和认识系统的行为特征。随着研制的进展和认识的深入,计算机仿真模型会逐步细化,从而使仿真试验更具有真实性。航天系统是工程系统,它的行为完全符合自然科学的规律,从而为计算机建模与仿真方法奠定了可信的基础。

(五)全面的系统工程管理

系统工程方法既用于技术过程,又用于技术管理过程。系统工程方法用于技术管理过程,称为系统工程管理。系统工程管理保证分析、设计、试验和生产活动有序进行,是项目管理中的技术管理。系统工程管理的内容主要包括系统工程计划与控制、技术工作分解结构、技术状态控制、技术评审和技术风险管理等。

四、项目管理创新

复杂项目管理重点在于既要统筹兼顾,又能抓住重点。复杂的大系统由数量众多的子系统组成,任何子系统出现故障或子系统间出现匹配性问题,都可能带来灾难性后果。因此,在 A 项目管理中,项目管理团队始终坚持目标导向下的责任制,特别重视"人"这一关键因素,即层层分解落实职责、压实责任,又注重人才培养,不断发现和锻炼人才,打造了一支有战斗力的项目团队。同时,始终关注项目进度、质量、成本三要素的协调统一,统筹内外资源,形成合力攻坚克难。主要介绍如下:

(一)形成了"统一指挥、型号抓总、专业协作"的管理体制

经过实践、摸索和总结,逐步形成了"统一指挥、型号抓总、专业协作"的管理体制。核心是加强两条指挥线,即以总指挥为主导的计划、调度指挥线和以总设计师为中心的技术指挥线。在具体工作中就是通过总设计师和总体部的技术抓总、技术协调;通过计划、调度的统一指挥、统一配套和计划合同的综合管理;通过关键阶段集中的质量控制和质量评审;通过大型试验的统一组织、统一领导,来实现对型号研制的全面管理。

强化技术指挥线是通过建立强有力的、有权威的总设计师系统和总体部来实现的。在总设计师领导下,型号各分系统相应设立主任设计师和副主任设计师,单项研制设备相应设立主管设计师。在审定研制程序、批组状态、总体技术参数、分系统技术指标,大型试验的技术协调,飞行试验前的技术状态和质量审查及试验后的技术总结中,总设计师积极支持总体部的工作,充分发挥总体部的作用。对于各单位提出的各种技术问题,总设计师和总体部认真组织论证、得出结论、采取措施、组织协调。在关键时刻,总设计师召开扩大会议,研究决定研制工作中出现的重大技术问题,统一各级设计师的认识,商定解决办法。

(二)对基层人才、青年人才择优选拔和大胆任用

中层和基层科研人才与工程技术人才是实施和实现科学家及科技管理者们所提出目标的主要群体。他们在研究所中从事了大量具体的、繁杂的理论或实验工作,其中一些人正是因为这些工作的磨炼,并在实践中继续提高自己的理论水平,成为新一代科技领导者。对他们采用发现、培养与选拔相结合的管理方式,并且在其参加工作以后,通过实际参与工程,使他们在实践中向科学家和科学大师学习,逐渐成长为优秀的科学技术人才。

(三)在质量管理方面,实行零缺陷质量管理

逐步形成了一整套零缺陷质量管理方法。它就是:以追求"万无一失"的零缺陷为目标,以系统工程管理为主要特征的质量管理理念和方法。在其内涵上追求各项技术管理工作"第一次就做对";力求研制、生产和服务各环节、各项操作全面优质、准确无误;要求产品各类试验与交付任务圆满完成。始终坚持与贯彻执行"从源头抓起,以预防为主,全过程控制,系统管理"的原则,形成覆盖产品全过程的可靠性工程技术和适应产品管理要求的质量工作长效机制,以产品的高可靠性最终实现型号研制、生产的较高费效比。

(四)在协作配套方面,实行全国一盘棋、全国大协作

在全国范围内确立了大力协同的思想和工作模式。尖端装备的研制需要非常多的新型原料,需要多种高能的燃料、耐高温合金材料、稀有金属、稀有气体等。各承研承制单位按照责任分工,遵从总体统一的要求和标准,在各自领域分头开展技术攻关和产品实现。在研制过程中,某科研机构提出了四共同原则,即"有问题共同商量、有困难共同克服、有余量共同掌握、有风险共同承

担"，总体单位和各协作配套单位通力合作、风险共担，充分发扬技术民主，采用实事求是的科学方法，通过"全国一盘棋"的举国体制的大协作、大融合，最终实现了型号研制任务的胜利完成。

五、项目管理过程中采取的措施

A 型号具有鲜明的自主创新特征，使用大量新概念、新技术、新材料，研制期间没有任何可借鉴技术成果和技术捷径，都是逐步认识、逐步研制、逐步突破，开展了大量研究、仿真和试验验证工作，大量的论证和试验也无形增加了研制周期和经费成本。

为全面推进型号研制工作，重点采取以下几个方面措施：

一是细致梳理确定了难度较大的关键技术，并组织优势单位强强联合，集智攻关。为加快关键技术攻关的进程，各专题研究组结合型号总体计划安排，在充分吸收借鉴系列型号已有研制基础及其他型号成熟经验的基础上，梳理并策划各项专题研究详细工作内容及时间安排，形成专题技术研究计划；各专题组深入细致开展专题技术研究工作，各单位围绕攻关工作组织好各项资源配备，做好保障；重要工作节点纳入重点计划考核系统进行考核督办，定期召开专题组协调会，进行阶段总结，力促关键技术的早日突破。

二是充分发挥综合调度系统作用，加强多级协同，构建规范的计划考核、合同扣款流程，以任务通报、综合调度例会、任务动员等过程组织活动为抓手，严控任务目标偏离。严格履行合同扣款，实施任务约谈、监督亮牌管理，对于任务组织管理不力、质量问题多发、计划执行偏离严重的单位责任人进行问责。充分发挥合同经费、行政考核指挥棒作用，调动全院各方力量协同推进科研生产工作。

三是进一步强化任务奖惩。根据任务完成情况加倍进行奖励和处罚；针对相关单位，加大任务考核中的比重，根据任务完成情况，对单位经营业绩考核相应分值进行加倍兑现；针对型号团队人员，加大预先承诺激励，同类项目实施加倍激励。

四是加强关键技术储备。进一步加强技术体系构建、前沿技术研究和预研成果转化，加强创新激励，同时大力推进技术和人才引进，集全院乃至全国专业力量，加速关键技术攻关，提升协同发展能力，汇聚更大范围技术成果为我所用。

五是按标准规范产品设计,提升产品的设计水平。按照专业、产品规划设计规范编制范围和清单,系统制定产品设计规范文件和要求,形成指导型号研制的产品保证系列大纲(包括质量保证大纲、标准化大纲、可靠性大纲等10余份设计规范文件),提升设计规范性。同时,积极采用数字化和信息化方法,通过产品数据管理系统(PDM),规范管理产品技术状态,传递设计模型和接口要求。采用虚拟装配和数学仿真,提升设计效率和质量。

六是全面加强过程质量管控。深入分析外部形势变化对质量提出的全新要求,多措并举、强化落实,全面提升型号过程质量管控能力。加强仿真、验证试验,可靠性、环境试验的充分性和全面性策划,深入实施装备可靠性提升工程,做好研制各阶段试验工作。

六、案例启示

一是建立高效的团队是项目成功的根本。成就项目不能只靠单打独斗,需要的是一个能力聚集的高效团队。由"物本管理"到"人本管理"是管理学的一大跨越。从项目管理的角度看,选准项目成员特别是核心成员——型号两总,为项目管理确立灵魂人物,树立与人有效的沟通,组建起高效、有为、富有凝聚力和创新精神的团队,项目就已经成功一半。

二是PDCA循环是大型复杂项目管理的基本活动。PDCA循环既存在于项目的整个生命周期内,也存在于项目管理活动的每一个过程之中。其中,项目目标是项目管理追求的最终结果;执行是项目实施的推动力;系统思想是项目管理的基本指导原则;目标管理是项目管理的基本方法;动态控制是项目管理的基本手段。

三是成功的项目管理必须有相应的方法工具做支撑,如结构化分解原理、面向结果的计划技术、实施控制的挣得制原理、矩阵结构的组织原理、可视化的工具方法等。有重点地选择和运用这些管理技术与工具,将使项目目标更加明确,实现目标的过程更加清晰,对过程的控制更加科学。

(案例提供单位:中国航天二院;编制者:邱晓飞;审核者:张哲)

第三节　智能制造项目管理

本案例陈述了航天电器中德合作智能制造项目。

一、概述

2016年,航天电器成功申报工信部智能制造标准化与新模式应用项目建设,以此为契机,航天电器与西门子、航天云网深入开展合作,建立了覆盖科研生产和经营管理全流程的信息系统,包括产品全生命周期管理系统PLM、企业资源计划系统ERP、生产过程管理系统MES、工业互联网平台和数据采集与分析系统SCADA等,并自主研制了专业的柔性化智能制造设备。通过大力推进自主研发的高端专用数控装备和工业机器人等智能装备在数字化车间的应用,并推进软硬件间的集成,建设行业领先的精密电子元器件智能制造新模式和数字化车间。通过多年来的不断完善、优化,实现了企业设计、工艺、制造、管理、监测、物流等环节的集成优化,成为全国电子信息行业智能制造的一个标杆,2021年被评为"中国智能制造十大科技进展"。

项目目标:建设一条基于云平台的J599圆形电连接器智能装配生产线,实现生产效率提高20%以上,运营成本降低20%以上,产品研制周期缩短30%以上,产品不良品率降低20%以上,能源利用率提高10%以上。

项目范围:(1)通过工艺布局仿真和物流仿真应用,开展满足J599系列产品智能制造的产线规划;(2)研制J599系列电连接器专用自动化装备,提高产品生产效率及质量一致性,同时满足柔性化混线生产的需求;(3)完成企业资源计划ERP、产品全生命周期PLM、生产制造执行系统MES等信息系统的建设;(4)打通信息系统及软硬件边界,实现从订单到交付、从研发到服务的全流程集成。

项目周期:两年。

项目特点:智能制造软硬件要素齐全;探索完成了基于云平台的智能制造应用实践;产线智能柔性化装备自主研制,且具备混线生产能力。

二、复杂性

本项目技术复杂性主要包括:精密电子元器件制造各重要工序中安全可控核心智能制造装备研发;精密电子元器件智能制造数字化生产车间布局及其优化方法;精密电子元器件智能制造三维的工艺技术;精密电子元器件基于三维模型的"唯一数据源"设计制造 BOM 技术及集成;精密电子元器件制造数据自动汇集及集成应用技术;精密电子元器件制造基础数据的唯一性、完整性、准确性;界定精密电子元器件制造主数据的范围以及如何对主数据维护;企业级精密电子元器件制造大数据分析与可视化技术。

本项目管理复杂性主要包括:为建设国内先进的智能制造示范项目,公司下定决心将现有主要信息系统进行彻底更新换代,项目管理复杂性急剧上升。一是同时实施的信息系统多达 5 个,且项目团队包含内外部多个,项目管理难度大。二是同时替换的信息系统如 ERP、PLM 等已有多年使用习惯,更新换代后研发理念、业务流程、操作方式等都要进行大变革,传统思维对项目推进造成较大阻力。三是多项目同时开展实施,内部资源保障尤其是项目核心成员保障为项目管理带来巨大挑战。四是信息孤岛风险较大,多项目同时建设,相互间的数据集成问题成为复杂问题。五是为满足多品种小批量混线生产的模式,单台设备需具备多规格产品的柔性化生产能力,产品的系列化设计、设备的柔性控制体现本项目的复杂程度。

三、项目管理思想、模式、技术、方法

本项目采用公司多年数字化实践过程中提炼总结的"六步法"管理方法,结合实际业务需求,采用"问题导向、评估分析、建立模型、采集数据、转换空间、管理改进"的"六步法"管理流程,从目标、核心、基础、关键等方面深度挖掘管理数据价值,并以数据驱动管理。推动智能制造项目落地落实。

项目各环节的需求通过"六步法"进行分析和实践,并持续改进和优化,实现业务流程的闭环管理。以生产管理需求分析为例:

(1)问题导向:无法跟踪产品实时生产情况,无法实时了解车间的计划完成率,无法了解和掌握车间实际生产情况,无法实时了解车间异常,如订单迟滞、工序迟滞、生产停滞等。

（2）评估分析：对生产过程需要能够即时获取生产过程信息，其中需包含订单信息、工序信息、质量信息、人员信息，车间如发生异常情况可直接反馈至责任部门。

（3）建立模型：每个产品每道工序发放一个"身份证"，即唯一流程卡条码，对产品生产过程能够实施全生命周期管理，一旦发现质量问题，可快速追溯。

（4）采集数据：收集生产过程中的开工时间、完工时间，失效数量、失效模式，开工人员、开工设备。

（5）转换空间：数据重组，将一维的数据清单转换成二维的数据图表的形式，更加直观，也提高了工作效率，项目建立了以下管理表单——生产完成率、车间生产完成率、工序滞留天数统计、完工延期天数统计；车间表单——车间计划查询、车间异常查询、过程失效查询、流程记录查询等。

（6）管理改进：项目的实施帮助科研生产部门及时了解产品生产情况，科研生产部门可直接针对具体生产情况进行调整，减少了现场巡查、电话询问等传统方式浪费的无效时间，获取信息可以更加便捷有效。

四、创新点

本项目技术创新点主要有：研制了具有自主知识产权的精密电子元器件制造核心智能制造装备；精密电子元器件智能制造车间布局环境的虚拟化建模；以三维模型为核心并行协同精密电子元器件设计工作；精密电子元器件产品数字化设计统一数据管理平台；精密电子元器件智能制造过程全透明的管理；基于上层中间文件交换和底层中间库相结合的两层集成策略；采用主数据技术进行系统集成和数据融合；基于主数据的大数据挖掘及分析技术；培养智能制造人才，打造精通于业务知识和信息化、自动化技能的复合型人才队伍。作为企业未来智能制造建设的核心力量，在未来的复制推广中起到引导作用，成为智能制造推动工作的骨干。

在项目管理方面，项目建设不仅要考虑航天电器的信息化水平，同时要满足航天电器以后若干年的发展需要。项目强调实物流、资金流、信息流的统一，确保业务与信息化的深度融合，避免信息孤岛；采用总体规划、分步实施的策略，集中优势兵力，从局部先突破，再逐步推广。解决方案模块化，适应分布的管理运作需要。重点针对研发、质量、生产、物流、财务等主要业务环节,实现功能的模块化,达到管理简单、适用易用、安全可靠、便于扩展、易于使用的应用效果。

智能制造项目是一个统一的有机整体,对企业的未来发展有着非常重要的支撑作用,本项目在实施过程中遵循以下策略,以保证项目建设的有效及稳定落实:一是在项目建设中,考虑到信息系统数量多、管理及信息化应用水平存在差异,采用"总体规划、分步实施"的总体策略,在项目初期阶段,统一顶层设计和实施紧耦合业务应用,对于支撑"集团化运作、集约化发展、精细化管理、标准化建设"具有重要的意义;二是顶层设计旨在通过对企业整体业务进行梳理,规划业务应用蓝图,形成标准模板,为项目实施奠定基础并指出方向,在顶层设计中,选择同质性强的具有核心业务典型代表性的单位做统一设计和实施规划,是实现智能制造战略决策支持、满足紧密耦合业务运作、为提升智能制造项目质量的必要选择;三是根据重要性原则,项目建设的优先级首先考虑核心业务,优先搭建基础性、具有代表意义的业务,从主业入手,既有基础,又能产生较大效益,基于项目的最佳业务实践,设计出具有代表性的试点产品和产线,其他业务板块的项目建设再分阶段、分步骤地实施推广;四是在项目实施过程中,关键用户参与的时间和精力都需要得到有效保障。

五、项目管理过程中遇到的重大问题及解决措施

一是产品设计问题。不是所有的产品都可以实现自动化、智能制造,或者说某些产品的设计决定了如果开展自动化改造其需投入的成本比产出大太多。所以智能制造在产品设计阶段就应该考虑,即基于智能制造的产品研发。本项目对试点产品进行了系统改造,对材料也进行了更换,满足自动化工艺需求,对产品性能进行了验证,符合产品性能指标要求。二是项目组织架构问题。信息化、自动化是技术支撑部门,生产、管理部门才是最终用户,仅信息化、自动化的主观臆断并不一定适合操作人员使用。本项目由公司主要负责人牵头,组织设计、工艺、生产等部门骨干员工成立专职项目组,每周定期召开项目协调会,协调推进实施过程中的待决策事项,稳步推进项目建设工作。三是数据互联互通问题。为确保不再新建信息孤岛,项目建设初期邀请先进咨询单位进行了整体规划,明确了系统集成接口,在实施过程中充分发挥同步建

设的优势,遇到交互问题及时组织有关项目组开会研讨,确保基础数据仅填报一次,其他应用系统多次使用。

六、项目达标、成功与否等结论

2018年12月6日,贵州省工业和信息化厅、财政厅在贵阳组织召开了贵州航天电器股份有限公司精密电子元器件智能制造新模式应用项目(以下简称"项目")验收评审会,以中国工程院院士刘永才为组长的专家组达成了以下验收意见:

一是该项目建立了面向精密电子元器件的全生命周期管理系统(PLM)、企业资源计划管理系统(ERP);自主研发了98台精密电连接器专用自动化装备和工站,通过模块化设计打造出可以复制推广的自动化感知系统及自动化执行系统;自主研发了精密电子元器件智能产线执行系统(I-PLES)、车间生产设备监控等软件系统,建立了车间制造执行系统(MES),形成了柔性化示范性产线,打通了产品全生命周期物流、信息流和资金流,实现了基于模型的产品数字化设计、企业管理信息化及制造执行精益化,形成统一的企业数据平台。

二是项目形成了一个基于航天云网的满足精密电子元器件产品设计、工艺、制造、检测、运维服务等全生命周期智能化要求的智能制造新模式,建立了符合精密电连接器"定制化、多品种、小批量"特点的协同、柔性生产制造模式,完成了项目研究内容,达到了考核指标,满足批复的任务书要求。

三是项目实施提高了生产效率,降低了运营成本,缩短了研制周期,降低了产品不良率,提高了能源利用率,为离散型制造企业实施智能制造提供了应用示范。

项目顺利通过验收。

七、案例启示

一是要把智能制造作为企业"一把手"工程来抓,智能制造会对企业现有的业务流程甚至组织架构造成冲击,需要"一把手"统筹协调,才能有序推进。

二是智能工厂建设需要复合型人才,智能制造不是某一项或某几项技术的简单组合,而是基于人工智能、工业大数据等新兴技术的持续创新,以及装备、软件、网络、标准等相关要素的系统集成应用,需要各个业务口都深入参与,建立复合型人才队伍。

三是要有专业的建设团队,分工明确,内部充分交流探讨,协同推进。

四是人才结构体系变化,实施智能制造在于"机械化换人、自动化减人",生产工人虽有所减少,但基础数据整理、基础业务流程梳理等相关岗位人员反而有可能增加,甚至需要更高水平的人才才能让智能制造有效落地。

五是业务流程与部分业务模式的变革,将传统的手工流程生搬硬套到信息系统内部,只会事倍功半,达不到预期的效果。

六是绩效体系变革,针对智能制造对传统业务流程的冲击,相关岗位专业技术水平也将发生变化,对应的绩效体系也应有所变革。

七是基础数据与业务流程标准化,信息系统的应用要对基础数据和业务流程进行规范化管理,从而保证在合理业务的前提下提升管理效率。

八是业务为主导,技术为支撑。智能制造的推进不单是自动化和信息化的努力就够了,更需要专业的业务人员深度参与,梳理优化甚至重构业务流程,通过自动化和信息化的技术加以支撑,持续优化迭代,推进智慧企业建设。

(案例提供单位:贵州航天电器股份有限公司;编制者:吕江涛;审核者:王令红)

第四节　发电厂工程建设项目管理

本案例描述了中国国投湄洲湾发电厂 2×1000MW 超超临界机组工程建设复杂项目管理实践。

一、项目概况

国投湄洲湾第二发电厂 2×1000MW 机组工程位于福建省莆田市湄洲湾北岸经济开发区,由国家开发投资公司国投电力控股股份有限公司和马来西亚云顶集团全资子公司绿色协同有效公司(Green Synergy Limited)共同出资建设,属于"港、煤、电一体化"项目,是福建省"十二五"能源发展专项规划重点项目,是建设产业联动、资源优化配置绿色能源基地的重点依托工程。

湄洲湾项目采用 EPC 模式,由山东电子工程咨询院有限公司总承包建设。工程于 2015 年 2 月正式开工,两台机组先后在 2017 年 7 月、2017 年 9 月建成,分别比合同工期提前 3 天、11 天投产(见图 6-7)。

图 6-7　湄洲湾第二发电厂建设项目现场

二、项目及其管理复杂性

(一)项目目标定位高,投资方期望值高

湄洲湾项目是山东电力工程咨询院通过激烈的公开竞争中标的首个百万机组 EPC 总承包项目,决心打造成标志性工程,树立企业品牌形象。该项目也是业主方国投电力探索总承包模式建设的第一个示范项目,对项目期望非常高。

(二)总承包管理范围大,责任唯一,风险与机遇并存

总承包合同范围较以往项目向前期和后期延伸,不仅要完全负责将业主移交的原始场地处理至满足施工要求,而且将工程许可和验收取证纳入总承包工作范围,工程通过性能试验达标投产和竣工验收的考核责任唯一,风险与机遇并存。

（三）项目参建单位多，管理接口复杂

湄洲湾项目属于大型复杂项目，项目参建单位众多，共有 223 个直接参建单位。业主首次探索采用总承包模式建设，管理界面不清晰，管理接口复杂。

（四）项目建设条件差，实施挑战大

项目厂址位于老厂的灰场，地质条件高度复杂。项目临建场地特别狭小，共 13.6 公顷，比施工组织设计导则用地面积小 12.4 公顷，对施工组织制约非常大。

（五）选择国内一流施工单位，对总包发方挥主导作用的挑战大

项目选择了多家国内实力雄厚、经验丰富的一流施工单位，有着成熟的、各具特色的管理模式，在为项目品质提供保障的同时，也使总承包方发挥主导作用的挑战增大。

三、项目管理思想、模式、技术、方法

山东电力工程咨询院面对该领域的大型复杂项目，秉承"追求卓越、铸就经典"的理念，针对项目特点和挑战，应用近三十年总承包项目的管理和实施经验，探索实施了诸多独具特色的良好实践。

（一）统筹引领项目全局，系统开展事前策划

总承包项目团队在工程实施过程中充分发挥了核心主导作用，发挥唯一主体责任优势，进行了涵盖设计、采购、施工、调试等全过程的系统策划和优化，明确项目实施的最优路线图，引领项目建设全过程。

以项目目标为核心，对设计、采购、施工、调试进行一体化策划和管理，最大限度发挥了 EPC 总承包商的统筹整合、协同一致作用，优化了资源配置，工程进展均衡、有序、顺利、高效。

（1）全面落实总承包合同和业主要求，建立以项目管理计划为中心、17 个专项计划为抓手、涵盖项目管理全知识领域的四级项目管理策划体系，逐级保证项目管理目标的实现。

（2）发挥管理优势，整合管理资源，统筹项目管理全过程，持续加强项目全过程、全要素统一管理，实现设计、采购、施工、调试高度融合，平衡推进项目四大目标。

（3）发挥技术优势，建立企业级技术标准体系，统一不同施工单位的质量

标准,强化质量管控。

(4)整合设计和施工资源,根据回填厂区的特点,优化了厂区地基处理方案,因地制宜进行了厂区平整,减少土方开挖和回填量,确保厂区土方资源的有效利用。

(二)"守正创新"、"海纳百川"、追求卓越

项目初期,山东电力工程咨询院在总结多年来深耕复杂项目管理的理论研究和实践经验的基础上,将国际卓越项目管理标准、国内卓越绩效评价准则、国家优质工程金奖评选办法等融会贯通,进行一系列卓越项目管理策划,打造了山东电力工程咨询院自己的"追求卓越"项目管理模式。在项目实施过程中,山东电力工程咨询院邀请高校和各行业协会知名专家进行现场咨询指导,集思广益,探索实施了诸多独具特色的良好实践,通过吸取社会智力助推复杂项目管理水平和效果双提升。

(三)性能指标引领优化,着眼全生命期效益

山东电力工程咨询院秉承作品理念,发挥设计技术优势,以终为始,基于性能指标研究,着眼投产运行后的经济效益、安全可靠和维护便利,系统整合优化,推动实现项目高目标和定位。

1.以技术性能指标领先为引领

采用国内同类百万机组最先进的技术方案和布置,提高系统配置水平,应用五十余项创新优化设计成果和国内外最新技术,打造"先进技术集成的绿色电站"。

2.以资源利用节约为导向

在老厂海域灰场内深度优化厂区布置,避免新征土地,节约土地资源。优化系统方案且使用中水,淡水耗水指标先进 0.0428 立方米/秒·千兆瓦,节约水资源。

3.以超低排放绿色环保为目标

反复论证确定采用国内领先的"低温静电除尘器+高效脱硫+湿式静电除尘+MGGH"超低排放集成系统,配置最先进、最齐全、"100%中国制造"的环保设施,实现了污染物超低排放指标,并消除了"冒白烟""石膏雨"等污染。

4.以提高设备配置水平为手段

抓住影响机组运行质量的关键,三大主机、主要辅机和控制系统采用进

口、合资或国内一流品牌产品,配置标准处于国内同类机组先进水平。对于跨专业通用设备,打破专业界限集中招标,统一供货商,方便业主运行维护和备件采购。

(四)构建四方一体模式,保障管理规范协同

总承包方以"打造示范项目,建设品牌工程"的项目目标为引领,紧密团结项目参建方,树立了"超前策划、主动执行"的工作理念和"优势互补、合作共赢"的团队理念,以鲜明、浓厚的项目文化,为项目参建方精诚合作奠定基础。在不影响各方内部体系运行的原则下,创新建立了覆盖项目四方的接口管理体系,理顺参建各方接口和管理界面,充分发挥总承包的管理枢纽作用,推动各方高效协同管理。四方接口管理体系采用流程化、表单化表达形式,实现管理流程化、流程表单化,提高了项目管理的规范化、标准化程度。项目四方接口管理体系取得了良好的管理效果,获得"山东省企业管理现代化创新成果一等奖",助力项目获得"中国项目管理成就奖"。

(五)整合全产业链资源,实现建设过程优化

服从多目标整体最优原则,发挥总承包主导作用,高度整合差异化设计能力和专业化采购、施工管理能力,克服建设条件制约,创新建设模式,实现湄洲湾项目建设过程优化。

(1)依托优势资源进行施工组织的顶层设计,统一规划施工资源配置、总平面布置和施工场地流转,确定施工组织顺序和重大施工方案,统领各标段的施工生产组织。

(2)系统梳理设计、采购、施工和调试间的制约关系和资源配置,制定从总承包合同签订至投产的整体进度计划,指导设计、采购、施工平衡推进。

(3)统筹策划全厂土方平衡,根据场地类别分类使用,通过有效调度,挖填周转,减少临时堆放场地,做到了土尽其用,最大限度地避免资源浪费。

(4)采用永临结合方案,厂区道路、门禁、污水处理站、雨水排水沟等提前设计并投用,检修间材料库提前建成作为建设期间办公楼,正式办公区提前建成投用,大大减少临时设施,节约建设用地,有效克服场地狭小的影响,同时改善建设期生产、办公环境。

(5)打破常规设计顺序,统筹协调设计、设备和施工资源,地下设施和粗地面分区域模块化、自下而上分层实施后,再施工上部结构,减少二次开挖和

交叉作业,节约成本和工期,实现本质安全。

协调厂家调整设备生产和到货顺序,锅炉平台扶梯栏杆与钢架同步安装,减少临时设施;锅炉烟风道、空预器等设备提前就位预存,节约仓储场地;避免了交叉作业,减小了安装难度,提高了安装效率,保障进度、质量和安全。

全厂分区分层施工的实施组织模式,高度契合绿色建造理念,通过项目的实践取得了卓越的建设成果,获得发明专利和电力建设工法。通过全厂分层分区施工,实现了厂区永久绿化与工程进展同步实施,促进施工环境绿色、生态、文明、环保。

(6)统一整合调度资源,发挥总承包指挥中心作用,经过周密策划,协调各分包商共用施工资源,实现两个标段共用机械连续吊装大板梁、共用桁车吊装定子、共用浮吊和液压平板车辆吊装主变压器等,节约施工成本,提高了施工效率。

(六)创新项目管理技术,提高管理决策效率

山东电力工程咨询院按照企业级和项目级两个层级开展项目管理信息化应用创新,大大提高了总承包项目管理的效率和水平,已经成为山东电力工程咨询院项目管理的核心技术之一。

1.企业级平台

通过集团的专线链路把企业本部所有的信息化延伸到项目部,在项目部打开台式机能够享受同等的办公环境和资源,实现了项目部和企业本部异地协同办公。比如,现场的工代可以在台式机上登录勘测设计系统,进行现场设计,出具设计变更,大大提高了设计管理效率。同时现场管理人员也可以登录系统查看三维模型用于指导方案的编制、审核、进度的管控等,提高工作效率。

2.项目级平台

由总承包方搭建涵盖相关方共享的局域网平台,运用云发布技术把局域网延伸到业主以及山东电力工程咨询院本部,形成了多地区跨域的局域网,实现相关方之间的协同管理。

项目级平台开发部署了三大系统:开发施工管理信息系统,实现项目管理流程在项目四方之间的在线流转,节省资源、提高效率;开发项目相关方共用的信息化平台,实现信息资源共享和高效利用;国内首创发明应用"基于三维

实景模型的智慧化工地系统",实现工地现场大数据分析,为项目相关方提供实时、高效的立体可视化、精细化、智能化管理支持,获得国家发明专利,荣获国资委熠星创意创新大赛二等奖、中电建协科技进步一等奖、2015 年中国核能行业信息化十件大事等奖项。

四、项目管理成果

湄洲湾项目实现了高标准的建设和移交,两台机组全部提前建成投产,大大降低了项目投资,圆满完成项目目标。大幅度节省了造价,实现了高标准的精品工程。该复杂项目管理的实践,在电力行业、项目管理、卓越绩效管理、跨行业论坛和会议上进行分享,推动了行业的发展和进步。

湄洲湾项目共获得了 150 项省部级及以上奖项,包括国家优质工程金奖、全国质量奖卓越项目奖、庆祝中华人民共和国成立 70 周年经典工程等大奖。在 2017 年国际项目管理全球大会上,湄洲湾项目作为中国电力工程复杂项目管理的杰出代表,荣获"国际卓越项目管理大奖全球金奖",是我国首个获此殊荣的电力项目。大奖评审组组长柏图斯·A·科伊曼斯表示,"湄洲湾是一个非常杰出的项目。中国建设者为卓越而奋斗,并最终成就卓越"。大奖评委会主席玛丽·科京特切娃女士认为:"湄洲湾项目作为杰出代表,在项目管理领域取得了革命性创新,我几乎从未见过湄洲湾这样的标杆项目。"

该项目管理及项目经理同时获得国际项目管理协会最高等级奖项,在我国项目管理历史上尚属首次。

五、案例启示

第一,大型复杂工程项目管理,必须有系统化的"顶层设计",要有项目全过程的统筹。第二,对于有多方参与建设的复杂工程建设项目需要有"设计牵头,全程管控",需要强有力的以总控单位全面负责的复杂项目管理班子。第三,复杂工程建设项目前期策划与准备、沟通与统一思想非常重要,形成共识、步调一致,是后续合作的基础;千万不能"头痛医头脚痛医脚",更不能各行其是。第四,过程中建立与有效运用及时、清晰、智慧的信息管理系统,是管控大型复杂工程项目的把手和有效措施。第五,面对复杂多思考,勇于进取、与时俱进,充分借助社会智力,对标先进,开展"标杆管理"又称"基准管理",不断寻找最佳实践,使复杂项目管理追求卓越,具有重要意义。

（案例提供单位:山东电力工程咨询院有限公司;编制者:梁策、董长竹;审核者:王琳）

第五节　大型活动安保科技开发项目管理

本案例陈述了以北京奥运会为典型代表的大型活动安保科技系统开发的复杂项目管理。

一、案例概述

进入 21 世纪以来,各个国家面临的安全挑战越来越复杂且日趋多样化,如何应对恐怖分子可能的袭击,确保社会安定、民众安全,特别是全面保障国际性大型会议和活动的安全,是世界各国共同面对的难题。在我国举办的北京奥运会,政要云集,规模空前,影响巨大,均对安保工作提出了很高的要求。为了适应我国社会发展的新形势,有效解决非传统安全领域的新问题,确保社会安全稳定,也是构建社会主义和谐社会的题中应有之义。中国航天科工二院作为我国航天防务领域的骨干单位和中坚力量,充分借鉴军队指挥自动化的理念,以武器装备高精尖技术为基础底座,运用人工智能、时空大数据挖掘等关键技术,建设集多维探测感知、情报智能研判、信息融合通信、合成指挥控制、网络数据安全、预案动态推演等功能于一体的面向跨区域、跨部门、跨层级的大型活动安保科技系统。以此为基础,中国航天科工二院圆满完成了2008 年北京奥运会、2010 年上海世博会和广州亚运会、2011 年深圳大运会及 2022 年北京冬奥会大型活动安保科技系统的总体设计、建设实施和运维保障任务,为实现"平安奥运""平安世博""平安冬奥"等目标作出了突出贡献,两次分别荣获中共中央、国务院联合表彰的"北京奥运会残奥会先进集体"及"上海世博会先进集体"荣誉称号,并获得北京市科技进步奖及上海市科技进步奖。

二、项目复杂性

北京奥运会大型活动安保科技系统的规划、研究、设计、建设和运行是一个非常复杂的系统工程,本项目复杂性体现在如下几个方面:

(一)系统关键技术攻关和项目建设并行

大型活动安保科技系统的推进具有"边研究、边设计、边建设"的特点。从总体规划到方案设计再到项目建设,每一个阶段都会运用到创新性理念、突破性思路及前沿新技术。因此,它既不同于科研项目,有着预先研究、技术攻关、初样集成、正样研制等完整过程;也不同于其他类建设项目,主要使用和集成成熟的、可靠性较高的技术和产品。

(二)参与研制和建设单位众多,组织协调工作难度极大

大型活动安保科技项目是一项复杂性高、集成度广的系统工程,参与研制和建设的单位众多。这些单位的专业技术领域相对聚焦、行政隶属关系相对独立、人员队伍管理相对独立,相互之间在工程经验、职业传统、企业文化等方面差异较大,特别是协作配套单位缺少研制系统性工程的理念和经验,达成全系统的统一性、子系统的协同性难度很大,管理协调的工作量和难度极大。

(三)系统开发的时效性与系统的规模性、地域性、复杂性之间存在矛盾,相互掣肘

大型活动或赛事的举办覆盖范围广,涉及的区域较分散,各场馆或相关设施的位置、现状、条件及特点等各不相同,给系统开发带来了巨大的困难。

(四)硬性约束条件多

整个项目的技术性能、研制进度、质量保证、经费控制、可靠性安全性保证等,都是整个项目管理的硬性要求。如何达到系统的总体最优,并发挥综合优势、整体优势是项目科学管理的难题。

(五)各方需求不明确且持续发生变化,为后续工作带来极大挑战

安全保障是大型活动顺利举办的重要基础,其特殊性导致安保科技系统存在多级、多方用户,使得系统建设需求不明确、不统一。且随着赛事临近,新的需求不断涌现,让后续的建设任务面临严峻的挑战。

综上所述,大型活动安保科技项目的管理,既不能只依靠行政体系的管理系统,也不能完全照搬日常合同管理模式,必须要进行管理模式创新,创建一

种适应项目特点、达到多目标优化的管理方法。

三、项目管理思想和理念

在管理方面，借鉴军品型号研制生产"两总"管理体系的做法，充分结合大型活动安保系统的特点提出项目"两总"系统的管理理念、思路和方法。通过"两总"管理系统，构建系统开发核心流程，有效实现了规划、设计、建设、验收、运行和保障六个方面的协调一致。建立有序的管理体系并确立统一的管理标准，把原本独立的各分系统至于统一的管理体制框架下，把分散的资源力量至于统一的调度分配下，把技术状态、质量要求、研制进度，可靠性安全性设计至于统一的标准要求下，形成一种新型的强柔性的组织管理体系。充分发挥项目总集成方作用，通过导入用户核心价值主张，形成以系统开发服务为主导，向系统前期（策划阶段）、后期（运行保障阶段）延伸的服务链，增强市场开拓能力，提升用户满意度，促进企业高质量发展。

四、项目管理创新点

（一）形成了并行性、多层级、一体化的大型活动安保科技系统建设的总体思路

秉承航天系统工程的理念，"系统抓、抓系统"，发挥综合优势，坚持技术创新和管理创新；开展生命周期的管理，实施并行工程，逐渐形成适宜大型活动安保科技系统开发特点的管理体系和相关规范；加速形成安保科技系统集成级、分系统级和设备级的产品体系；不断建立完善推动安保科技产业发展的动力和保障机制；坚持开发与应用一体化，逐步培育安保科技产业集群，进一步提升安保市场占有率，提高安保科技产业发展速度、发展质量和核心竞争力。

（二）构建了大型活动安保科技系统建设的"两总"管理体系

充分考虑大型活动安保科技系统的复杂性、参与单位众多且需多专业协同配合的特点，借鉴军品型号研制生产"两总"管理体系的做法，建立"两总"垂直管理与矩阵制相结合的管理体系。

1. 实行"两总"系统管理

大型活动安保科技系统实行行政、技术双线管理，以总指挥负责行政指挥

线,总工程师负责技术指挥线。行政指挥线设总指挥、副总指挥、分系统指挥和项目调度等;技术指挥线设总工程师、副总工程师、副总工艺师、质量总负责人、主任设计师、主任工艺师等。两线各司其职,各负其责,各行其权,既有分工又有合作。"两总"系统使管理、技术、实施三个层面整体联动,确保整个系统运作在横向上协调一致,在纵向上目标与措施统一。

2. 成立项目办公室

参与大型活动安保科技系统开发的单位跨行业、跨部门、跨地域、跨集团公司,整个项目需要近千人参与设计与开发建设。为了解决大型项目实施中管理重叠、多头分包、组织交叉、进度拖延等问题,中国航天科工二院实施统一指挥和管理,在"两总"系统垂直管理下,成立项目办公室作为项目执行机构,办公室下设计划组、总体组、专业技术组、质量安全组、市场开拓组、后勤保障组等专业组,协助"两总"系统调配相关资源,使各分系统在不同阶段都能高效有序运作。

3. 建立"两总"系统互动机制

"两总"垂直管理是重大项目推进的重要牵引,通过建立指挥和技术两条管理线,充分加强团队内外部的沟通协调。以确定一致的项目目标、项目核心价值为前提,在"两总"垂直模式下,形成灵活的信息流动和工作关系,分享观点、信息和阶段成果,达到协作互动的效果。

(三)科学确立开发管理流程和管理标准

1. 梳理管理流程

"两总"系统把大型活动安保科技系统的集成管理放在综合性和全局性的位置上,运用系统论、控制论等思想、理念和方法,着眼技术、质量、进度、经费之间的平衡协调,加强对资源、计划、范围、组织、人员等管理要素全方位的集成式管理,保证项目研制建设和顺利推进,具体分为要素间的集成管理、组织间的集成管理和阶段间的集成管理。

2. 制订统一的管理规范和标准

"两总"系统制订统一计划调度、统一设计标准、统一组织设计、统一施工工艺、统一物资采购、统一对外协调、统一成本管理、统一安全管理和质量监督等工作规范和标准。

（四）建立保障大型活动安全的技术应用体系

在已有的安全技防系统基础上，通过新建、改建、扩建、集成等多种方式，构建安保技术应用体系，包括安保指挥系统、场馆技防系统、信息通信系统和专用技术系统。

1. 自主开发系列安保技术与装备

国外一直对安保关键技术采取封锁和垄断。为了尽快突破核心技术和关键技术，满足用户"技术代表先进前沿"核心价值主张和保持国内安保技术领军地位的需要，按照航天"关注细节、预防为主、全程控制、系统管理"的原则，将系统按规划、设计、建设、验收、运行和保障等不同阶段进行过程分解，梳理关键控制点，开展评审、验收等质量把关活动，强化过程管控，确保不将问题带入下一环节，以过程质量保证系统的最终质量。

2. 加强开发进度管理

根据用户总体开发计划和总集成合同约定，从设计、建设、运行、保障全局把握进度，运用系统论、控制论等思想、理念和技术方案，着眼进度、技术、质量、经费之间的平衡协调。

（五）注重安保科技系统的开发全过程的风险管控

同任何一个大型工程项目一样，大型活动安保科技项目存在内部或外部的不确定因素，进而影响到工程进度、质量乃至成败。中国航天科工二院从项目实施开始，充分考虑到项目每个分系统、每个阶段和每个环节的风险点，尤其注重方案论证阶段、设计研发阶段、建设和交付阶段、运行和保障阶段等的风险控制管理。

五、项目管理过程中遇到的重大问题及解决方案

1. 项目行政管理、技术创新实施双线联动问题

大型活动安保科技项目技术创新程度高、不确定因素多，在技术状态、进度、质量、经费等方面，都会遇到一些问题，而技术不见底、研制出现困难是造成问题的主要因素。系统综合管理运作与技术开发跟进存在时间差，不同子系统之间也存在时间差，对于两个序列人员的需求也存在时间差。因此，必须实行"两总"管理，便于子系统之间的综合管理，"两总"秉承"有问题共同商量，有困难共同克服，有余量共同掌握，有风险共同承担"的四共同原则，形成

良性互动，"两总"系统在顶层设计上互动、在组织实施上互动、在解决重大问题上互动。

2. 大型活动安保科技系统科学性、实战性设计问题

北京奥运会是国际性大型活动，举办覆盖范围广，涉及的区域较分散，存在系统建设时效性与系统规模性、地域性、复杂性之间的矛盾。同时，大型活动安保科技系统建设集前瞻性、先进性、科学性、安全可靠性、实战性及示范引领等要求为一体。中国航天科工二院践行"大防务、大安全"的发展理念，以带动安保科技产业为使命，以航天系统工程技术和管理经验为基础，首次在大型活动安全保障中采用安保整体防控的设计理念和基于 C4I3SRT 的安保科技系统整体解决方案，即集指挥、控制、协同、通信、情报、信息、集成、坚实、探测、处置为一体，以人为本，有效整合多方资源，实现多部门系统联动的全方位、全天候、立体化的整体防控。目前，这种设计理念已经得到业内高度认可，并成为大型活动安保科技系统设计的主流思想。

六、案例启示

北京奥运会、北京冬奥会等大型活动安保科技项目是重大的政治任务和社会责任，这一项目的研发、建设和运行是一个非常庞大和复杂的系统工程，没有同类项目管理经验可供参考。成功的项目必须有成功的管理。要按时限、高质量地完成国家交给的任务，必须构建与之相适应的管理模式，北京奥运会安保工作的实践证明，这套管理体系是有效的、成功的。尔后，中国航天科工二院在陆续承接的上海世博会、广州亚运会、深圳大运会等其他大型活动安保项目管理中不断调整和完善，使得这种管理模式不仅对大型活动安保科技项目具有较强的通用性，对其他航天大型民用产业建设项目的组织和管理也具有极高的参考价值。

1. 为各项重大活动的成功举办提供了安全保障

中国航天科工二院继北京奥运会后，又圆满完成了 2009 年国庆 60 周年庆典活动、2010 年上海世博会、广州亚运会安保科技系统等项目的总体设计、建设和保障任务。荣获中共中央、国务院颁发的"北京奥运会残奥会先进集体"和"上海世博会先进集体"荣誉称号。亚运安保临时党支部被中央组织部、中央创先争优活动领导小组授予"广州亚运会创先争优先进基层党组织"

称号。大型活动安保科技产业取得的辉煌成果,获得了各方的高度赞誉,为中国航天科工二院树立了良好的企业形象,取得了很好的政治和社会效益。

2. 走出了一条独具特色的军民融合发展道路

中国航天科工二院经过多年的培育和发展,确立了国内安保科技系统集成领域的领军地位,为"十四五"期间进一步扩大大型活动安保市场奠定坚实基础。中国航天科工二院紧密围绕国家和行业需求,坚持科技自立自强,形成了一批核心平台和系统解决方案,研制出一批国际领先、国内首创的产品,极大提升民用产业领域的创造力和成果转化率。2008年以来,中国航天科工二院申报多项专利国内首创,部分填补世界空白,北京奥运会安保科技系统和上海世博会安全控制系统分别获得省部级科技进步一等奖和二等奖。

3. 客户满意度不断提升,企业综合管理水平大幅提升

中国航天科工二院通过实施大型安保科技系统开发管理,安保科技产业的综合管理水平显著提高,包括计划调度、成本控制、设计标准、施工工艺、物资采购、安全管理、质量监督、人力资源等多项基础管理工作协调并进,逐渐形成对新技术发展和市场需求的快速响应机制,客户满意度提升了12.82个百分点,有效提升了安保产业的市场竞争力。

4. 培养了一支高水平的安保科技与经营管理人才队伍

大型活动安保科技系统的开发与应用,为专业带头人提供了广阔的事业平台,形成了经营管理、科研技术人才队伍协调发展的良好局面,形成了"出一流人才、建一流队伍、创一流成果"的长效工作机制,培养锻炼了一支事业心强、专业齐全、水平过硬的指挥和技术团队,不仅有效保障了国家大型活动的成功举办,还积累了项目管理经验和科技成果,锻炼了经营、科技人才队伍,确保了中国航天科工二院在国内安保行业的领军地位。

(案例提供单位:中国航天科工二院;编制者:范亚琼、徐晓蔚;审核者:史燕中)

第六节　城市水治理工程复杂项目管理

本案例讲述了以广东省广州市黑臭河涌治理为典型代表的城市水治理的复杂项目管理。

一、项目背景

根据广东省广州市全面推行河长制工作领导小组发布的《广州市全面剿灭黑臭水体任务书(2018—2020年)》,广州市需在2020年年底前全面剿灭黑臭河涌。根据2018年9月颁发的第1号总河长令要求,2019年年底前各区基本消除黑臭河涌。

某区内共有74条河涌,根据区环境监测中心2019年1月份的水质监测报告,某区河涌水质监测不达标的共有36条河涌,其中有6条河涌水质为重度黑臭。全面剿灭黑臭水体的目标时间紧、任务重,黑臭河涌整治的形势非常严峻,需深入贯彻河长制、湖长制,具体落实好属地排水户、排水和排污许可证的梳理,排污、排水管网、配套设备和处理能力的摸查,特别是重点整治河涌,需尽快开展问题梳理、需求整理、可研分析等工作,并行做好工程施工计划,对严重的黑臭河涌重点督办。

二、项目复杂性

第一,工作量巨大,某区共有74条河涌,其中约一半的河涌水质未达标,黑臭河涌整治项目涉及二十多个市、区级单位,整治任务十分艰巨。第二,水系复杂,由于某区的河涌基本处于珠江水系的中间,大部分河涌水体直接与珠江水系相连,水系错综复杂。第三,城中村多、暗涌多,由于历史原因,某区河涌周边的城中村多,存在大量暗涌,村民排污和排水大部分缺乏统一规划,污水和雨水大部分未纳入市政管网,且城中村河道狭窄、道路狭窄,河涌治理的难度大。第四,人口密集,某区是核心商业区,河涌周边的居民多、餐饮店多,人口密度大,无形中增加了治水、拆迁和整治难度,也增加了管理难度和工作量。第五,水体波动大,某区河涌海拔低,水体受潮汐影响大,监测数据差异性大。第六,动力不足,某区基本是冲积平原,地势平整,河涌收尾之间的水位落差很小,水体流动性差,水动力弱。

三、项目管理思想、模式、技术、方法

本案例依据项目的实际情况,进行了创新实践,体现了一些复杂项目管理的特色。

（一）组织协同"一体化"

由于项目涉及二十多个市、区级单位,特别是涉及市政管网、污水处理、征地拆迁、两岸截污、调水补水等工作,区政府需要与市一级单位进行协同,而市级单位与区级单位的责权分离,给河涌治理的协调带来较大难度。通过建立一体化的组织管理架构(分两个层级:上层为统筹管理层,下层为项目实施层),将数十项工程进行项目化分类和基本流程梳理,进一步加强统筹管理力度和协调机制。某区黑臭河涌整治组织架构及主要流程如图6-8所示。

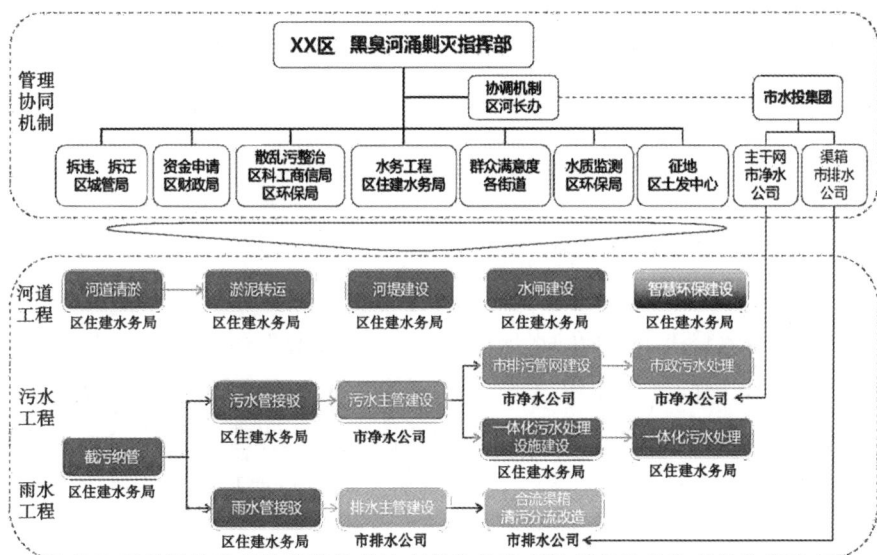

图6-8 某区黑臭河涌整治组织架构及主要流程

（二）工作进展"多维化"

运用项目管理图形化工具,将收集的数据内容转化成易于理解、便于分析的可视化图形,对滞后工作或存在问题进行风险预警,将地理位置、现场照片、进展情况及存在问题组合成一张图,将大量、复杂的信息进行有机整合,结合亮灯、图形及文字描述,多维、直观地反映出来。

（三）督办手段"信息化"

为更好地提升河涌整治督查督办工作效率,根据区政府的工作部署,项目管理团队研发了政务督查信息系统,通过开发重点事项管理、一般事项督办及风险预警等核心功能,结合项目化过程管控及督办机制,运用信息化的督办手段,优化了传统的行政督办方式,提高工作效率,解决了以往线下纸质化文件流转速度慢、信息变更烦琐、反馈不及时等问题,实现了对项目全过程动态化、可视化管控。

(四)水质监测"智能化"

政府部门建立了智慧河涌系统、河长巡河 APP 等智能信息系统,合理规划视频监控设备进行远程监控,设计水质实时监测设备和故障报警设备进行实时水质监测和运行监控。项目管理团队综合运用智慧河涌系统、河长巡河 APP、微信群和人工巡河等多种方式,收集、监测和评估河涌整治各项工作情况,整合纳入项目管理督办范围,全面、及时反馈整治工作推进情况,达到人力消耗少、效率高、时效性强、综合成本低的目标。

四、项目管理成果及价值

(一)促进河涌治理成效

把项目管理的理论和方法用于黑臭河涌治理工作,是对行政管理工作的有效补充,有效解决了复杂的水环境治理难题,对工作效率提升、工作模式创新等起到了积极的推进作用,对促进水环境治理起到了积极影响。2020 年,省考核东朗断面水质年度均值历史首次达标Ⅲ类,15 条黑臭河涌全部消除黑臭并达到"长治久清"标准,区内 74 条河涌水质达 V 类及以上的占比达 95%以上,水环境治理取得了扎实的成效。

(二)创新政务项目化管理

在原有的行政体制基础上,完美融合了项目管理工具和方法,以项目化方式对行政工作目标和任务进行量化分解和管理,对行政机关长期形成的工作目标、机制、任务和责任分工进行明确和规范,促进了资源的重新整合和有效配置,极大提高了政务管理工作效率。政务项目化管理的督办职能创新符合国家治理体系,是科学抓落实的有效手段,对政务管理现代化发展、政府行政工作和运行机制创新具有重要的推动作用,这种融合创新的管理模式对全国范围内政务管理和社会治理工作具有很好的借鉴价值。

(案例提供单位:广州驭道项目管理有限公司;编制者:赖国才、王慧婷;审核者:曹蕾)

第七节　国际合作项目

本案例陈述了一个中外双方联合研制及生产一型导弹武器系统的复杂项目。

一、案例概述

中方曾向 A 国的 B 防务公司成功出口了 C 导弹武器系统。之后,中方在 C 导弹武器的基础上自行开发了更先进的 C1 导弹武器系统。B 公司提出希望就 C1 导弹武器系统双方继续开展合作,但提出不能再进行直接采购,而是要求以 C1 系统为基础,双方合作开发一型适用 A 国的新型 C2 导弹武器系统,系统主要包括箱弹发射车、导弹、发射箱和其他地面装备等。中外双方经过近一年的讨论,确定了项目范围和周期,在复杂项目管理思路的指导下,实现了一个项目下联合研制、技术转让、产品直接供货等多种合作模式,中外双方在 3 年时间内完成项目研制阶段各主要节点,开发了一型新的 C2 导弹系统,在外方的导弹靶场成功实施了定型飞行试验,之后又用 3 年的时间完成了多套产品的生产交付,项目取得了圆满成功。

二、项目复杂性

导弹武器系统研制本身就是一个复杂项目,如果再叠加上与 A 国 B 公司的合作研制,涉及不同标准、不同文化以及不同的利益诉求,项目就变得更加复杂,更需要用复杂项目管理的理论和方法指导。本案例项目的复杂性体现在如下几个方面:

(一)项目合作模式复杂

既有外方完成整个武器系统的主体责任下中方的分包配套,又有中方完成箱弹发射车设计研发责任下外方的分包配套,还有中方对 B 公司的发射箱生产技术转让,外方已有产品生产线改造,以及中方向 B 公司交付的多种导弹分系统设备并配合外方开展导弹研发,可谓是"你中有我,我中有你"。

(二)项目交付物复杂

项目交付物包括硬件产品、各类报告文件、技术支持和技术培训等,仅交付的硬件产品就呈现状态多、批次多、数量多的"三多"状态,产品状态包括中方 C 系统产品、C1 系统产品和新研的 C2 系统产品,交付的形式包括整机(SAK)、半散件(SKD)和全散件(CKD)状态,项目执行期间近百种产品平均每三个月发一次货。

(三)项目涉及的干系人多

中方项目涉及的超过 10 个分包配套商以及政府主管部门,外方 B 公司、发射车底盘公司、发射车舱体制造厂、发射箱生产厂等近十个工业部门及其 A 国用户,双方自身内部的协调,加上中外双方之间由于地域、文化和语言差异,项目协调难度大。

(四)项目周期长,历时 7 年

其中双方商谈项目总体方案,确定合作模式以及合作节点等商务部分历时 1 年,完成系统测试配置研发 2 年,完成正式交付用户产品研发 1 年,产品定型后还有 3 年的生产阶段。

(五)项目涉及跨国合作

中方作为出口方,有自己的国家出口管制制度需要遵守,此外合作双方有不同文化和不同标准,B 公司向用户交付的产品要符合其国家的标准,必然涉及双方磨合找到一种中间状态,需要将产品和文件转化到符合其认可的状态。

三、项目管理思想和理念

通过对项目进行总结复盘,主要的管理思想、理念和组织模式有:

(一)"布好局""搭好框架",深入扎实做好顶层设计

由于项目的复杂,双方不同的利益诉求,要做好项目的前提和基础就是要谋全局,一方面,在项目策划阶段,双方历时 1 年对项目涉及全局的关键点都进行了定义;另一方面,在项目执行阶段,针对国际项目特点,中方不仅下发了专门的项目管理办法,而且还调整优化了项目组织机构,例如,成立了专门负责文件翻译的资料办公室,专门负责代表用户监督产品质量的监督代表室等。

(二)始终抓复杂项目的主要矛盾

本项目中主要矛盾就是中外双方对权利与义务的清晰界定,尤其是 B 公司坚持作为武器系统责任主体下责任的划分。按照中方的研制思路,将产品研发确定为测试配置和用户配置,双方对各配置和配置下的子项目关键里程

碑都进行了识别,按照中方的经验,双方确定了一百多个可以测量或检查的节点,对项目各种重要活动都进行了设计和管控。

(三)从整体上研究和解决问题,将整体分解为不同子项目

我们将整个武器系统研发项目按照不同维度进行了分解,从产品物理形态上,分解为发射车、发射箱、导弹和其他支援装备四个工作包(子项目),每个工作包的项目又划分为硬件、文件和活动等不同状态;从研制周期上,对不同子项目划分为不同阶段,例如,发射车划分为工程研制和批生产两个阶段,发射箱划分为工程研制、生产技术转让和批产三个阶段;每个工作包又通过技术支持和技术培训两大类服务进行有机融合。这些不同的子项目、子阶段、子类别,在中外双方共同管理下,再综合集成为整个项目。

(四)管理与业务紧密结合

导弹武器系统本身就是复杂系统,我国航天工程的项目实践证明,由组织协调能力强的总指挥和技术业务精的总师组成的型号"两总"系统,是完成这样复杂项目的有力保障,本项目也是在型号"两总"的带领下,本着"对外遵合同、内部成体系"的原则,对技术和管理两条线的任务开展全面全过程策划、对外协调、任务分解、纳入内部工作体系并落实,各个机构单位有力融合,各类人才通力协作,真正做到了管理和业务的融合。

(五)高度重视复杂项目管理中人这个关键要素

本项目中,一方面,中外双方团队除了工作之外,开展了不同形式的沟通交流,让双方核心项目团队成员彼此了解熟悉对方文化,外方的几个骨干都成为了"中国通",为有效协调解决项目中问题起到了融合剂作用;另一方面,中方成立了项目核心工作组,项目负责人带领团队形成了"紧张工作、快乐生活"的氛围,团队成员积极向上,团队建设卓有成效。

(六)重视微观元素管理

在本项目的管理中,特别重视过程中的信息管理和变更控制,明确了计划控制、信息控制、质量控制、工艺控制、资料控制和外事活动控制等流程。为提升中外双方的沟通效率,建立了会议纪要机制,每次双方会谈都形成会议纪要,纪要中明确了项目进展、后续工作计划和责任分工,整个项目双方共形成了140多份工作纪要,双方当面交流平均每月超过1次。此外,国外用户对用户资料特别关注,我们将对外文件质量放在重要位置,包括中文编辑质量

和外文翻译质量,为此项目专门成立了资料办公室,并下发了《出口资料管理办法》。

四、项目管理创新点

复杂项目管理的思维要秉承"守正创新"的系统科学,本案例项目的"正"就是中方自己打造的 C1 武器系统,而"新"就是双方合作圆满完成了符合外方需求的 C2 武器系统,项目的主要管理创新点包括:

(一)实现了一个项目下合作研发、技术转让、产品供货和本地化采购等多种合作模式

按照用户的需求,中方作为箱弹发射车的总体,在集成了中方自有装备基础上,又选购了 A 国的底盘、方舱、电台和空调等,这种模式不仅满足了外方本地化要求,而且使得底盘等保障性需求强的工作转由外方负责,减轻了售后服务保障压力。此外,为最大化利用外方生产设施,中方还向外方转让了发射车的总装技术和发射箱的生产技术,除了设备销售外,还实现技术的应有价值。

(二)建立了一套两总带领下的柔性较强的矩阵结构式组织形式

除了项目办公室之外,还成立了专门从事质量、标准化、工艺的产品保证办公室,负责资料翻译审核交付的资料办公室,负责代表用户独立行使质量监督验收的代表室等,这一组织结构在环境复杂多变的情况下,显示出很好的适应性,便于及时对外部环境变化作出灵活且有效的反应。

(三)打造协作团队,健全畅通协调机制,创建项目自有文化

国际军贸项目不仅是一般的商业项目,更是体现两国互信和友好关系的项目,项目团队形成了"保证本项目列车不在本单位误点"的响亮口号,各承制单位纷纷把这句承诺悬挂在研究室和生产车间,保证了项目完全按设定节点开展及交付。形成了外方信息反馈的内部管理流程,率先利用信息化的手段植入各管理人员的 OA 办公网中,保证了信息及时传递到位、迅速处理以及全程可追溯,极大地提高了项目管理效率。

五、项目管理过程中遇到的重大问题及解决方案

项目在管理过程中也遇到了很多问题,几个重大问题及解决措施如下:

（一）对整个项目主导权的问题

外方表示根据其国家政策，C2 系统研发项目必须由其总负责。近些年，国际防务市场上本地化成为多个国家军事装备采购的必要条件，项目会谈之初，B 公司就表示其 A 国用户考虑已经采购了 C 导弹武器系统，其升级系统必须由本国防务公司牵头开展。中方考虑本项目还是一个商务合作项目，如果仅仅是中方配合外方开展系统研发，风险较大，经过多轮沟通交流后，双方确认以中方的 C1 系统为基础，系统功能、组成及主要指标都不超过 C1 系统，同时就双方的分工及关键节点，以及对应关键节点的考核都进行了明确定义，这样既名义上保证了 B 公司作为系统总体，中方又可以将项目的风险控制到最低。

（二）对合作铰链深度问题

本项目中要研制的箱弹发射车是武器系统的核心，用于控制导弹发射，发射车的发射控制系统不仅要控制车上的液压、瞄准和发射装置，还要与导弹进行通信。B 公司表示由于 A 国用户对显控界面有特殊需求，而且导弹由其负责，因此需要由其负责发射车的测发控系统，而中方认为作为发射车总体设计方，而且还要控制中方车上设备，应由中方负责。双方就这一问题协调了很长一段时间，最终双方互相妥协，确定分别做自己的测发控系统，并定义好两者接口，最开始通过模型进行了验证，并最终在系统中成功实现。对于需要接入外方，特别是西方的装备项目中，双方可以定义一个接口，或者建一个黑匣子来解决双方互不信任问题，更极端的情况是请一个第三方公司作为黑匣子的研制方，解决这类国际合作项目中关于设备铰链深度的问题。

（三）外方因素引起的进度风险问题

由于外方承担发射车底盘改装任务的工厂因为企业并购出现了罢工事件，不能按期交付底盘，造成后续项目执行的不确定性。面对这一被动局面，中方一方面积极与外方保持密切联系，推动 B 公司尽快出面解决，同时全面梳理由于进度拖延对中方后续产品技术状态确认和投产造成的影响，主动与外方进行协调，采取压缩周期和并行工作等方式弥补进度拖期，对合同项目后续任务节点进行适当调整，最终赶回了延误的时间，中方这种积极主动的态度赢得了外方的更大信任。

六、项目成功与否结论

本项目过程管理受控,项目各节点任务均圆满完成,项目结果符合要求,双方成功合作开发了一型符合 A 国需求的导弹武器系统,达到了预期项目目标,项目完全成功。

七、案例启示

项目科技含量高、历时长、规模大、产品状态复杂、影响深,同时涉及多种合作模式,需要中西方不同文化背景团队的互相配合完成,中方成功识别了项目的复杂性,对涉及的各类复杂场景都进行了辨识,并定义了测度方法,确保有据可依,对于提高项目成功率奠定了坚实基础。

总体来看,中方对这个复杂系统的技术掌控是成功完成本项目的基石,而顶层策划、整体分解、强化协同、"两总"推动、打造团队等复杂项目管理技术的运用是项目成功的主体结构,复杂项目这个"大厦"的基石和主体结构,分别代表了技术及创新这一企业硬实力和项目管理这一企业软实力,两者都是企业核心竞争力的体现。

(案例提供单位:中国航天二院;编制者:杨近文;审核者:黄爱萍)

第八节　2022 年北京冬奥会、冬残奥会交通运输服务项目管理

本案例讲述了 2022 年北京冬奥会、冬残奥会交通运输服务的项目管理。

一、案例概述

2015 年 7 月 31 日,北京获得 2022 年第 24 届冬奥会的举办权。第 24 届冬奥会于 2022 年 2 月 4 日至 2 月 20 日在中国北京举行,北京成为历史上第一座既举办过夏奥会又举办过冬奥会的城市。

2022 年北京冬奥会使用 25 个场馆,场馆分布在 3 个赛区,分别是北京赛区、延庆赛区和张家口赛区。紧接北京冬奥会之后,举办了 2022 年北京冬季

残奥会。2022年北京冬奥会有7个大项（Sport）、15个分项（Discipline），109个小项（Event）。

为了办好北京冬奥会和冬残奥会，北京冬奥组委组织实施了《北京2022年冬奥会和冬残奥会人才行动计划》，聚天下英才全力举办一届精彩、非凡、卓越的奥运盛会，据不完全统计，参与赛会的筹办人员达数千人，申报的志愿者超过百万人，实际参与的志愿者超过2万人。

2022年北京冬奥会、冬残奥会的成功举办，不仅是运动员们的盛会，也是平凡人的盛会，是向世界证明中国发展取得的成绩——中国经济发展迅速，经济实力与日俱增，是对中国筹划、组织和管理大型、复杂赛事项目管理能力的检验，是中国软实力的又一体现。本节仅就2022年北京冬奥会、冬残奥会复杂的服务项目统筹管控方面做一简要介绍、分析。

二、项目的复杂性和管理的复杂性

第一，2022北京冬奥会具有强烈的地域特点、限制大，规模大、涉及范围广（北京市主市区、延庆区和张家口地区）、项目多，科技含量高，制约因素多（政策、标准等）；虽然本届冬奥会正值全球抗疫期间，但还是有来自于89个国家的2851名运动员参赛，仅中国体育界就有近4000人参与备战2022年北京冬奥会、冬残奥会。

第二，相关方众多、需求多，时间紧、任务重，筹备工作量大、时长，组织、运行内容庞杂，关联度高、协调关系复杂，管理难度大。

第三，原有的行政管理在复杂赛事管理中有诸多不足，需要通过复杂项目管理的理念、思维和创新管理模式，解决诸多难点问题，如：需要面对复杂项目的强大组织支撑——政府通过人员抽调、招募等形式，组建团队对大型活动项目进行牵头领导，行政管理项目化；需要统筹合理配置资源——动态优化、集中优势资源打歼灭战；建立适应复杂项目管理的组织架构、形成统筹管控体系，确定统筹管控机制，开发高效、适用的管理技术方法、工具和管理软件；建立并严格实施集中统一又合理分层的规划、计划管理；实现卓越的目标管理——2022年北京冬奥会和冬残奥会必须办出水平、办出特色、有亮点、有创新，能够给人带来一流的感官体验等。

第四，疫情之下管理的难点：通常情况下管理等难点如图6-9所示。除了赛事活动的复杂难管理之外,疫情防控是又一重大考验。2022 年北京冬奥会期间,不仅要满足奥运交通专用出行需求,又要满足春运的交通需求及城市人群日常活动需求。交通运输保障难度之大可以想象。

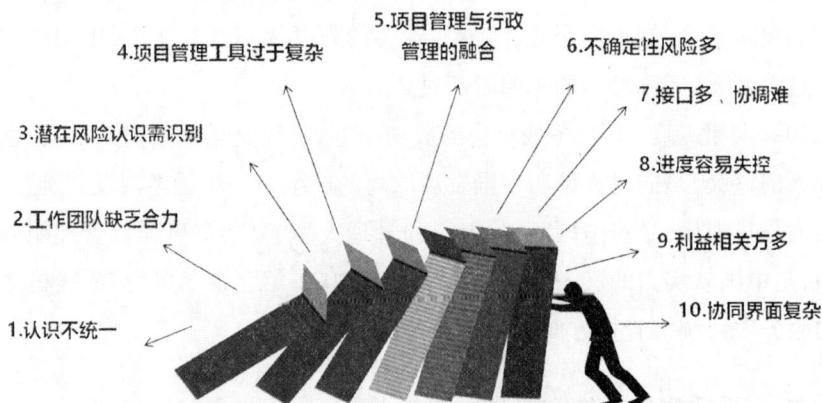

图 6-9　2022 年北京冬奥会、冬残奥会管理难点示意

三、项目管理思想、模式、技术、方法

(一)项目管理思想

基于上述分析,针对奥运项目极其特殊性,以传统的、线性指挥和控制为特征的行政管理方法,很难同时对项目的质量、进度、成本和风险等诸多方面进行全过程的指挥和控制,必须应用复杂项目管理的优势——统筹规划和系统集成,同时对多领域和多项目进行协调和控制,才能确保冬奥会筹办工作的多条战线和众多子项目,按期、高质、高效地顺利进行。

(二)立足全局、全过程,构建与运用"四纵一横"统筹管控体系

1."四纵一横"统筹管控体系

该体系是经过十五年大型活动的实践检验,其科学性、实操性得到各级政府高度认同,在 2022 年北京冬奥会、冬残奥会中得到具体应用,如图 6-10所示。

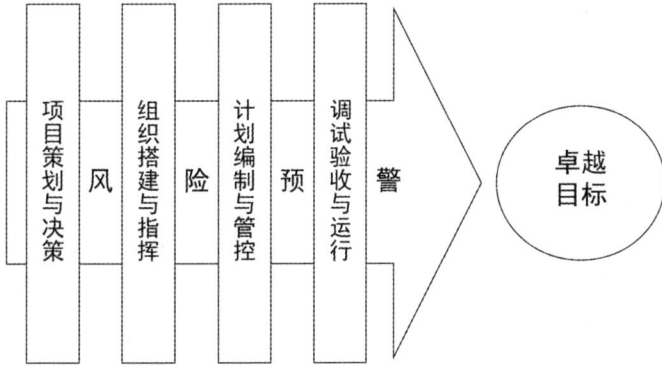

图 6-10　复杂大型赛事项目"四纵一横"示意

2.抓关键的"4 个统筹"

四个统筹是：通过方案整合、组织融合、计划协调、运行同步,抓全局、抓关键、抓风险管理、抓精准运行。

3.共下"一盘棋"、形成"五统一"

以共下"一盘棋"为抓手,在大局下谋划,在全局下行动,形成步调一致、行动统一、整体联动的良好工作格局,如图 6-11 所示。

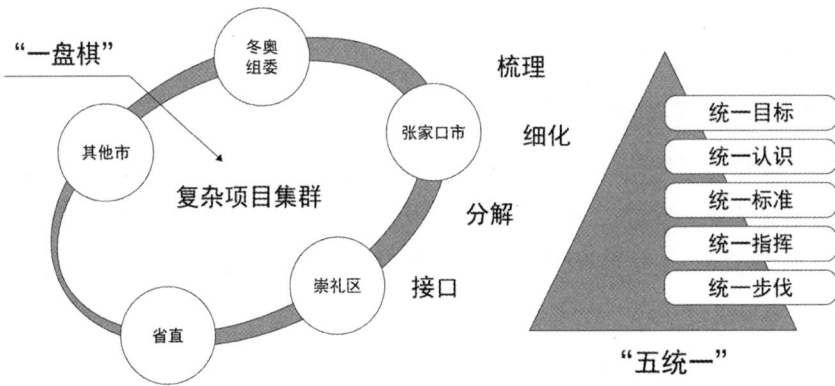

图 6-11　复杂大型赛事项目"五统一"示意

4. 组织保障是基础

"四纵一横"和"一盘棋""五统一"统筹管控体系,必须有相应的组织保障,2022 年北京冬奥会、冬残奥会的组织设置和功能,如图 6-12 所示。

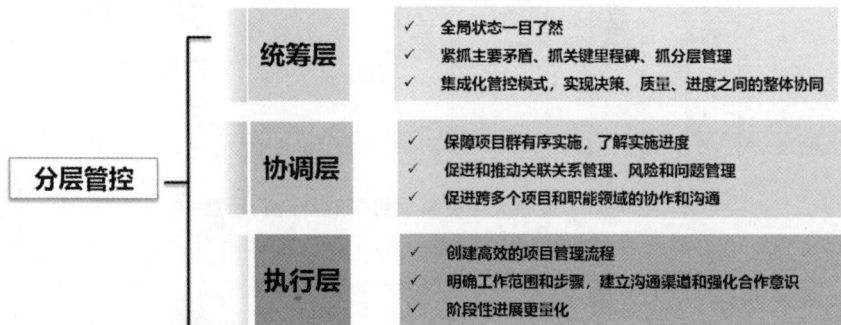

图 6-12   北京冬奥会、冬残奥会的组织设置和功能

(三)创新运行保障机制

以赛会服务为例,赛会服务是一个系统工程,统筹管控能力决定成败,在组织保障的基础上,须建立和完善分层管控机制、计划统筹机制、风险评估机制、议事决策机制、信息报送机制。

(四)创新复杂项目的计划管控

1. 统筹安排复杂的多级计划管理

复杂赛事项目的计划管理必须严格分级管理,如交通服务和管理人员培训的分级计划。对于交通保障子项目的全部计划,其分级更为复杂,稍有疏忽就会影响全局和全过程,必须层层落实各层次计划编制与管控落实。

2. 严密计划的编制流程

为了计划严谨可靠,实施严密的计划编制流程,图 6-13 所示。

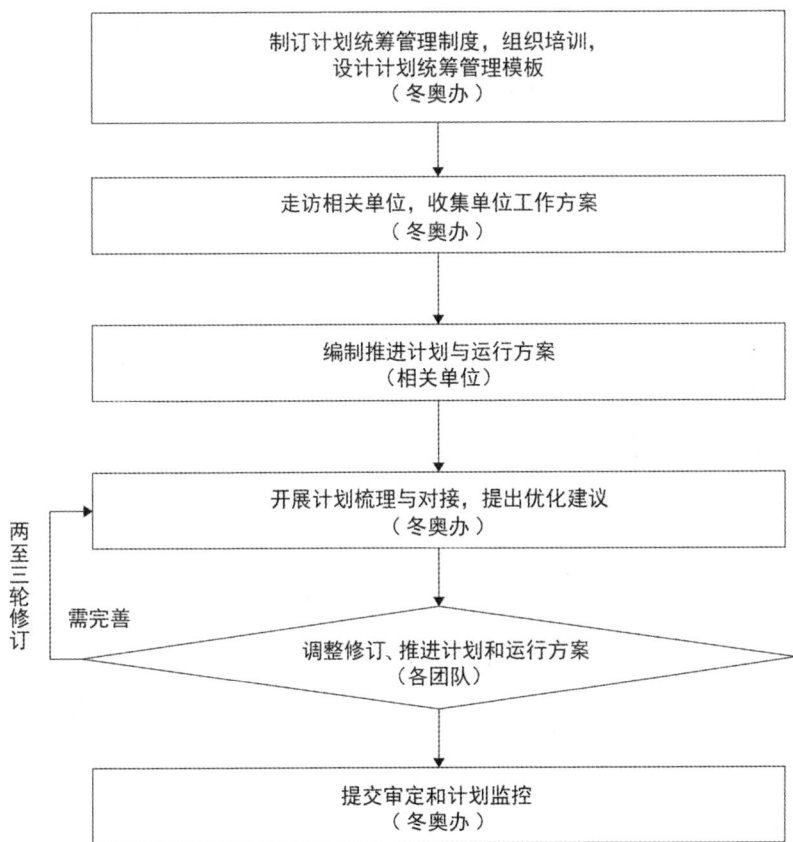

图6-13　北京冬奥会、冬残奥会计划编制流程

3. 开发与有效运用统筹整合与计划管控软件，以可视化管理保证各层次沟通、协同

由于从事该项管理的团队，有 2008 年北京奥运会、第十六届广州亚运会的成功管理经历，一些行之有效的软件、图表，也结合本项目得到了继承、借鉴及新的开发与运用，包括任务概要图、监控预警图、红绿灯警示、监控报告等，这里不再赘述。

通过上述工具和运行流程，确保实现：掌控全局、抓主要矛盾、抓里程碑任务、抓分层管理；实现相互关联交叉工作的界面协调；保证跨团队工作按计划有序地整体推进；为领导决策提供科学坚实的依据。

4.创新了统筹管控体系的主要方法

（1）事先做好赛时城市运行设计

实现全面统筹赛时运行工作，推动相关单位迅速转换工作思路，快速进入赛时状态，通过演练前置性消化潜在问题及风险，实现定时、定点、定岗，如图6-14所示。

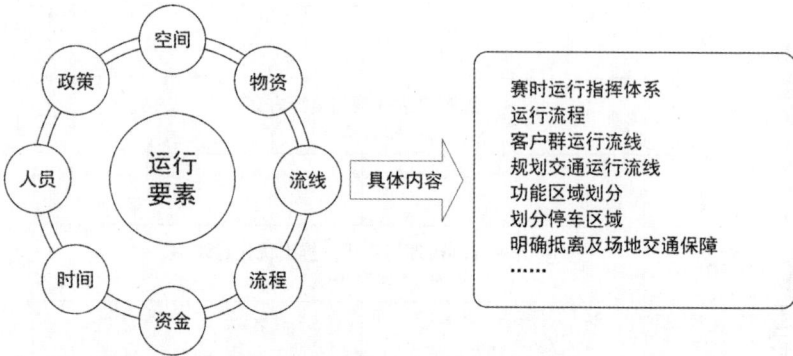

图6-14　北京冬奥会、冬残奥会的赛时城市运行设计

（2）建立复杂项目统筹管理新模式——督办系统

①"督办系统"

"督办系统"，采用"全周期、可视化、动态化"复杂项目统筹管理模式，融合行政管理与项目管理的优势，实现全过程管理，统一整合资源，统一文档管理，统一问题梳理、风险预控，既统揽全局、又把控关键节点，全过程防控风险，为复杂项目群提供综合管理服务平台，如图6-15所示。

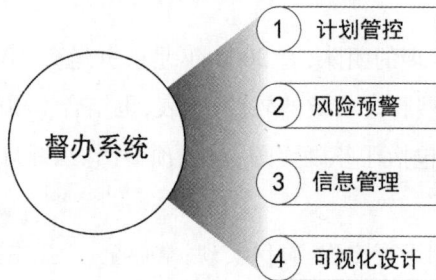

图6-15　北京冬奥会、冬残奥会的督办系统

②重视利益相关方管理,做好用户分类

基于复杂赛事项目的特点,按照分层管控原则,分为领导层、统筹层和执行层三层,用户共分为 7 类,实施如图 6-16 的管理。

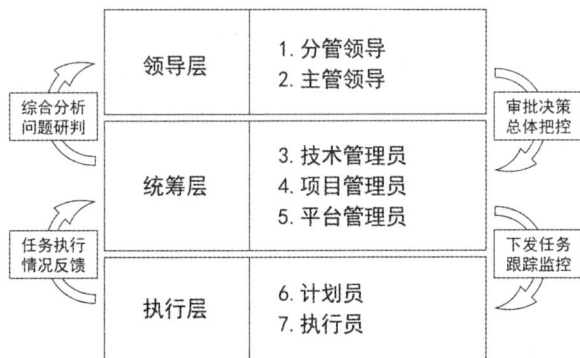

图 6-16　北京冬奥会、冬残奥会的利益相关方管理

③督办系统对复杂项目群的管控

对项目的立项、审批、招投标、建设、验收交付等各阶段的工作情况,进行全过程跟踪管控。以流程管理、计划管理、沟通管理为基础,监控预警为手段,在节点把控、预警提示、整体推进等环节运用可视化图形直观展示,做到“系统化管理、自动化跟踪、可视化汇报”。针对复杂赛事项目管控的需要和为有效破解难题,有针对性地设计开发了统筹概要图、关键节点图、监控预警图、协作网络图和分时控制图等。其效果是形成了合力,提高了效率,节省了成本,保证了进度,防控了风险,确保了质量。

④督办系统对事项的管控

针对即来即办、周期性较长、无明确时间节点的常态化或临时性的工作事项,通过督办催办和自动提醒功能,提高信息交互效率与行政办事效率,实现“办公无纸化、信息共享化、决策透明化”。

四、案例成果

2022 年 2 月 20 日,北京冬奥会圆满落幕。相比以往任何一届冬奥会,本届冬奥会交通服务保障面临的挑战超乎想象:新冠疫情防控导致传统交通运输服务模式发生巨大变化、两地三赛区 180 公里的时空间距、传统佳节下全国人口流动、高频不确定的运输服务需求,无不在考验赛事举办城市的交通管理能力。

面对诸多挑战,北京冬奥会交通服务保障团队全力做好冬奥会交通系统信息化保障工作,用信息化手段高效、安全地完成了冬奥交通保障任务,用复杂项目管理能力为举办一届简约、安全、精彩的奥运盛会提供有力运输保障,为全球首次闭环管理交通组织模式树立新标杆。2022 年 2 月 18 日,在北京冬奥会主媒体中心举办的新闻发布会上,国际奥委会主席托马斯·巴赫表示,北京冬奥会的闭环管理很成功。

冬奥交通运输人员管理与服务信息化系统,科学的复杂项目管理模式,为奥运大家庭人员和城市居民提供出行服务,通过人员调度、信息服务、一体化出行等方式,在完全隔离两类人群的情况下,保障其高效出行。

从 2008 年奥运会到 2022 年冬奥会,北京成为历史上首个"双奥之城"。十几年间,我国交通信息化发展水平显著提升,新科技、新手段、新管理已经应用到了本届冬奥会交通服务保障中。

大型赛事能积累大量的跨部门、跨区域、跨平台的协同调度与赛时交通事件分级应急指挥协同处置技术及实践经验。与 2008 年奥运会相比,本届冬奥会在各类信息化手段辅助下,交通组织更加高效。

"双奥之城"为奥林匹克添上新的荣光。交通服务保障的成功经验,将成为冬奥遗产的一部分,为重大活动交通保障提供新标杆。

五、案例启示

对于 2022 年北京冬奥会、冬残奥会这类大型复杂赛事项目的管理,必须有"顶层设计",结合"逐项落实",不能"碎片化"地就事论事。

对于复杂项目,计划指导尤其重要,重视复杂项目计划的总体编制,各下级层次计划的相互衔接、闭环管理和分层落实。

及时、准确管控,可视化反馈信息和沟通,是大型复杂赛事项目的重要神经系统,是"上下同欲者胜,同舟共济者赢"的必要保证。只有信息畅通,才便于上下、左右协同行动。

(案例提供单位:广州驭道项目管理有限公司;编制者:成瑞群、宋崇、鞠爽;审核者:曹蕾)

第九节　国际工程建设项目

本案例描述了巴西美丽山 800 千伏直流特高压输电复杂项目管理实践。

一、项目综述

巴西美丽山直流特高压输电二期项目(以下简称"美二项目")是巴西境内最大、世界第四大的美丽山水电站的输电工程,是目前世界上最长的±800千伏直流输电线路,也是巴西历史上规模最大的输电工程。美二项目是中国国家电网公司首个在海外独立投资、建设和运营的特高压直流输电工程,也是"特高压+清洁能源"在拉美的示范工程。项目动态总投资 152.3 亿人民币(87.9 亿雷亚尔),建成后年度送电量可达 200 亿千瓦时,将满足巴西东南部负荷中心约 2200 万人口的年用电需求,被巴西政府列为国家级重大工程。2015 年 3 月,巴西电力监管局(ANEEL)以 30 年特许经营权的方式向市场公开招标美二项目的投资运营商,2015 年 7 月 17 日,中国国家电网巴西控股公司(以下简称"巴控公司")以精准的报价在首轮开标一举成功中标。

美二项目工程范围主要分为"线路工程"和"换流站工程"两部分,包括新建一回±800 千伏特高压直流输电线路,两端欣古换流站和里约换流站及其配套工程。其中,线路工程北起亚马逊流域,止于东南部里约热内卢市,途经帕拉、托坎廷斯、戈亚斯、米纳斯、里约热内卢等五个州,81 个城市,经过亚马逊雨林、塞拉多热带草原、大西洋沿岸雨林三个迥异的地理气候区,跨越亚马逊、托坎廷斯河等五大流域、13 条河流,绕过 20 个自然保护区,地形多变、生态体系极其复杂、人文差异极大。

线路工程范围包括新建±800 千伏直流输电线路 2539 千米,输送容量 400万千瓦;欣古站接地极线路 37 千米;里约站接地极线路 150 千米、500 千伏同塔双回交流线路 32 千米和 500 千伏 π 接线路 13 千米,共分为 11 个标段,由来自中国和巴西的 5 家 EPC 承包商承揽。

换流站工程范围包括新建欣古换流站、里约换流站、两端接地极、里约接地极、8 座通信中继站,以及新伊瓜苏变电站扩建、π 接线路进线对应的福纳

273

斯变电站内改造工程,由中电装备公司总承包。

美二项目中标后,巴控公司按照巴西监管要求及时成立项目特许权公司——美丽山二期项目公司(XRTE),作为项目投资、建设和运营的责任主体单位,并于 2015 年 10 月 22 日与 ANEEL 正式签署美二项目 30 年特许经营权协议。协议规定项目投运时间为 2019 年 12 月 2 日,建设工期近 50 个月。其中,遵照巴西严苛的环保法规,几乎要用两年时间开展环境评估和保护方案的设计,直至所有环保方案得到巴西环保署(IBAMA)的审批通过,获颁施工许可证(LI),才能正式开工建设。美二项目建设的重要里程碑节点如图 6-17 所示。

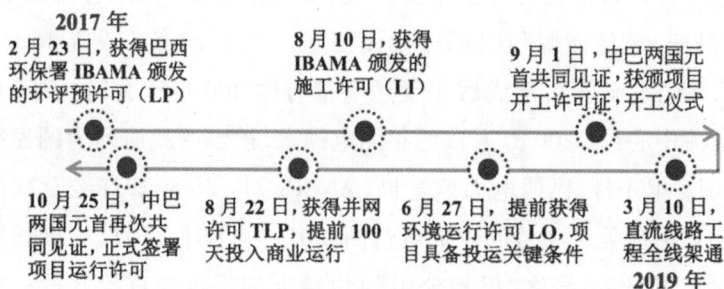

图 6-17　美二项目建设的重要里程碑节点

二、项目复杂性

作为目前世界上线路距离最长的特高压输电项目,又是我国在海外首次独立建设的超大型绿地输电项目,美二项目面临前所未有的复杂性,主要表现在:

(一)环境保护要求极其烦琐且严苛复杂,按时取得开工许可证压力巨大

巴西的环保法规条目达 2 万多条,是世界上环保法规最多的国家,所有工程都必须取得开工许可证(LI)后,才准许开工,而取证的审批程序十分繁杂、严苛。美二项目线路长度超过两千公里,对沿线发现的动植物和考古遗迹等要求全部采取针对性保护措施;对沿线经过的所有城镇和各种土著社区等,全部要求获得社区同意,满足他们的各种诉求,环评工作复杂、难度极大。加上

2016 年、2017 年巴西政府连续换届,导致政府机构工作极不稳定,各项审批拖延、停摆,给开工许可证的按时获取带来极大挑战。

(二)项目征地工作十分繁重复杂,难度极大

沿线地主多达 3370 个,必须一一谈判,并严格配合施工进度完成相应征地协议的签署工作,工作量十分繁重,法律、进度、成本、平衡等的权衡复杂。

(三)项目沿线和接口干系人类型多、数量大,各种索求繁杂迥异,沟通协调工作复杂、要求极高

项目沿线施工还涉及 270 处河流和各种设施的跨越,印第安部落等当地居民的各种形式的阻工,以及与其他输配电经营商线路和设施的接入等各类事项的项目干系人,都必须一一进行沟通、评估、应对各种额外要求,协调相关施工计划,迁移或改造部分受影响设施。所有迁改图纸和相关的征地、施工等涉及的所有手续、计划和资质等全部需要经过相应业主审批,并获得当地政府、主管机构或业主的跨越许可等正式批准方能施工,沟通协调工作量极大,技巧要求极高。

(四)施工条件恶劣,环境复杂,有效工期短,按时完工挑战巨大

巴西北部的雨季漫长,难以施工,有效施工期较短,进度稍有偏差就可能遭遇雨季而导致极大的延误;加上线路经过的亚马逊河流域、北部原始森林、里约山地等,气候、地理环境均十分复杂恶劣,给通道修筑、运输以及施工带来了极大的挑战;同时,项目路径、塔型塔高、施工计划等的设计必须与征地、环保、跨越审批、接口等工作的进度和结果相协调,变更较多,对进度控制要求极高;而且部分地区治安状况差、盗抢严重,时有黑恶势力阻挠等事件发生,对项目的工期、成本都带来不小的影响,按时完工挑战巨大。

(五)在国际上首次实现两回特高压直流输电工程联合协调控制系统,技术要求难度极大

项目包括能实现本项目与美丽山一期项目的两回特高压直流输电工程的协调控制、安稳控制和共用接地极控制等功能的"联合协调控制系统"(Master Control,简称 MC 系统)的开发,在国际上没有先例,系统开发和调试极其复杂,技术难度极大。

三、应用的项目管理理念、模式、技法与工具等

（一）聘请专业公司量身定制项目管理制度体系

美二项目公司成立之初就聘请德勤（Deloitte）公司，以项目管理知识体系框架为基础，借鉴国家电网公司的管理标准，结合巴西当地的实际情况和巴控的实践经验，量身定制了涵盖项目管理知识体系十大领域，总计 45 项项目制度流程（见图 6-18），为项目全过程高效、合规运作奠定了基础。

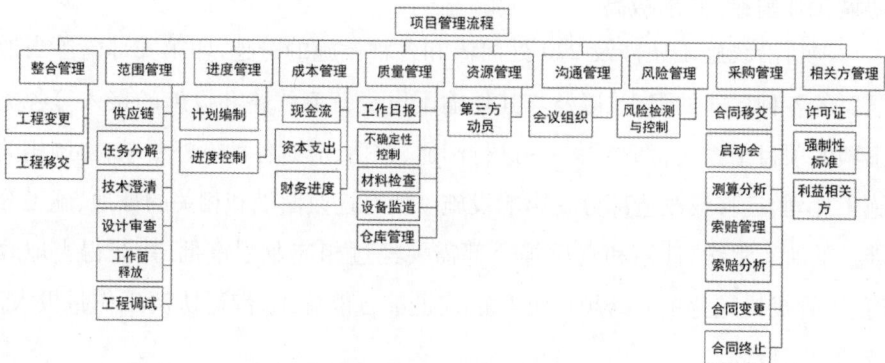

图 6-18 美二项目管理制度体系

（二）创新 HSQE（质量、安全、环境保护与职业健康）管理组织架构，系统建立适合巴西当地实际的 HSQE 制度体系文件

美二项目公司于 2017 年 5 月初成立了 HSQE（质量、安全、环境保护与职业健康）管理委员会，由项目公司 CEO（首席执行官）任委员会主任，CTO（首席技术官）和 CMO（首席环保官）任委员会副主任，下设三个分委员会，统筹推进美二项目的质量、环境、健康、安全和社会责任管理体系工作。

项目公司引入国家电网公司成熟有效的安全质量管控系列文件和先进施工方法，提升了项目公司安全、质量、进度管控水平，经高管会批准后下发各 EPC 实施。

（三）聘请专业公司系统构建项目风险控制、监测和应对流程体系，并参与项目日常风险管理

美二项目公司成立之初就聘请德勤公司，为项目构建了系统的风险管理流程体系，并采用同业对标、调查问卷、专项会议、现场调研等方法，辨识了项

目从前期规划到工程投产全过程共 10 个类别，338 个风险点。对这些具体的风险点，再根据其对项目成本、时间和影响范围的灵敏度确定其风险等级和应对措施。

（四）重视数字化转型，开发应用 GIS 三维可视化项目建设管理平台，提升项目管理效率

美二项目以三维地理信息系统（GIS）提供的真实、直观的三维虚拟可视化环境为基础，将各类工程实体及管理要素进行可视化数字表达，与现有各专业系统（如环境 SIRES、征地 AVGEO 等）兼容，整合形成了一个快捷、高效、全面的可视化项目建设管理平台，自动归并各类工程建设过程档案，实现建设档案一键化移交运维，大大提升了项目管理效率。

美二项目还应用 Construtivo 设计图纸审批系统，方便版本管理和审批流程。美二项目全过程应用 Construtivo 平台，对设计图纸传递、审核、批准、分发进行无纸化管理，每周根据图纸提交计划跟踪上传、审查、审批状态并滚动更新，促进了设计协同效率的提升，为竣工图一键化移交打下了技术基础。

四、项目管理创新点

一是制定了一套以 PMBOK 知识体系框架为基础的，结合了国家电网成功管理经验和巴西实际的完整的项目管理制度体系。二是系统建立了一套适合巴西当地实际的质量、环境、安全和职业健康管理制度体系文件。三是设计开发了 GIS 三维可视化项目建设管理平台。四是探索形成了一套有效适应海外复杂社会人文环境的"国际工程项目干系人管理模式"。五是探索形成了一套充分满足严苛环保需求的"巴西工程建设环保管理体系"。六是建立了一套高效的国际特高压输电工程项目管理体系和项目实施数据库。

五、成功应对重大风险及解决重大复杂问题

（一）重大风险管理

1. 项目动态投资管理

项目动态总投资风险大。由于美二项目是在海外，主要利用当地的资金，

利用当地资源建设的大型工程,融资的成本、汇率、原材料国际市场价格波动等的风险很大,对项目动态总投资影响极大,因此美二项目公司项目成本管理的难点和重点在于对项目动态投资的管理。

根据项目商业计划,资本金投入40%;长期债务融资60%,其中约31%巴西国家开发银行承诺给予长期贷款支持,剩余29%需要美二公司在资本市场上自行融资解决。原计划以长期债券的方式在巴西当地募集。在输电项目累计发行总量不到30亿雷亚尔的巴西基础设施债券市场,为单个项目发行45亿人民币(26亿雷亚尔)债券面临的高成本和发行失败风险是项目融资面临的最大挑战。

美二项目团队,敏锐抓住巴西国家开发银行于2018年开始市场化改革,推出的针对新招标项目的新政策贷款,其额度翻倍、期限延长,显然优于原长期债券的融资方案。大大减少了股东需要投入的资本金,极大降低了项目的融资成本,提升股东投资回报率。

创新应用自然对冲策略,节省外汇套保成本。项目公司最终通过在当地发行过桥债券的方式解决了项目前期资金缺口,预留股东注资用于美元采购,策略实施的实际效果良好,项目公司实际发生汇差成本7.5亿人民币(4.3亿雷亚尔),节约超过一半。

项目的整个动态投资比商业计划大幅降低7.57%,为项目商业目标的成功达成作出了不可或缺的贡献。

2. 规避路线方案

规避线路方案影响项目进度风险。在美二项目长达2500多公里的线路沿线要经过很多自然生态保护区或者原住民社区,美二项目只要有可能,就选择绕路方案,彻底规避IBAMA启动评估可能严重影响项目进度的风险。

3. 风险转移

通过合约将有关风险转移给承包商,以及购买保险等等,例如,美二项目公司与各EPC承包商签署的都是固定总价合同,尽可能地将大多数项目实施过程中的成本风险转移由承包商应对,而且事实也证明承包商是最有能力和动力应对这些风险的一方。美二项目EPC承包合同约定的主要风险责任分配如表6-1所示。

表 6-1　美二项目 EPC 承包合同约定的主要风险责任分配

业主承担的主要风险	承包商承担的主要风险
● 导线原材料——铝材的价格波动风险 ● 未获得预定的税务优惠政策 ● 因环保、征地原因，导致工程延期投运、路径长度变化、工程量变化和设计变更等 ● 甲供设备材料价格波动和不能按期运达现场 ● EPC 承包商由于财务状况等原因破产，致使重新招标选定新的承包商，耽误工期，增加造价	● 负责采购的设备材料价格波动 ● 人工、设备租赁等成本波动 ● 非环保、征地和业主原因，导致的延期投运、路径长度和工程量变化和设计变更等，包括： 　（1）地质、水文、气象参数变化，如过长的雨季导致窝工等 　（2）变电站系统设计、设备参数、导线配置、线路电气距离、施工措施和组织等方案变化，或原方案未获得监管部门批准

4. 风险减轻

风险减轻是美二项目风险管理应用最多的应对策略，在美二项目中大量采用加强沟通协调、加强检查、事先审批、聘用第三方监督审计等措施，来降低各种差错、舞弊等风险发生的可能性；如果没有降低风险发生可能性的措施，如巴西卡车司机罢工、政府换届等外部事件，完全无法预估其发生概率，项目公司坚持底线思维，策划如何减轻这些事件发生后对项目的影响的各种应急预案。

5. 接受策略

对项目各项目标影响规模很小的风险，采用接受策略，对其定期检查、监测，在时间和资金上预留一定的通用风险储备即可，不专门采取任何特殊措施。

在风险应对的具体实施中，美二项目根据风险的重要性和类别的不同，安排不同的专业部门或领导负责，做到每个风险点都有专人负责管理，确保每个风险点的应对实施都能闭环落实。

（二）成功解决面临的复杂问题

1. 创新拓展应用管理分解结构（Management Breakdown Structure，MBS）

本项目规模庞大，所涉管理工作类型繁多，传统的 WBS 较难完全涵盖项目建设的所有工作，创新拓展应用 MBS，较好地满足了复杂项目管理需要。

美二项目提出要不局限于项目产品及其工作本身，而以传统 WBS 为基础，将所有必需的管理工作全部涵盖进来，逐层分解至可管理的单元，并落实责任人和进度等管理目标,为项目整体的管理工作和成功奠定了坚实的基础。

项目初期完全定义项目范围十分困难,与复杂性相关的模糊性也使得项目范围随时间而频繁变更,为了有效践行 MBS 复杂项目范围管理,美二项目建立了系列的流程和工具,包括:WBS 定义流程、供应计划管理流程、技术澄清流程、设计评审流程、工作面释放流程、工程调试流程等,在整个生命周期中灵活地、较完整地定义了美二项目的范围,做到了整个项目工作分解结构无遗漏、无重叠、可管理,为项目各项管理工作的顺利开展奠定了良好的基础,并在项目实施过程中对整个项目范围的变化和范围不一致的问题进行了有效的控制。

2. 综合采用管理、技术、经济等多种措施

美二项目的进度管理中遇到一系列复杂情况和挑战:第一,施工环境条件恶劣,有效工期短,进度压力极大。而为了配合美丽山水电站发电能按时外送,又一再压缩工期,将原定的 60 个月建设工期压缩至 50 个月,进度压力极大,对进度计划的合理编制和实施控制的要求极高。第二,巴西工程项目启动时的设计深度远低于国内,后期变更较多,计划的不确定性大,变更多,执行难度高,对进度影响非常大。第三,巴西社会环境较为复杂,时有意外社会问题发生,阻碍项目正常实施,项目关键时刻又遭遇巴西政府连续换届,导致环保审批极度拖延,严重威胁项目进度。

美二项目公司综合采用了管理、技术、经济等多种应对措施,不仅确保项目按时完成项目进度目标,还整体提前 100 天竣工。

一是管理措施。(1)加强沟通,与干系人共同解决困难。美二项目没有盲目地把责任和压力全部压到承包商身上,而是加大与承包商的沟通力度,全天候、全方位地与承包商、施工现场进行沟通和协调,实时掌握现场资源调动和实际进度情况,做到对关键路径工作的精确判断;带领承包商共同思考、共同承担,针对各种困难挑战,灵活采取各种应对措施,及时纠正和弥补工程进展中出现的偏差和延误,为项目的整体成功奠定了坚实的基础。面对巴西政府换届,导致巴西环保署用于美二项目环保开工许可证审批因预算冻结而停摆,严重影响了项目进度的问题,通过国网巴控董事长亲自出面与环保署、总统办公厅等各级部门和领导密集沟通,商讨解决方案,还请中国大使馆与巴西政府沟通协调,最终推动巴西政府拨专款给环保署用于美二项目专项审批,为

项目进度目标达成赢得了关键的时间。（2）在复杂多变、不确定条件下，围绕项目关键路径加强策划，提前准备，确保关键路径进度。例如，当环保开工许可证审批停滞导致工程无法准时开工时，提前做好各项开工准备工作，包括所有设计图纸、混凝土特性、施工方案和安全措施都已提前获得项目公司批复，各类施工材料型号齐全，提前送达营地等，甚至为此提前支付承包商一部分费用，为在获准开工后，在施工中把进度赶上去铺平道路。

二是技术措施。充分利用巴西全机械化施工优势，尽量采用自动化作业，大规模采用换流站主体建筑的装配式施工，采用钢—混凝土全预制装配式防火墙混合结构型式、通过工厂生产预制和现场装配安装两个阶段建设，创新多项施工新技术，大大提升施工效率，加快了施工进度。采用基于 GPS 定位的场平自动化作业方案，掘进敷设一体化机械施工方案等，有效提高了土建施工效率，节省施工时间；在线路施工中，采用螺旋桩基础、预绞丝接续、无人机跨越放线等施工技术，保证了施工质量和进度；在±800 千伏直流线路跨越大河铁塔组立时，首次采用水上移动平台汽车式起重机组立铁塔下部（57 米），人工抱杆组立铁塔上部（104 米）的超高铁塔（全高 161 米）组立方案，加快了施工进度。

三是经济措施。为鼓励承包商加快进度，创新设立了承包商提前竣工的经济奖励机制，将项目提前所获收益的 50% 奖励承包商，由各承包商根据各自的贡献分享。这种奖励机制的关键是必须在项目整体提前竣工的前提下，承包商整体才能获得奖励。这一经济激励机制激发了所有承包商空前的干劲和高度的互帮互助热情，最终确保了项目整体提前 100 天竣工的目标达成。

项目提前 100 天竣工投入商业运行，获得额外收益 5.7 亿人民币（3.3 亿雷亚尔），创南美大型电力工程历史纪录，赢得了巴西电力监管部门和同行的一致赞誉和尊敬，为中国树立了良好的国际声誉。

3. 项目管理信息系统

本项目借助三维地理信息系统（GIS），构建了可视化、快捷、高效、全面的工程建设项目管理信息平台，提高了沟通效率，为各级领导迅速把握工程建设问题所在，作出正确决策提供了有力的项目管理信息系统。

（1）建立系统信息平台

系统以谷歌地球（Google Earth）为底层平台进行二次开发，利用卫片、航拍数据,结合已有各专业信息,构建三维实景数字沙盘和各功能模块,以满足不同使用场景及不同使用程度的需要。远期目标是扩展形成"巴控公司建设运维一体化管理平台"。

(2)平台主要功能

美二项目工程管理平台主要包括进度、征地环保、安全质量、资源管理、辅助运维等功能模块,整合兼容现有各专业系统(如:环境 SIRES、征地 AVGEO、设计和进度 CONSTRUTIVO 等),涵盖项目建设和运维移交两个阶段的管理功能。

一是工程进度管理。主要包括项目总体进度管理、专项工作进度管理以及细分专业进度管理三级进度管理体系。

二是征地、环保和跨越管理。征地管理:借助三维 GIS 平台和征地信息数据库的结合,将工程沿线的海量、多源、异构征地数据完整纳入平台的统一管理之下,并将各种类型土地协议(征地协议、赔偿协议、土地资产信息等)进行一一对应存储和管理,为后续工作提供法律依据,实现地价评估、地主信息跟踪维护等。

环保管理功能主要包括:整合全线自然保护区、天然洞穴、受保护动植物、社会人文、考古等信息,为项目全寿命环保取证和更新提供依据。

跨越管理:面对美二项目的复杂地理及建设内容,跨越管理功能主要包括:整合各类型跨越信息,辅助精准定位跨越,制订跨越方案,并友好地向监管机构展示,利于及时获得跨越审批。

三是线路路径优化。在平台上整合全线路径设计相关信息,通过可视化表达,在设计阶段就可有针对性地对环境保护区、进场通道困难等区域进行避让,达到路径优化的目的。

四是工程风险管理。针对巴西工程建设行业中存在的各种风险要素(征地、环保、考古、劳工、税务、监管等)进行梳理和分析,形成风险矩阵,采取防控措施,最大程度地降低项目风险。

五是安全质量管理。利用平台整合巴西职业健康、工程质量规范,并引用国家电网公司特高压建设相关管理规范,固化"标准执行—事故报告—整改反馈—批准闭环"流程,提升了项目安质管理水平。

六是资源管理。平台根据不同管理任务的需要,结合三维 GIS 平台,提供基于全线或者分标段的物资供给信息管理功能,直观呈现各个环节物资详细信息。

七是辅助运维管理。平台在工程建设阶段的数据积累、功能开发一键移交的基础上,进一步延伸和拓展到运维阶段,实现了基于 Lidar 点云数据处理和分析的电力巡线、抢修及辅助决策功能。

美二项目建设的沟通协调任务极其繁重艰难,项目信息管理平台有效地帮助项目团队克服了无数的外部协调难题和障碍,保证了项目实施的总体进度,为美二项目高质量提前建成投运提供了有力的保障。

4. 精细的项目跨文化管理

整个国网巴控公司和美二项目公司团队中都是巴西本地人占了绝大多数,对中方人员来说是一个完全国际化的团队,文化差异天然存在。项目公司高管团队采取了一系列措施和努力来促使中巴人员尽快跨越文化障碍,融合形成具有战斗力的团队。

第一,主要管理岗位实行中巴人员交错配置,加快团队融合。在同一职能专业线上的上下级相邻岗位尽量安排中巴员工交错配置,如 CTO 是中方人员,则 CTO 分管的线路处主任、换流站处主任就安排巴方员工担任;CMO 是巴方员工,则其分管的计划处主任、环保处主任、征地处主任均安排中方员工担任。

对于各级领导岗位都尽量按照中巴人员交错的方式,设置正副职,例如 CEO 是中方员工,则专门设置了由巴方员工任职的副 CEO 岗位。通过这种创造性的中巴员工岗位充分交错配置的方案,以最快速度促进了中巴员工的融合,迅速提高了双方的相互理解和凝聚力,加快了跨文化团队的形成和成熟。

第二,倡导跨越文化差异的公司文化。中巴文化虽然有较大差异,但总有一些文化是跨越文化差异而被所有社会普遍接受的"黄金法则",例如公平、相互尊重、避免个人和公司利益冲突、保护公司资产、保护知识产权等。公司尽量塑造倡导一个以所有人都普遍接受的理念为基础的公司文化,巴控公司一开始就制定了公司的"员工行为法则",规定了公司倡导的文化和行为准则,中巴员工共同遵守。此外,公司高管团队带头以身作则,在任何事情的处置中都坚持首先做到公司文化中所倡导的各种理念,尤其是公平。公司高管的这种坚持带动了公司的绝大多数员工,大家都很愿意接受这种双方都能接受的共同理念,在这种共同理念基础上的沟通就会顺畅很多,从而做到求同存异,不强求大家消除相互之间的差异,只需要沟通时的理念一致即可,就像用同一种工作语言。

提高中国和巴西骨干员工对两国文化、公司理念的了解,尊重对方,是应对文化差异的重要途径。公司常以参加培训、国内开会等事项派遣巴西骨干员工去中国,实地了解公司,增加对公司的信心。很多巴西骨干员工到中国了解到国网的规模和实力后,油然产生了对公司的尊重感和归属感,大大提高了沟通效率。对于有过中国工作学习经历的,对中国熟悉程度相对大的应聘者,在同等条件下也优先录取,能减少不少磨合时间。中方员工了解巴西文化、理解巴西员工的工作思考交流方式,才能够提高互相理解,互相配合达到共同目标。通过中巴员工座谈、专业交流等,很多中方员工在工作中不断理解巴西的电力市场监管方式、工作方式、经济运行方式的基础上,在巴西开展工作更加游刃有余。

一是克服语言障碍。在公司中,中方员工占绝对少数,讨论问题往往是一大群巴西本地人夹着一个中国人,基本都是使用葡萄牙语讨论。因此,为了消除中方员工语言的障碍,项目公司的所有中方员工到巴西后,坚持学习葡萄牙语,一两年下来,基本上都能够用葡萄牙语进行一般交流和阅读了。

二是克服工作理念差异。巴西员工和中国员工最初在工作理念上存在巨大差异,巴西员工注重生活,有着明确清晰的工作和娱乐时间安排,以前从来没有加班概念,而且巴西法律也明显保护劳工,不允许强迫加班;而中国员工则大部分工作第一,频繁加班。对此,中方员工一方面利用各种细小机会向巴方员工坦陈自己的想法,使得巴方员工逐渐理解了中方员工的理念,也以自己的行动和友谊带动了巴方员工,最后巴方员工在需要的时候也能跟中方员工一样冲锋在前,彻夜加班了;另一方面,中方员工也尽量合理安排工作,不安排不必要的加班。

三是克服工作布置方式的不同习惯。中方领导在进行组织内部协调和工作安排时,大多时候通过正式或非正式的直接吩咐即可实现,但对巴西员工不仅需要告知其"要做什么",更重要的是告诉他"为什么要做什么",需要征得员工的同意和认可,才会去执行。在经过一段时间的实践后,公司决定遵从巴西文化习惯,在布置工作时,改为通过召集相关人员开会,在会议上逐条说明并与参会人员达成共识的方式进行。这种方式逐渐成为在巴西组织安排工作最有效的内部协调和分工办法。

四是开展文化建设,创造和谐共处氛围。美二项目想方设法以员工感兴趣的方式,因地制宜地相继开展各种公司文化建设活动,例如,组织中巴沙滩排球赛、周末环湖家庭长跑,举办巴西风格的员工生日派对、汉语学习班、书法学习班、举办公司年会,以及邀请巴方人员去中国交流等。公司领导只要有可能,都尽量带头参加,对提高团队凝聚力,促进中巴文化融合,增进中巴员工相互之间的理解起到了不可或缺的作用。

五是积极履行企业社会责任,为推进"一带一路"建设贡献力量。美二项目建设过程中,企业积极履行社会责任,投入超 1500 万雷亚尔,实施社会责任项目 19 个。这些活动彰显了企业社会责任,被誉为"用五千年文明之心呵护巴西的绿水青山",用实际行动诠释了"共商、共建、共享"的"一带一路"倡议的内涵。

六、项目成效

2015 年 7 月,国家电网有限公司独立中标"美二项目"。2017 年 9 月和 2019 年 10 月,在习近平主席和巴西总统的共同见证下,美二项目分别获得巴西政府颁发的开工许可和投运许可,圆满实现项目目标。

该项目是国家电网有限公司服务和推进"一带一路"建设并在海外成功落地生效的重大项目,是中巴两国遵循"共商、共建、共享"的理念在能源领域实现国际产能合作双赢的典范。

作为中国在海外首次独立建设的大型绿地输电项目,项目定制了规范的项目管理体系,涵盖 PMBOK 十大领域,总计 45 项制度流程;同时开发 GIS 三维可视化项目管理平台和 Construtivo 设计图纸审批系统,应用于项目管理全过程,工作成效主要包括:

一是实现了"安全零事故、质量零缺陷、环保零处罚"目标,更创纪录地提前 100 天投运,是巴西严苛的环保要求之下近十年来首个环保零处罚的大型电力工程。

二是坚持遵循"共商、共建、共享"的核心理念,建设期间为巴西当地创造税收 38.1 亿人民币(约 22 亿雷亚尔),为巴西提供了约 40000 个就业岗位,高峰期有约 16000 名中巴建设者参与建设;同时带动了超过 50 亿元人民币的中国国产特高压电工装备进入国际市场,整个项目周期实现了中巴互利双赢、共同发展。

三是项目动态总投资节省 12.5 亿人民币(7.2 亿雷亚尔),投资回报率增加 6 个百分点。

四是积极履行社会责任,被巴西标杆管理机构授予 2019 年巴西社会环境管理最佳实践奖。

五是建立了一套有效适应海外复杂社会人文环境的"国际工程项目利益相关者管理模式",为推进"一带一路"建设落地生效提供了一种可借鉴的模式。

六是契合"绿水青山就是金山银山"的理念,形成了一套充分满足严苛环保需求的"工程建设环保管理体系"。

七是培养了一支海外特高压建设管理人才梯队;构建了中巴两国之间特高压技术、标准、装备交流互通的物流、人流、信息流渠道;积累了一套管理、技术、承包商和财务数据库,可推广到其他海外特高压项目。

本项目 2020 年获 PMI(中国)项目奖"年度大奖"。

七、项目的重要启示

(一)风险管理和应对

在复杂项目中,风险管理和应对极为重要。纵观美二团队的应对措施和过程,可以总结以下几条经验和启示:

一是坚持系统思维,首先要全面系统地预判该风险事件可能引发的全部次生风险,必须全面控制次生风险的发生和蔓延,要杜绝发生连锁反应;必须放弃幻想,根除缝缝补补,小打小闹,寄希望于外部的消极等待思想,要对项目后续的整体工作安排进行全面系统的调整,做好全面准备。

二是坚持底线思维,做好底线准备。要尽最大可能策划各种降低风险事件影响的应对预案,做到心里有底,并提前做好各种相关储备,以防万一。

三是对风险事件的应对,一定要坚持到底。项目团队一定要有坚强的意志、斗志和韧劲,绝不能有绝望、厌战、听天由命、自我开脱等各种懈怠心理,坚持到底,直到最后一刻也绝不放弃。

四是项目团队一定要非常熟悉当地国情、监管规则以及相关方的审批流程和决策程序,以便在合规前提下及时根据项目进度调整协调沟通策略。

(二)国际化发展战略

基于贯彻国家"走出去"国际化发展战略,关于管理好复杂工程项目全过程能力的启示如下:尽早确立国际化战略,早做准备,积极主动,及时抓住可能瞬息即逝的机遇。"准备"是重点,准备是不断地打基础,让自己具有能够把控机遇的能力,也就是一个内强素质的过程。

国家电网公司早在 2005 年左右,就从总部层面开始探索国际化发展路径,逐步确立了公司的国际化战略。此后多年来孜孜不倦努力,多方面探索实践,时时刻刻准备着。

(三)推动构建人类命运共同体理念

美二项目成功最根本的要素,是从项目顶层设计上,就贯彻"推动构建人类命运共同体理念",遵循"共商、共建、共享"原则;契合"绿水青山就是金山银山"的环保意识,在这些思想指导下,艰苦奋斗,使得项目成为"一带一路"建设的成功范例,起到提升企业品牌、知名度,加强企业国际竞争力和影响力,加速建成世界一流企业的步伐。

(四)精细的多元文化整合、跨文化管理

美二项目证实,精细的多元文化整合、跨文化管理,是成功实现复杂项目的基本功。正如美二项目所面临的多元文化和跨文化的挑战,没有整合多元文化的能力,就不可能获得这样一个复杂项目的成功。

(五)建立科学人才结构

凝聚人才,建立科学的人才结构;在人力资源管理中,合理储备、周密计划、灵活调配;既尊重相关劳动法律、法规,又充分授权、调动人的工作积极性和主动性;既发挥中方员工的主导作用,又尊重巴方员工、发挥他们的优势,构建成一个为共同愿景奋斗的团队,这是美二项目战胜困难、取得成功的根本保证。

(案例提供单位:国家电网巴西控股公司;编制:赵炜炜;审核:肖斌)

参 考 文 献

［1］安迪·莫雷（Andy Murray）等:《PRINCE2™——成功的项目管理方法论》中文版,王文周、周啸东等译,TSO Ltd2009 年版。

［2］安宏、高学东、曾德华等:《基于因子分析和模糊数学方法的综合评估》,《计算机工程》2008 年第 18 期。

［3］白思俊:《系统工程导论》,中国电力出版社 2015 年版。

［4］白思俊:《现代项目管理》,机械工业出版社 2010 年版。

［5］彼得·德鲁克:《管理的实践》,齐若兰译,机械工业出版社 2006 年版。

［6］彼得·德鲁克:《卓有成效的管理者》,许是祥译,机械工业出版社 2003 年版。

［7］成思危:《复杂科学与系统工程》,《管理科学学报》1999 年第 2 卷第 2 期。

［8］陈晓萍:《跨文化管理》(第 3 版),清华大学出版社 2016 年版。

［9］陈星光、朱振涛:《复杂系统视角下的大型工程项目管理复杂性研究》,《建筑经济》2017 年第 1 期。

［10］陈津津、刘胜、甘浪:《基于模糊综合评价的新产品开发项目后评价研究》,《经营管理者》2011 年第 5 期。

［11］戴汝为:《系统科学及系统复杂性研究》,《系统仿真学报》2002 年第 11 期。

［12］杜栋、庞庆华、吴炎:《现代综合评价方法与案例精选》第 2 版,清华大学出版社 2008 年版。

［13］丁荣贵:《丁荣贵对话何清华:以创新思维应对项目复杂性》,《项目管理评论》2021 年第 6 期。

［14］丁荣贵:《项目治理:实现可创新的管理》(第 2 版),中国电力出版社 2017 年版。

［15］丁荣贵、高航、张宁:《项目治理相关概念辨析》,《山东大学学报》2013 年第 2 期。

［16］丁宝奎、张力晨:《电力企业科技项目后评估指标体系与例证分析》,《科学学与科学技术管理》2007 年第 10 期。

［17］符志民:《航天工艺》,中国宇航出版社 2022 年版。

［18］符志民:《航天型号质量》,中国宇航出版社 2021 年版。

［19］符志民:《航天项目评价》,中国宇航出版社 2020 年版。

［20］符志民：《航天项目风险管理》，机械工业出版社 2005 年版。

［21］符志民：《一次成功矩阵式质量管理模式》（GB/T 38355—2019），中国标准出版社 2019 年版。

［22］符志民：《系统工程与项目管理的关系及项目成功》，《清华管理评论》2019 年第 1—2 期。

［23］符志民：《追求卓越一次成功的矩阵式质量保证模式》，《中国质量》2018 年第 7 期。

［24］符志民：《质量管理成熟度模型评价》，《项目管理技术》2011 年第 3 期。

［25］符志民：《企业风险管理成熟度模型》，《科学研究月刊》2009 年第 4 期。

［26］符志民：《企业风险管理成熟度评价研究》，北京大学博士后研究报告，2008 年。

［27］符志民：《基于随机网络模拟的航天项目风险分析和评估》，《系统工程与电子技术》2007 年第 29 卷第 3 期。

［28］符志民：《系统工程开发管理分配论》，《中国科技论坛》1994 年第 6 期。

［29］符志民：《系统工程费用分析》，《全国企业数量经济学会第十一次会议优秀论文集》，《数量经济技术经济研究》1993 年 10 月。

［30］［美］防务系统管理学院：《系统工程管理指南》，国防科工委军用标准化中心译，宇航出版社 1992 年版。

［31］［美］防务系统管理学院：《工程项目管理手册》，国防科工委军用标准化中心译，航空工业出版社 1992 年版。

［32］［英］弗雷德里克·哈里森、丹尼斯·洛克：《高级项目经理》，操先良译，经济管理出版社 2006 年版。

［33］范拓源、袁晓俭：《科学技术创新复杂性系统研究》，《科技创业月刊》2007 年第 10 期。

［34］方炜、孙树栋、郭云涛：《企业新产品研发项目成功标准的系统界定》，《中国软科学》2005 年第 11 期。

［35］葛荣晋：《中国管理哲学通论》，中国人民大学出版社 2012 年版。

［36］顾强、杨卫华、戴大双：《项目治理的理论研究与进展评述》，《项目管理》2012 年第 2 期。

［37］国际项目管理协会：《组织项目管理能力基准——组织项目管理能力开发指南》，中国电力出版社 2021 年版。

［38］国际项目管理协会：《个人项目管理能力基准：项目管理、项目集群管理和项目组合管理》（第 4 版），中国优选法统筹法与经济数学研究会项目管理研究委员会译，中国电力出版社 2019 年版。

［39］国际项目管理协会：《国际项目管理专业资质认证标准（ICB 3.0）》，中国（双法）

项目管理研究委员会译,电子工业出版社 2006 年版。

　　[40]哈罗德·科兹纳:《应用项目管理:最佳实施实践》,徐成彬、王小丽译,电子工业出版社 2003 年版。

　　[41]哈罗德·科兹纳:《组织项目管理成熟度模型》,张增华、吕义怀译,电子工业出版社 2006 年版。

　　[42]何旭东:《基于复杂性分析的大型工程项目主体行为风险管理研究》,《技术经济与管理研究》2018 年第 2 期。

　　[43]贺玉德、马祖军:《基于 CRITIC-DEA 的区域物流与区域经济协同发展模型及评价——以四川省为例》,《软科学》2015 年第 3 期。

　　[44]户鲲、李睿:《航天型号项目管理成熟度评价体系构建及方法研究》,《航天工业管理》2018 年第 6 期。

　　[45]华斌、何丽:《科技项目验收评估管理与决策模型研究》,《科学学与科学技术管理》2007 年第 28 卷第 2 期。

　　[46]金观涛、华国凡:《控制论和科学方法论》,科学普及出版社 1983 年版。

　　[47]巨见国、汤万金:《科技评价理论与方法——基于技术增加值》,中国计量出版社 2008 年版。

　　[48]贾凤亭:《技术创新的复杂性思考》,《辽宁工程技术大学学报(社会科学版)》2003 年第 1 期。

　　[49]蒋卫平、李永奎、何清华:《大型复杂工程项目组织管理研究综述》,《项目管理技术》2009 年第 12 期。

　　[50]金海燕、王峥:《项目复杂性的内涵、评测及管理研究综述》,《工程管理学报》2015 年第 6 期。

　　[51][美]加里·哈默、比尔·布林:《管理大未来》,陈劲译,中信出版社 2008 年版。

　　[52][美]加里·哈默、比尔·布林:《管理大未来》,陈劲译,中信出版社 2012 年版。

　　[53]克莱顿·克里斯坦森:《创新者的窘境》,胡建桥译,中信出版社 2014 年版。

　　[54]兰登·莫里斯:《持久创新:创新原则、创新战略和创新方法的权威指南》,林均烨等译,经济科学出版社 2011 年版。

　　[55]栗子、关山云、瑞丰:《项目管理知识体系(大纲)通用 1.0 版本》,经济日报出版社 2012 年版。

　　[56]路易斯·L.布西亚瑞利:《工程哲学》,安维复等译,辽宁人民出版社 2008 年版。

　　[57][澳]罗斯·加兰(Ross Garland):《项目治理—有效项目决策的实践指南》,汪小金、易洪芳译,中国电力出版社 2014 年版。

　　[58]罗伯特·K.威索基:《有效的项目管理:面向传统、敏捷、极限项目》(第 5 版),费琳译,电子工业出版社 2011 年版。

［59］罗德尼・特纳、斯蒂芬・西米斯特：《项目管理手册》，李世其、樊葳葳译，机械工业出版社 2004 年版。

［60］刘余善、谷宝贵：《实用管理系统工程》，浙江人民出版社 1983 年版。

［61］李俊萍、王静平：《浅析 IT 项目管理办公室》，《科技咨询导报》2007 年第 12 期。

［62］李世超：《论技术复杂性及其导致的社会脆弱》，《科学学与科学技术管理》2005 年第 11 期。

［63］李仕峰、杨乃定、刘效广：《基于熵和证据理论的 NPD 项目复杂性模糊评价》，《管理工程学报》2013 年第 1 期。

［64］李夏、戴汝为：《系统科学与复杂性（1）》，《自动化学报》1998 年第 2 期。

［65］李夏、戴汝为：《系统科学与复杂性（2）》，《自动化学报》1998 年第 4 期。

［66］刘汶荣、李建华：《技术创新的复杂性特征研究》，《当代经济研究》2008 年第 8 期。

［67］陆巍：《项目管理成熟度模型帮助企业走向卓越》，《管理工程学报》2002 年（增）刊。

［68］［美］罗・马里诺夫：《哲学史一剂良药——用思想大师的智慧开解日常生活的难题》，黄亮译，新华出版社 2010 年版。

［69］鲁晶晶、谭宗颖、万昊：《关于科技项目成果评估研究内容的分析与思考》，《科学管理研究》2016 年第 1 期。

［70］罗蕾、吴晓明：《来自复杂性科学的管理学新概念》，《南京财经大学学报》2007 年第 6 期。

［71］吕帅：《我国制造业企业新产品开发项目关键成功因素实证研究》，中国科学技术大学硕士学位论文，2010 年。

［72］马克斯・韦伯：《社会科学方法论》，李秋零、田薇译，中国人民大学出版社 1999 年版。

［73］［意］马塞洛・斯帕格努洛、里克・弗利特、毛罗・巴尔杜奇尼、费德里科・纳西尼：《航天项目管理：方法与工具》，周建平译，国防工业出版社 2013 年版。

［74］马旭晨等：《工商企业项目管理》，中国铁道出版社 2019 年版。

［75］马旭晨：《项目经理能力解析》，中国建筑出版社 2014 年版。

［76］马旭晨：《现代项目管理评估原理与实务》，机械工业出版社 2008 年版。

［77］马旭晨：《项目管理成功案例精选》，机械工业出版社 2010 年版。

［78］马旭晨：《项目管理工具箱》，机械工业出版社 2009 年版。

［79］马旭晨：《现代项目管理评估》，机械工业出版社 2005 年版。

［80］马旭晨：《中国项目管理通用知识体系纲要》，中国项目学会 2014 年版。

［81］马旭晨：《浅议企业多项目管理与企业战略》，《管理过程学报》2003 年第 9 期。

［82］马旭晨、马尔航：《项目管理哲学简论》，经济日报出版社 2014 年版。

[83]马旭晨、马尔航:《项目知识管理刍议》,《项目管理技术》2005 年第 4 期。

[84]马旭晨、马尔航:《项目管理哲学内涵浅析》,《项目管理技术》2002 年第 6 期。

[85]马旭晨、曹蕾、孟宪和:《大型社会公众活动项目集统筹整合管理探析》,《项目管理技术》2010 年第 10 期。

[86]马尔航:《项目集整合管理的研究与应用》,福州大学硕士学位论文,2013 年。

[87]马尔航、马旭晨:《项目管理中一般科学方法论的探究》,《项目管理技术》2012 年第 11 期。

[88]马修·科里托雷、阿米尔·戈德伯格、萨米尔·斯里瓦斯塔瓦:《企业文化新分析法》,刘筱薇译,《哈佛商业评论中文版》2020 年第 2 期。

[89]毛卫平、韩庆祥:《管理哲学》,中共中央党校出版社 2003 年版。

[90]《毛泽东选集》第一卷,人民出版社 1960 年版。

[91]梅林:《项目管理成功中的关键人力因素研究》,南开大学硕士学位论文,2005 年。

[92]莫泓铭:《基于熵和 D 数理论的 NPD 项目复杂性模糊评价》,《攀枝花学院学报》2020 年第 5 期。

[93]孟凯韬:《哲理科学简论》,科学出版社 2019 年版。

[94][瑞典]穆勒:《项目治理》,邵婧婷译,电子工业出版社 2011 年版。

[95][美]美国项目管理协会:《项目复杂性管理实践指南》,中国电力工业出版社 2014 年版。

[96][美]美国项目管理协会:《项目组合、项目集和项目治理实践指南》,电子工业出版社 2016 年版。

[97][美]哈罗德·科兹纳:《项目管理——计划、进度和控制的系统方法(第 12 版)》,杨爱华等译,电子工业出版社 2018 年版。

[98][美]美国项目管理协会:《项目管理知识体系指南(PMBOK 指南)(第六版)》,电子工业出版社 2018 年版。

[99][美]美国项目管理协会:《项目集管理标准(第 4 版)》,电子工业出版社 2019 年版。

[100][美]美国项目管理协会:《项目组合管理标准》,电子工业出版社 2019 年版。

[101]牛静敏:国外项目成功评价标准比较研究,《经济论坛》2010 年第 2 期。

[102]欧立雄、肖勇:《企业项目办公室的职能研究》,《工业工程》2007 年第 7 期。

[103]戚安邦:《项目论证与评估》,机械工业出版社 2018 年版。

[104]钱学森:《工程控制论》,戴汝为、何善堉译,上海交通大学出版社(新世纪版)2007 年版。

[105]钱学森等:《论系统工程(新世纪版)》,上海交通大学出版社 2007 年版。

[106]钱学森等:《论系统工程》,湖南科学技术出版社 1982 年版。

［107］齐磊磊：《系统科学、复杂性科学与复杂系统科学哲学》，《系统科学学报》2012年第3期。

［108］钱学森、于景元、戴汝为：《一个科学新领域—开放的复杂巨系统及其方法论》，《自然杂志》1990年第1期。

［109］齐磊磊：《论"系统科学""复杂性科学"之异同》，《系统科学学报》2008年第4期。

［110］［以色列］齐格芒德·布鲁夫班德：《质量大震撼——来自质量大师的经典智慧》，林海译，中国标准出版社2006年版。

［111］钱学森、许国志、王寿云：《组织管理的技术——系统工程》，《文汇报》1978年9月27日第1、第4版。

［112］任静：《提高多指标决策客观性的赋权方法》，《管理评论》2012年第24期。

［113］孙新波：《管理哲学》，机械工业出版社2018年版。

［114］上海市高校《马克思主义哲学基本原理》编写组：《马克思主义哲学基本原理（第七版）》，上海人民教育出版社2002年版。

［115］沈建明、夏明：《现代国防项目管理》，机械工业出版社2006年版。

［116］沈建明：《中国国防项目管理知识体系》，国防工业出版社2006年版。

［117］宋学峰：《复杂性、复杂系统与复杂性科学》，《中国科学基金》2003年第5期。

［118］陶俐言：《国际项目经理能力提升方略与实践》，兵器工业出版社2019年版。

［119］［美］托马斯·库恩：《团队教练》，无言译，中国水利水电出版社2004年版。

［120］王润良、郑晓齐、孙建平：《技术复杂性及其对组织结构的影响》，《科学学研究》2001年第3期。

［121］王卫东、袁家军、欧立雄：《"神舟"飞船项目管理成熟过程及成熟度模型建立》，《航天工业管理》2006年第6期。

［122］王文文：《机械制造企业产品研发项目管理后评价研究》，山东大学硕士学位论文，2016年。

［123］王燕玲：《技术复杂性与科技评价标准选择》，《科学学研究》2005年第6期。

［124］王一鸣、陈虎：《技术复杂性视角下的研发产业确立》，《科学管理研究》2014年第4期。

［125］王雨田主编：《控制论信息论系统科学与哲学》，中国人民大学出版社1986年版。

［126］王再进：《谈谈技术复杂性的内涵、特性及分析维度》，《全国商情（经济理论研究）》2007年第13期。

［127］王卓甫、张显成、丁继勇：《项目管理与项目治理的辨析》，《工程管理学报》2014年第6期。

[128]吴国林:《论技术本身的要素、复杂性与本质》,《河北师范大学学报(哲学社会科学版)》2005年第4期。

[129]吴彤、胡晨:《论技术复杂性》,《科学学研究》2003年第2期。

[130]吴闻川、白思俊:《国防科研院所项目管理能力评价指标体系的构建研究》,《世界科技研究与发展》2018年第1期。

[131]熊竹:《我国科研院所项目管理成熟度模型》,《科学学与科学技术管理》2005年第6期。

[132]薛岩、欧立雄译:《OGC.PRINCE2——成功的项目管理(第3版)》,机械工业出版社2004年版。

[133]薛惠锋、杨景、李琳斐:《钱学森智库思想》,人民出版社2016年版。

[134]西门子工业软件公司:《工业4.0实战——装备制造业数字化之道》,机械工业出版社2016年版。

[135][意]罗伯托·奎达、[英]大卫·特里奇、[意]埃齐奥·费雷南:《跨文化项目管理——多元文化项目团队的工具箱》,赵磊译,中国电力出版社2016年版。

[136]杨健:《互联网+2.0——供给侧改革与企业转型升级路线图》,机械工业出版社2016年版。

[137]杨文士、焦叔斌等:《管理学(第四版)》,中国人民大学出版社2015年版。

[138]杨伍栓:《管理哲学新论》(第二版),北京大学出版社2011年版。

[139]姚德民等:《管理系统工程》,吉林科学技术出版社1986年版。

[140]殷瑞钰、汪应洛、李伯聪等:《工程哲学》(第二版),高等教育出版社2013年版。

[141]殷瑞钰、汪应洛、李伯聪等:《工程哲学》,高等教育出版社2007年版。

[142]于景元、周晓纪:《从定性到定量综合集成方法的实现和应用》,《系统工程理论与实践》2002年第10期。

[143]颜惠琴、牛万红、韩惠丽:《基于主成分分析构建指标权重的客观赋权法》,《济南大学学报(自然科学版)》2017年第6期。

[144]晏永刚、任虹、范刚:《大型工程项目系统复杂性分析与复杂性管理》,《科学管理研究》2009年第6期。

[145]于景元、周晓纪:《综合集成方法与总体设计部》,《复杂系统与复杂性科学》2004年第1期。

[146]袁家军、欧立雄、王卫东:《神舟飞船项目管理成熟度模型研究》,《中国空间科学技术》2005年第5期。

[147]张汉如:《科学探索中的思维·作风·方法》,天津人民出版社1985年版。

[148]张洪太、余后满:《航天器项目管理》,北京理工大学出版社2018年版。

[149]张三力:《项目后评价》,清华大学出版社1998年版。

［150］赵小津、王卫东等：《航天科研生产管理评估》，中国宇航出版社 2014 年版。

［151］中国（首届）项目管理国际研讨会学术委员会：《中国项目管理知识体系纲要》（2002 版），电子工业出版社 2002 年版。

［152］中国（双法）项目管理研究委员会：《中国项目管理知识体系指南：C‐PMBOK 2006》，电子工业出版社 2006 年版。

［153］中国（双法）项目管理研究委员会：《国际卓越项目管理评估模型及应用》，电子工业出版社 2008 年版。

［154］中国国家质量监督检验检疫总局、中国国家标准化管理委员会：《科学技术研究项目评价通则：GB/T 22900—2009》，商务印书馆 2003 年版。

［155］中国建筑业协会工程项目管理委员会：《中国工程项目管理知识体系》（第二版），中国建筑工业出版社 2011 年版。

［156］中国项目管理研究委员会、中国信息产业商会、中国电子信息产业发展研究院：《IT 信息化项目管理知识体系与国际项目管理专业资质认证标准（iPMBOK 2004）》，电子工业出版社 2004 年版。

［157］中国项目管理研究委员会：《中国现代项目管理发展报告》，电子工业出版社 2011 年版。

［158］中国项目管理研究委员会：《中国项目管理知识体系与国际项目管理专业资质认证标准》，机械工业出版社 2001 年版。

［159］《中国航天事业发展的哲学思想》编委会：《中国航天事业发展的哲学思想》（第二版），北京大学出版社 2016 年版。

［160］张廷禄、杨乃定：《项目复杂性内涵、特征、类型及测度方法的研究综述》，《管理评论》2013 年第 9 期。

［161］张新星、张连营：《组织的项目管理成熟度模型分析及其选择》，《内蒙古农业大学学报（社会科学版）》2007 年第 2 期。

［162］张勇、王晓东：《论技术复杂性及其带来的创新难题》，《科学管理研究》2004 年第 1 期。

［163］张勇、王晓东：《面向技术复杂性创新组织——复杂网络组织》，《科技进步与对策》2004 年第 8 期。

［164］章穗、张梅、迟国泰：《基于熵权法的科学技术评价模型及其实证研究》，《管理学报》2010 年第 1 期。

［165］郑新华、曲晓东：《钱学森系统工程思想发展历程》，《科技导报》2018 年第 20 期。

［166］朱睿、邹珊纲：《系统管理的过去、现在和未来》，《系统辩证学学报》1994 年第 3 期。

［167］Albert P.C.Chan, Ada P.L.Chan, "Key Performance Indicators for Measuring Construction Success", *Benchmarkin: An international Journal*, Vol.11, No.2, 2004, pp.203-221.

[168] Baccarini D, "The Logical Framework Method for Defining Project Success", *Project Management Journal*, Vol.30, No.4, 1999, pp.25-32.

[169] Cooper R G, Kleinschmidt E J, "Success Factors in Product Innovation", *Industrial marketing management*, Vol.16, No.3, 1987, pp.215-223.

[170] Cordero R, "The Measurement of Innovation Performance in the Firm: an Overview", *Research Policy*, Vol.19, No.2, 1990, pp.185-192.

[171] Cuadros Lopez A J, Mican Rincon C A, Orejuela Cabrera J P, "Maturity Evaluation Model in Project Management for Small and Medium Enterprise Companies(Smes) in the Graphic Arts Sector", *Logos Ciencia Tecnologia*, Vol.10, No.2, 2018, pp.39-56.

[172] Daniel Z. Levin, Helena Barnard, "Technology Management Routines that Matter to Technology Managers", *Int. J. Technology Management*, Vol.41, No.1/2, 2008, pp.22-37.

[173] Eigbe A P, Sauser B J, Felder W, "Systemic Analysis of the Critical Dimensions of Project Management that Impact Test and Evaluation Program Outcomes", *International Journal of Project Management*, 2015, Vol.33, No.4, pp.747-753.

[174] Fu ZhiMin, "Framework of the Project Risk Management System", *The Proceedings of 20th IPMA World Congress on Project Management*, China Machine Press, Vol. 1, 2006, pp. 328-333.

[175] Fu zhimin, "Risk Management and System Dynamics Analysis of Aerospace Project", *The Proceedings of the Globalization & Specialization Development of Project Management of China Third International Project Management Forum*, China Machine Press, 2004, p.281.

[176] ISO/IEC/IEEE 15288: *Systems and software engineering—System life cycle processes*, IEEE 2015.

[177] J. Davidson Frame, "The New Project Management: Tools for An Age of Rapid Change, Complexity, and Other Business Realities", *International Journal of Project Management*, Vol.22, No.7, 1994, pp.603-604.

[178] Kerzner, Harold, *Project Management: a Systems Approach to Planning Scheduling and Controlling*, Van Nostrand Reinhold, 2006.

[179] Lim C S, Mohamed M Z, "Criteria of Project Success: an Exploratory Re-examination", *International Journal of Project Management*, Vol.17, No.4, 1999, pp.243-248.

[180] Osei-Kyei R, Chan A P C, "Developing a Project Success Index for Public-Private Partnership Projects in Developing Countries", *Journal of Infrastructure Systems*, Vol.23, No.4, 2017, pp.1-12.

[181] Pinter U, Punder I, "Evaluating Construction Project Success With Use of the M-

TOPSIS Method", *Journal of Civil Engineering and Management*, Vol.19, No.1, 2013, pp.16-23.

[182] Pinter U, Pšunder I, "Evaluating Construction Project Success with Use of the M-topsis Method", *Journal of Civil Engineering and Management*, Vol.19, No.1, 2013, pp.16-23.

[183] Rodriguez-Segura E, Ortiz-Marcos I, Romero J J, et al. "Critical Success Factors in Large Projects in the Aerospace and Defense Sectors", *Journal of Business Research*, Vol.69, No.11, 2016, pp.5419-5423.

[184] Seweryn Spałek, "Establishing a Conceptual Model for Assessing Project Management Maturity in Industrial Companies", *International Journal of Industrial Engineering Theory Applications Practice*, Vol.22, No.2, 2015, pp.242-254.

[185] Shenhar A J, Dvir D, Levy O, et al. "Project Success: a Multidimensional Strategic Concept", *Long Range Planning*, Vol.34, No.6, 2001, pp.699-723.

[186] Szalay I, Kovács Á, Sebestyén Z, "Integrated Framework for Project Management Office Evaluation", *Procedia Engineering*, No.196, 2017, pp.578-584.

[187] Westerveld E, "The Project Excellence Model: Linking Success Criteria and Critical Success Factors", *International Journal of Project Management*, Vol.21, No.6, 2003, pp.411-418.